PSYCHANALYSE, SCIENCE, SOCIETE

 *PSYCHOLOGIE ET SCIENCES HUMAINES*

Michel Legrand

psychanalyse, science, société

PIERRE MARDAGA, EDITEUR
2, GALERIE DES PRINCES, 1000 BRUXELLES

© by Pierre Mardaga, éditeur
37, rue de la Province, 4020 Liège
2, Galerie des Princes, 1000 Bruxelles
D. 1983-0024-24

A Micheline, Sophie et Valérie

Introduction

Psychanalyse, Science, Société: étape, moment figé, déjà remis en jeu, d'un itinéraire fluent.

Mon itinéraire a longtemps épousé les mouvements d'une intelligentsia trop prête à se laisser emporter par les vagues et les courants.

D'abord séduit par la phénoménologie existentielle et par la psychanalyse freudienne, dans ce que l'enseignement de Jacques Schotte en véhiculait à Louvain, j'ai bientôt rencontré le structuralisme, que la conjoncture des années 65 portait au-devant de la scène. Assez curieusement, j'ai succombé au structuralisme au moment même où mai 68 éclatait à Paris, au moment où le structuralisme comme mouvement idéologique commençait de se décomposer. Foucault, Lacan, Althusser. Althusser surtout m'a fasciné. Pourquoi? J'en suis toujours à m'interroger. Peut-être était-ce moins la cohérence d'un projet intellectuel qui me fascinait que la tonalité affective d'un style porteur d'assurance, de fermeté, voire de certitude. Peut-être avais-je besoin de croire, de m'installer sur un sol de vérité. En tout cas, psychanalyse, marxo-structuralisme althussérien, réconciliés par les bonnes grâces du lacanisme: le tour était joué. Ma thèse pouvait se construire comme tentative épistémologique de fonder la scientificité de la psychanalyse[1]. Avatar spécifique, lié aux circonstances d'une carrière louvaniste: la prise en compte de Léopold Szondi, auquel je devais plus tard consacrer un livre, témoin de cette période[2]. Puis vint le freudo-marxisme. Reich, Marcuse. Puis vint surtout la critique socio-politique des sciences, au sein de laquelle j'allais baigner quelques années, à travers une collaboration aux Facultés Universitaires de Namur avec Gérard Fourez et George Thill. Phrase-clé, thème répétitif et ressassé: les sciences ne sont pas neutres, les sciences sont partisanes, comme devait l'écrire Gérard Fourez[3], emportées dans la mouvance sociétaire, traversées d'options sociales, politiques, idéologiques. Les évidences althussériennes étaient ébranlées. Mais à vrai dire, dès la clôture de ma thèse, dès 1972, j'avais commencé d'être pris d'un doute, j'avais commencé d'opérer ma nouvelle reconversion. Décisive à tous égards devait être la lecture des écrits de Robert Castel, et singulièrement du *Psychanalysme* — que je tiens encore aujourd'hui pour un ouvrage fondamental —, redoublée aussitôt par la lecture de *L'Anti-Œdipe* de Deleuze et Guattari. A travers l'argumentation implacable de Castel, je découvrais en effet que la psychanalyse n'était pas une science neutre, coupée de l'idéologie, ainsi que j'avais tenté de l'étayer jusqu'alors, je découvrais que la psychanalyse était productrice d'un effet idéologique spécifique. Découverte brutale s'il en fut, que je m'efforçais d'abord d'intégrer à travers un réélaboration épistémologique inspirée de Thomas Kuhn[4], mais dont je laissais ensuite déployer tous les effets dans un projet qui n'a cessé depuis lors de m'animer: traquer, débusquer, mettre au jour les enjeux idéologiques et socio-politiques des théories et des pratiques psychologiques, et cela à travers une multiplicité de démarches dont je ne puis faire l'inventaire ici[5].

Mais nous voici en réalité au cœur même de *Psychanalyse, Science, Société*, ou du moins de ses deux premières parties. Celles-ci rejouent en effet, mais dans une mise en forme intellectuelle systématique et cohérente, les grandes lignes de l'itinéraire que je viens de retracer: un point de départ dans l'épistémologie classique, empiriste (Popper) ou théoriciste (Althusser), dont les ressources sont mises en œuvre sur la psychanalyse; une ouverture progressive de la science sur sa dimension sociale, dont l'œuvre de Kuhn est un opérateur provisoire; un déplacement du débat vers l'interrogation sociale de la psychanalyse, articulée dans la mise en évidence de son inscription capitaliste-bourgeoise et nourrie de références à Castel, à Deleuze et Guattari et à Gérard Mendel, que je devais connaître plus tard.

Mais je le disais d'entrée de jeu: je livre ici les résultats cristallisés d'une phase — la plus récente — d'une démarche elle-même engagée dans un processus perpétuel d'organisation-désorganisation, pour reprendre les termes d'un Morin. Je ne suis déjà plus tout à fait là où ma démarche m'a un moment arrêté. Quels sont donc aujourd'hui les points de fuite?

Il m'importe de thématiser tout d'abord une dimension qui, bien que cruciale, et sans doute parce que cruciale, est restée jusqu'ici dans l'ombre, je veux parler de mon rapport au marxisme. Révolté dès mon enfance par l'injustice et l'inégalité sociale, j'ai trouvé tout naturellement dans le marxisme, comme tant d'autres avant moi qui partageaient cette indignation du cœur, la mise en forme intellectuelle la plus cohérente de ce que je pressentais, à savoir que nos sociétés étaient caractérisées par de profonds rapports d'inégalité entre les classes et les groupes sociaux; et j'ai cru trouver aussi en lui le meilleur guide pour une action en vue d'une transformation, voire d'une éradication, de ces rapports structurels d'inégalité. On ne s'y trompera pas: les analyses des deux premières parties de l'ouvrage sont portées en sous-œuvre par une inspiration marxiste au sens large, par une sensibilité aiguisée à ce qui, des sciences et de la psychanalyse en particulier, se trouve pris dans des rapports sociaux de domination, et plus encore dans ce rapport social caractéristique des sociétés capitalistes, le rapport entre bourgeoisie et prolétariat. Or le marxisme, dit-on, est en crise. Il vaudrait mieux dire — car la crise du marxisme n'est pas neuve: dans les milieux de l'intelligentsia parisienne, le vent souffle à l'anti-marxisme. Nouvelle mode par laquelle je serais à nouveau emporté?

Ce n'est pas le lieu ici — parce que tel n'est pas mon objet — d'engager un débat approfondi sur le marxisme. Néanmoins, je voudrais brièvement définir les principes de mon attitude actuelle, fût-ce parce que celle-ci conditionne aussi mon positionnement critique par rapport à la psychologie et la psychanalyse. En deux mots, tout autant je me refuse à une attitude de préservation dogmatique, tout autant je ne puis me résoudre à une attitude de reniement précipité : je leur préfère le discernement critique et le dépassement dialectique. Discernement critique. Que pouvons-nous garder? Que devons-nous rejeter? Dépassement dialectique. Je suis convaincu que le marxisme, dans sa forme historique dominante — le marxisme-léninisme —, doit être à la fois nié-conservé-dépassé. Nié et déconstruit comme alternative intellectuelle et politique globale. Conservé dans ce qu'il contient à mon sens de plus précieux, l'attention désormais incontournable qu'il nous invite à porter aux rapports sociaux de domination. Dépassé vers une nouvelle synthèse historique, intellectuelle et politique, celle-là même qui se cherche — et je tiens ici à déclarer naïvement, mais sans ambiguïté, mes options — dans ce que l'on appelle parfois les nouveaux mouvements sociaux, en particulier dans le mouvement autogestionnaire et dans le mouvement écologique. Une synthèse qui devrait prendre en charge, dans une articulation originale et inédite, aussi bien ce que le marxisme a révélé que ce qu'il a occulté, et que pour sa part le libéralisme politique a imposé comme exigences : liberté et démocratie [6].

Nous voilà loin de la psychanalyse et de la psychologie. Moins qu'il n'y paraît. Car l'appel à une nouvelle synthèse qui dépasse dialectiquement le marxisme, a pour conséquence directe de remettre en jeu la critique socio-politique de la psychanalyse vers laquelle ma démarche s'est acheminée en toute logique, dans une cohérence sans faille, à l'ombre du marxisme.

Au fond, cette critique réitère, à travers une argumentation plus sophistiquée, la critique traditionnelle que le mouvement communiste a adressée à la psychanalyse : la psychanalyse occulte le politique et risque ainsi de démobiliser, de détourner la conscience militante vers des investissements privés, bourgeois [7]. Or précisément, c'est cette opposition statique, cette sorte d'antinomie absolue posée entre l'ordre du politique et du social et l'ordre du privé, du subjectif, de l'individuel, qui m'apparaît devoir être remise en question. Et d'abord est-il si vrai que la préoccupation pour soi, telle qu'elle peut être par excellence stimulée à travers la pratique analytique, détourne, par une sorte de logique inéluctable, de l'investissement politique? J'ai cru pouvoir l'affirmer, sur la base de témoignages que je citerai en leur temps, mais j'en viens à présent à en douter. Des témoignages contraires — celui d'amis[8], celui de Michel Graindorge[9] — m'y incitent, et, dans les circonstances existentielles que je traverse, je ressens pour ma part que seul un intérêt pour moi-même pourrait relancer le mouvement bloqué de mon existence, y compris de mon existence politique. Plus fondamentalement — car mon propos jusqu'ici demeure confus. Que la psychanalyse érode la conscience militante, cela doit certes arriver, et peut-être fréquemment. Et alors? Car de quoi parlons-nous quand nous parlons de conscience militante? Quelle politique incarne cette conscience militante? La conscience militante de celui-là qui se dévoue entier à une cause, qui y consacre et y subordonne toute sa vie, n'est-elle pas le lieu d'une mutilation?

> Pour moi, écrit Morin, je ne puis rencontrer sans frémir cette idéologie réductrice mortelle selon laquelle la seule vraie vie est celle de la conscience politique : dès lors, affects, amitiés, amours, jeux, rêves, rires deviennent (sauf s'ils sont intégrés dans les fêtes du parti) des diversions, des détournements d'énergies perdues pour la lutte, pis, faisant le jeu de l'ennemi (qui produit diaboliquement des jeux, des spectacles, des films, des vacances, des clubs-méditerranée...). Le plus horrible n'est pas dans cette réduction, il est dans l'aberration : ils ne savent pas que la «conscience politique» à laquelle ils se réfèrent, qui les guide et les propulse, est le plus mensonger ramassis d'illusions : ils ne savent pas qu'en croyant œuvrer pour l'émancipation du genre humain, ils œuvrent en fait à son asservissement.
>
> Ainsi la réduction au politique, sous cette forme moderne extrême, unit ce qu'il y a de plus simpliste logiquement (la rationalisation et l'unidimensionnalisation) et ce qu'il y a de plus mythique idéologiquement (la religion). C'est ce joug conjoint de la réduction, de l'unidimensionnalisation, de la mythification qu'il nous faut secouer.
>
> La vie, notre vie d'individu, la vie de la société ne se réduisent pas à la politique, bien que rien n'échappe à la dimension politique. Mais rien non plus n'échappe aux dimensions subjective, affective, ludique. Rien n'échappe aux dimensions économique, technique, démographique... Toute vie, chaque vie, la vie de toute société, de chaque société ne peut être que multidimensionnelle. Non pas de façon harmonieuse, complémentaire et accomplie, mais dans le conflit, le déchirement, la contradiction. (*Pour sortir du vingtième siècle*, pp. 125-126).

De même que l'entreprise psychanalytique vit et se nourrit de conditions de possibilité socio-politiques, qu'elle s'empresse de méconnaître — ce que Castel a montré, définitivement, oserais-je dire —, la conscience militante vit et se nourrit d'une posture psychologique, qu'en même temps elle occulte, et qu'il est de la plus haute importance (politique) de désocculter, ce pour quoi la psychanalyse nous serait peut-être d'un secours précieux dans la possibilité qu'elle offre de mettre au jour « l'inconscient du politique », pour reprendre le titre d'un ouvrage de Pierre Kaufman (1979). Nous devons désormais tenir ensemble deux vérités contraires, que le psychique peut occulter le politique certes, mais aussi que le politique peut occulter le psychique[10], pour les dépasser dans une nouvelle figure ou dans une nouvelle posture de l'humain, comme aime à le dire mon ami Jean-Marie Lacrosse, qui ne soit ni celle de l'homme militant, incarné par le membre d'une organisation marxiste-léniniste, ni celle de l'homme psychologique, incarné par le consommateur effréné de biens psychologiques (de psychanalyse ou plus couramment de « nouvelles thérapies pour les normaux », selon l'expression de Castel).

Ainsi que des auteurs aussi différents que Cornelius Castoriadis, Thomas Szasz ou Lucien Israël[11] l'ont soutenu, la psychanalyse est accordée à cette exigence née en Occident — qu'on en situe l'émergence à l'époque grecque ou l'efflorescence vivace à l'époque « capitaliste-bourgeoise » —: l'exigence portée par l'individualité ou mieux par la subjectivité singulière. Une exigence dont aucun projet politique qui veuille échapper aux monstruosités du communisme ne peut faire fi. Quant à dire que la psychanalyse elle-même puisse féconder une politique nouvelle, comme en font peut-être le pari un Lucien Israël ou un René Major, c'est le pas que je n'accomplirai pas. Car si la psychanalyse prend en compte la subjectivité singulière, d'une manière sans doute inégalée, elle l'enferme aussi, comme je tenterai de l'indiquer, dans les formes « capitalistes-bourgeoises » imposées par la période historico-sociale dont elle a été, et reste, tributaire. La psychanalyse devrait-elle être à son tour, comme le marxisme, niée-conservée-dépassée?

C'est dans ce contexte que je situerais l'apport et l'intérêt de la Sociopsychanalyse issue des travaux de Gérard Mendel, à laquelle est consacrée la troisième partie de l'ouvrage, elle-même précédée par une longue remise en jeu, qui redynamise ce qui avait été jusqu'alors univoquement figé, qui pose thématiquement, mais dans l'incertitude, la question du choix politique, pour en tirer comme conséquence l'opportunité de se mettre en recherche d'alternatives psychologiques. Mais précisément pourquoi, dans cette perspective, avoir privilégié la tentative sociopsychanalytique ?

Certes l'apport de la Sociopsychanalyse peut être interprété dans une logique freudo-marxiste — et c'est peut-être la ligne d'interprétation que j'ai retenue en priorité, en particulier dans ce «parcours critique à travers l'œuvre de Gérard Mendel» qui clôture cette troisième partie, écrit à une époque où mon adhésion au marxisme et mon souci corrélatif d'un démasquage impitoyable du psychologisme étaient encore entiers. On connaît les prémisses de la logique freudo-marxiste. D'une part, le marxisme nous offre une théorie adéquate et désormais indépassable des formations socio-historiques. D'autre part, le marxisme a négligé le «continent» de la subjectivité, exploré par ailleurs par la psychanalyse. D'où le projet d'enrichir le marxisme des enseignements de la psychanalyse, de combler les vides, les lacunes d'un marxisme inchangé, qui dessine définitivement les articulations majeures de la totalité sociale, par l'apport «régional» ou «local» de la psychanalyse. Point crucial, comme on le sait : la mise au jour des articulations, le repérage du lieu où s'effectue l'engrenage de la subjectivité sur la totalité sociale et des modalités selon lesquelles se produit cet enchâssement.

Ligne d'interprétation possible, je le disais, de la Sociopsychanalyse et de l'œuvre de Mendel. Mendel qui lui-même se serait installé bientôt, après une période de tâtonnements sociologiques, sur les positions du matérialisme historique, qui aurait dès lors dans le même mouvement liquidé le psychologisme infestant encore jusqu'alors son œuvre. Mendel qui, à l'instar d'un Reich débusquant la répression sexuelle comme facteur de reproduction de rapports sociaux d'exploitation, aurait révélé la prégnance historique d'une autre composante psychique, à savoir du schème paternel autoritaire, en tant que reproductrice des sociétés de domination.

Ligne d'interprétation possible, mais réductrice. C'est que la

Sociopsychanalyse ne se contente pas d'emboîter quelques apports psychanalytiques déjà acquis dans un matérialisme historique lui-même intégralement préservé, sa seule créativité consistant à détecter le point précis de jointure entre schèmes psychiques et instances sociales. Car la Sociopsychanalyse renouvelle à la fois et la théorie sociale et la théorie psychologique, et à ce titre inquiète aussi bien le marxisme que le freudisme. Tout d'abord, au plan social, elle s'intéresse spécifiquement à l'institution et à ce qui s'y joue comme phénomènes de pouvoir, en vue d'y promouvoir, au niveau de son projet de transformation pratique, des formes de gestion égalitaire du pouvoir. Eclairage «régional» de la totalité sociale? Nouvel apport «local» emboîtable dans la vision marxiste, et ce d'autant plus que la Sociopsychanalyse cerne les processus institutionnels en termes d'une «lutte de classes institutionnelle»? Ce n'est pas si sûr. Car les formes d'exercice du pouvoir, particulièrement bien cernables au niveau institutionnel, elles-mêmes champ spécifique du travail sociopsychanalytique, ne constituent-elles pas l'un de ces éléments socio-politiques cruciaux occultés par le marxisme, dont l'occultation n'est sans doute pas pour rien dans les formes historico-sociales «totalitaires» revêtues par le marxisme, et dont la prise en compte pourrait signer l'éveil d'une nouvelle synthèse politique[12]? Au plan psychologique, ensuite, la Sociopsychanalyse, si elle reconnaît à la psychanalyse d'avoir mis au jour des structures psychiques réelles, en particulier celles-là même, psycho-familiales, que le capitalisme a intensifiées, situe aussi la relativité historique de ces structures et prétend ouvrir à l'étude, bien plus promouvoir et stimuler, autant dans ses formes d'intervention technique que dans son propre mode d'organisation interne, une part de la personnalité humaine que la psychanalyse a toujours ignorée et recouverte, cette part de la personnalité adulte, irréductible au psycho-familial infantile, qui se produit au contact de la réalité sociale et de ses contradictions. Cette part de la personnalité humaine qu'éveille et qu'appelle l'exercice autogestionnaire du pouvoir.

J'aurai l'occasion d'y revenir et d'y insister encore : la Sociopsychanalyse représente aujourd'hui l'un de ces lieux, peu connus, modestes mais précieux pour l'avenir, où s'invente, où s'anticipe cette nouvelle posture de l'humain dont je parlais, cet homme qui ne se sacrifie plus, ne se mutile plus pour la bonne cause, prêt dès lors à tout accepter de ceux qui d'en haut l'appellent à servir, cet homme qui ne renonce pas à lui-même, cet homme intégralement individu, redressé, autonome, mais aussi cet homme qui — en même temps, dans le même mouvement — entre en relation, noue des solidarités collectives, s'engage là où il œuvre dans la lutte sociale avec ceux-là qui partagent son destin, se réapproprie avec eux ses conditions d'existence. Comme je le répéterai, la Sociopsychanalyse atteste, par ses pratiques modestes et limitées, que la quadrature du cercle socialiste n'est pas insoluble, que liberté et égalité peuvent parfois marcher de pair[13].

Gembloux, 1982

NOTES

[1] Je défendais ma thèse en juillet 1972, sous le titre : *Psychanalyse, Schicksalsanalyse et Epistémologie*. Je devais ensuite en délayer la publication à travers plusieurs petits articles, dont : *Situation analytique et situation expérimentale* (1974), *Langage ordinaire, historicité et science* (1974), *L'inconscient et la psychanalyse* (1978), *L'objet empirique de la psychanalyse* (1980).
[2] Michel Legrand, *Léopold Szondi, son test, sa doctrine*, Mardaga, 1979.
[3] Gérard Fourez, *La science partisane*, Duculot, 1974.
[4] J'écrivis à cette époque un article qui m'est toujours cher : « Hypothèses pour une histoire de la psychanalyse » (*Dialectica*, 1975). Par ailleurs, l'article qui devait condenser les perspectives de ma thèse, publié dans *Topique* (« Le statut scientifique de la psychanalyse », 1974), s'ouvrait déjà, dans ses ultimes questionnements, à une inquiétude sociétaire.
[5] Disons seulement que ce projet m'a conduit à développer des analyses qui concernent et le champ de la psychologie scolaire et le champ de la psychiatrie et de la psychologie clinique. Celles-ci ont fait et feront l'objet d'autres publications, dont (en collaboration avec J. Nizet et A. Van Haecht) : *La psychologie dans l'école*, Namur, 1983. Tout récemment, est né, à travers *Perspectives* (Revue sur les enjeux sociaux des pratiques psychologiques; 15, Hautgné, B-4052-Sprimont), un instrument qui assurera une diffusion spécifique à de telles analyses.

⁶ Je m'inscris ainsi dans la mouvance, mais oien en deçà de leurs avancées, de gens comme Cornelius Castoriadis, André Gorz, Claude Lefort, Edgar Morin, Pierre Rosanvallon, Alain Touraine.
⁷ On se souvient encore des critiques que le PCF, à travers *La Nouvelle Critique,* adressait en 1949 à la psychanalyse, dénoncée comme «idéologie réactionnaire».
⁸ A cet égard, je dois beaucoup à des conversations avec Jean-Marie Gauthier.
⁹ Michel Graindorge, avocat bruxellois, emprisonné injustement sous l'accusation d'avoir aidé à l'évasion du truand français François Besse, son client, nous a livré un journal émouvant, témoin à la fois d'une quête de soi, favorisée par une longue psychanalyse, et d'un redéploiement politique radical, intégrant la valeur «bourgeoise» de l'autonomie individuelle. Cfr M. Graindorge, *Journal,* 9 février 1978 - 29 août 1979, Jacques Antoine, Bruxelles, 1980 et *Michel Graindorge au présent,* Journal II (15 janvier 1980 - 30 mars 1981), Ed. Vie Ouvrière, Bruxelles, 1981.
¹⁰ J'emprunte cette formulation à Candido da Agra, à qui je veux dire ici combien je dois à son compagnonnage.
¹¹ C. Castoriadis: «La psychanalyse, projet et élucidation», *Topique,* n° 19, 1977, pp. 25-75; Th. Szasz, *L'éthique de la psychanalyse,* Payot, 1975; L. Israël, *L'hystérique, le sexe et le médecin,* Masson, 1976.
¹² Pour le développement de cet argument, je renvoie à: Pierre Rosanvallon, *L'âge de l'autogestion,* Points-Politique, Seuil, 1976.
¹³ Nous avons aussi complété l'ouvrage par une quatrième partie qui prolonge sur des problématiques plus particulières l'analyse des enjeux socio-politiques de la psychanalyse.

PREMIERE PARTIE

DE L'EPISTEMOLOGIE A L'INTERROGATION SOCIALE DE LA PSYCHANALYSE

Ainsi que son titre l'indique, la première partie de l'ouvrage effectue un parcours qui conduit de l'épistémologie à l'interrogation sociale de la psychanalyse.

Epistémologie de la psychanalyse, répétition de cette question inlassablement adressée à la psychanalyse et jamais résolue, toujours en discussion : oui ou non, la psychanalyse est-elle une science ? Non, selon les uns, les plus nombreux sans doute parmi les épistémologues, qui se réclament dans leur majorité de cette conception empiriste de la science dont Popper a été et reste le représentant le plus remarquable. Oui, selon d'autres, oui en tout cas si l'on adhère aux options de cette épistémologie théoriciste dont Althusser nous a offert récemment les formulations les plus frappantes.

Alors quoi ? Question mal posée ? Sans doute. Car existe-t-il quelque chose comme *la* psychanalyse ? La psychanalyse bénéficie-t-elle d'une identité simple et monolithique ? Question qui dissimule des enjeux tacites ? Question portée par un intérêt, voire une passion implicite ? Probablement. Car, après tout, pourquoi faudrait-il que la psychanalyse soit — ou ne soit pas — une science ? Quel est l'investissement idéologique quasi affectif qui se trouve là en jeu ? Question à laquelle pourtant je ne me déroberai pas, que j'affronterai en fin de parcours, même s'il s'agit de la dépasser vers un autre débat.

Parcours donc, mouvement, déplacement progressif du questionnement épistémologique, mais accompli du sein même de l'épistémologie, à partir de ce qui en elle fuit vers autre chose. Déplacement dont Thomas Kuhn et sa théorie des paradigmes scientifiques seront les médiateurs, nous servant en quelque sorte de plaque tournante. Kuhn, un épistémologue assurément, un théoricien de la science, mêlé de près aux discussions contemporaines sur la scientificité, qui réalimente à ce titre, et de manière particulièrement éclairante, l'approche de la psychanalyse. Mais un épistémologue qui, de s'ouvrir à l'histoire, modifie l'image de la science et en même temps commence d'articuler celle-ci sur l'épaisseur du tissu social. Du lieu de l'épistémologie, il pointe vers un ailleurs, il esquisse un premier pas vers le positionnement social des sciences, mais un pas encore timide, trop timide, de rester enfermé dans le seul horizon de la communauté des scientifiques.

Il nous faudra donc, mais au départ des limites de Kuhn, ou plus justement au départ des blancs qui viennent par-ci par-là trouer son discours, élargir le propos à ce qui restait exclu jusqu'alors, étendre le champ de référence vers la société globale et les rapports conflictuels qui la traversent. Ce pour quoi la démarche exemplaire qu'a instaurée Michel De Vroey à propos de la science économique nous aidera. Alors, et alors seulement — et après avoir pris position sur les questions épistémologiques restées en suspens, celle de la nature de la science, celle de la scientificité de la psychanalyse —, nous serons en mesure d'aborder de front la critique socio-politique de la psychanalyse.

Chapitre I
L'épistémologie empiriste

L'épistémologie empiriste trouve assurément ses origines les plus directes dans l'œuvre des grands philosophes anglo-saxons modernes, qu'il suffise de nommer John Locke et David Hume. Toutefois, elle a trouvé aussi des prolongements vigoureux et originaux au XXe siècle, en particulier dans ce courant qu'il est convenu d'appeler néo-positiviste (ou encore : positiviste logique ou empiriste logique). Ce dernier, prenant sa source aux alentours de 1930 dans les travaux du Cercle de Vienne[1], pour bénéficier tout aussitôt de l'apport critique de Karl Popper[2], finit par s'épanouir aux Etats-Unis et en Angleterre, après l'émigration de ses principaux représentants, dans ce que j'appellerais volontiers une épistémologie dominante, à savoir une conception de la science qui tend aujourd'hui à prévaloir, et qui est venue se déposer dans quelques grands traités de philosophie des sciences[3]. C'est à ce courant, essentiellement représenté dans le monde anglo-saxon, que je me référerai dans ce chapitre, puisque, même s'il n'épuise pas l'empirisme, c'est à lui que nous devons ses formulations contemporaines les plus significatives. J'exposerai tout d'abord sa conception de la science, pour présenter ensuite son attitude vis-à-vis de la psychanalyse, qui fut, il faut bien le dire, invariablement critique.

A. La conception de la science

Malgré les divergences parfois très sérieuses qui ont traversé l'histoire du courant empiriste, il me semble que ses représentants ont partagé de bout en bout une conception commune de la science. C'est celle-ci que je voudrais d'abord définir, avant d'expliquer plus avant les racines des divergences et de découvrir à cette occasion quelques-unes des composantes majeures du langage scientifique.

1. *Le principe de l'empirisme*

Cette option commune, on pourrait la définir en quelques phrases simples. Pour les empiristes, les sciences empiriques[4] se développent en systèmes d'énoncés, en ensembles articulés ou concaténés de propositions, qui présentent, par rapport à d'autres formes de langage (le langage poétique, le langage métaphysique, ...), certaines caractéristiques tout à fait spécifiques. Les énoncés ou systèmes d'énoncés qui constituent les sciences empiriques ont pour particularité d'entretenir un rapport clair, non équivoque, avec la réalité empirique, offerte à l'observation sensible. En termes plus précis, un système d'énoncés scientifiques est toujours susceptible d'être mis en liaison, de manière non ambiguë, avec des états de choses observables ou avec des données d'observation précises, qui soit le confirmeront ou le corroboreront provisoirement, soit l'infirmeront, l'invalideront ou le falsifieront. C'est précisément la netteté de son articulation sur la réalité observable qui donne à la science sa force et sa vigueur cognitive : si la science nous donne la connaissance ou la représentation la plus adéquate de la réalité qui s'offre à notre expérience, ce qui est son objectif, c'est bien en raison de son souci de nouer un lien étroit avec la réalité observable, avec l'expérience sensible, c'est bien parce qu'elle est constamment contrôlée par l'expérience, soumise à son verdict (Popper, pp. 35-36).

2. Le langage scientifique et le rapport à l'expérience

Mais si tous les empiristes sont d'accord sur le principe élémentaire que je viens d'exposer, quelle pourrait bien être la source de leur débat, voire de leur polémique ?

Les désaccords qui purent apparaître entre eux portèrent sur la forme du lien qui devrait exister entre le système d'énoncés scientifiques et les données d'observation. Car le principe de l'empirisme demeure vague. Une fois admis, il demande à être précisé : on a beau dire que les énoncés scientifiques entretiennent un rapport clair, non équivoque, avec la réalité observable, on aimerait connaître mieux la nature de ce rapport. Or la position que l'on peut adopter vis-à-vis de ce problème est directement tributaire de la conception que l'on a du langage scientifique. L'histoire de l'empirisme est ainsi marquée par une analyse de plus en plus fine du langage scientifique, qui retentit à chaque fois sur la problématique du rapport à l'expérience. C'est cette évolution que je vais suivre brièvement, en soulignant deux étapes.

a) Enoncé universel et falsifiabilité

A l'origine, les membres du Cercle de Vienne avaient formulé leur principe de vérifiabilité. Un énoncé scientifique, affirmaient-ils, a pour caractéristique propre d'être vérifiable : il doit être capable, en principe, d'une complète vérification par l'évidence observationnelle[5]. En d'autres termes, un énoncé est scientifique lorsqu'il est possible d'envisager une procédure telle qu'il puisse être dit « vrai » ou « faux ». Ce qui suppose que l'énoncé en question soit une proposition d'observation (ou une conséquence d'un ensemble fini de propositions d'observation), à savoir une proposition qui attribue à un objet clairement spécifié une caractéristique (directement) observable.

Or, dès 1934, dans son ouvrage *Logik der Forschung*, Karl Popper s'engage dans une polémique farouche avec le Cercle de Vienne. Son objection fondamentale procède à partir d'une analyse de la forme logique des énoncés scientifiques. A ce propos, Popper affirme que les énoncés scientifiques les plus fondamentaux sont des énoncés théoriques, eux-mêmes définis comme énoncés universels, à savoir comme énoncés :

1. de forme «pour tout x, x...» (à l'opposé de l'énoncé dit existentiel de forme: «Il y a un x tel que...»);
2. ne comportant pas de nom individuel qui renverrait à un individu précis, localisable dans l'espace-temps (à la différence des énoncés dits singuliers).

De pareils énoncés permettent l'explication ou la prédiction, par voie déductive, de faits singuliers concrets. Or, ajoute Popper, s'il en est ainsi, si les énoncés scientifiques fondamentaux sont des énoncés universels (ce que tout scientifique admettra aisément), le critère de vérifiabilité n'est pas un critère qui caractérise adéquatement la science. En réalité, dans leurs efforts pour disqualifier la métaphysique, pour l'exclure des entreprises cognitivement crédibles, les membres du Cercle de Vienne ont aussi disqualifié beaucoup d'énoncés scientifiques. En effet, les énoncés universels ont pour caractéristique logique de ne pouvoir être vérifiés (ou démontrés «vrais») par l'expérience. Un nombre limité d'expériences singulières ne saurait suffire à vérifier conclusivement un énoncé universel (ainsi, si je considère l'énoncé universel «tous les corbeaux sont noirs», j'ai beau avoir observé cent, mille, dix mille... corbeaux noirs, il se pourra toujours que le cent unième, le mille unième, le dix-mille unième... corbeau ne soit pas noir). Par contre, les énoncés universels peuvent parfaitement être falsifiés par l'expérience: il suffit d'une seule expérience pour qu'ils soient démontrés «faux» (l'observation d'un seul corbeau blanc me suffit à falsifier mon énoncé universel «tous les corbeaux sont noirs»). En conclusion, pour Popper, on peut définir une science empirique comme un ensemble d'énoncés universels falsifiables ou susceptibles d'une falsification empirique. Il en découle aussi une conception précise de l'activité des hommes de science: comme les métaphysiciens, ceux-ci formulent des théories en vue d'expliquer la réalité, mais, à la différence des métaphysiciens, ils formulent des théories falsifiables[6], qu'ils s'efforcent inlassablement de confronter avec la réalité, de soumettre à des tests. Si les tests empiriques sont négatifs, si les énoncés singuliers déduits de la théorie se trouvent en contradiction avec les énoncés singuliers dérivés de l'expérience sensible directe, alors la théorie, dite falsifiée, sera abandonnée[7]. Par contre, s'ils sont positifs, s'ils révèlent un accord entre la théorie et la réalité observable, la théorie sera considérée 'comme (provisoirement) corroborée. Ce qui ne veut pas dire qu'elle soit vraie. En réalité, aucune théorie scientifique ne peut être dite vraie. Rien en science ne peut être considéré comme définitivement acquis. La science construit des édifices toujours provisoires qui sont appelés à être périodiquement détruits et rebâtis à l'appel de la falsification, même si d'une certaine manière elle vise quelque chose comme une connaissance de plus en plus vraie, asymptotiquement vraie de la réalité. La science n'est jamais vraie, mais elle est « quête obstinée et audacieusement critique de la vérité » (Popper, p. 287).

b) Enoncés théoriques et rapport indirect à l'expérience

Lorsque paraît la *Logik der Forschung*, les membres du Cercle de Vienne, et Carnap en particulier, ont tendance, plutôt qu'à rejeter Popper, à le reconnaître, sinon comme l'un des leurs, du moins comme un philosophe proche d'eux-mêmes. En quoi, à mon sens, il n'avait pas tout à fait tort. Malgré la distance qu'il a toujours voulu marquer vis-à-vis du Cercle de Vienne, Popper s'inscrivait de manière claire dans la mouvance de l'épistémologie empiriste : son principe de falsifiabilité définissait ce rapport clair, non équivoque, avec la réalité empirique qui convient à une science contenant des énoncés théoriques universels. Au demeurant, les membres du Cercle de Vienne reconnurent d'emblée la justesse des positions de Popper et renoncèrent à leur critère de vérifiabilité[8]. Le rapport des énoncés scientifiques à l'expérience, affirmèrent-ils, est un rapport, en positif, de confirmabilité (ou, dans le langage poppérien, de « corroborabilité »), en négatif, de falsifiabilité.

Sur ce point, tous les empiristes sont aujourd'hui d'accord. Aussi ne proposerai-je pas dans ce paragraphe une nouvelle formulation du principe de l'empirisme qui viendrait contredire ou même nuancer les formulations désormais acquises de Popper. Je voudrais plutôt évoquer la mise en évidence progressive de nouveaux aspects du langage scientifique, ignorés par Popper lui-même, et dont la prise en considération relance d'une certaine manière la problématique d'un rapport à l'expérience reconnu comme de plus en plus indirect, sans jamais toutefois remettre en cause le principe de falsifiabilité.

Très vite, dès 1936, on se rend compte en effet que le langage scientifique contient des termes qui ne peuvent être mis en rapport immédiat avec des données observables. Des termes qu'on appellera bientôt «théoriques» (du genre «électron», «atome», ...). Carnap leur a apporté une attention toute particulière et a bien situé les problèmes qu'ils posaient à un empiriste. Ces termes, reconnaît-il tout d'abord, rendent des services incontestables à la science. Ils figurent généralement dans les propositions les plus fondamentales des sciences empiriques, dans ces propositions qui permettent de dériver et donc d'expliquer une multiplicité de lois empiriques variées, sans connexion apparente les unes avec les autres, bien plus de dériver des lois empiriques encore inconnues et par là d'anticiper et d'orienter l'expérience[9]. Les termes théoriques et les énoncés dits eux-mêmes théoriques qui les contiennent contribuent ainsi de manière cruciale au projet scientifique d'une explication la plus large et la plus cohérente de la réalité. Prétendre s'en priver, sous prétexte qu'ils ne sont pas fidèles aux normes d'une épistémologie empiriste, serait ruineux pour la science elle-même, et d'ailleurs aucun scientifique ne l'accepterait. Mais cela signifierait-il alors que l'épistémologie empiriste elle-même, démentie par la pratique des scientifiques, devrait être abandonnée? Assurément non. L'exigence empiriste reste valable: une théorie (un ensemble articulé d'énoncés contenant au moins un terme théorique, à savoir un terme qui désigne une entité ou une propriété non observable) n'est scientifique qu'à condition d'être falsifiable. Renoncer à cette exigence, ce serait renoncer à démarquer la science de la métaphysique, ce serait livrer la science à une prolifération incontrôlée de termes théoriques, sans lien assuré avec la réalité. Toutefois, la procédure de falsification ne pourra être directe, puisqu'il n'est pas possible de dériver immédiatement d'un énoncé universel théorique (au sens défini ci-dessus) un énoncé singulier qu'il serait possible de confronter à un autre énoncé singulier lui-même dérivé de l'expérience sensible. Elle devra donc être indirecte, plus précisément elle devra emprunter le détour de ce que Carnap appelle des règles de correspondance. Mais expliquons-nous par référence au texte le plus développé dans lequel Carnap aborde le problème de la falsification empirique des théories (1956). Admettons, nous dit Carnap, que le langage scientifique comporte deux couches : une couche de langage théorique (LT), avec son vocabulaire théorique (VT), et une couche de langage empirique ou observationnel (LO), avec son vocabulaire observationnel (VO). Reste, pour l'empiriste, une question cruciale : à quelle condition un langage LT est-il empiriquement légitime (falsifiable) et donc d'une certaine manière scientifique ? A condition, répond Carnap, qu'il soit possible de déduire de LT, selon une procédure rigoureuse, des énoncés formulés en LO. Par là, LT sera soumis indirectement au verdict de l'expérience. Ce qui présuppose, comme je l'ai déjà dit, l'existence de règles de correspondance, à savoir d'énoncés qui relient ou connectent certains termes de VT à certains termes de VO. Il va de soi que sans règles de correspondance claires et précises (elles-mêmes partie intégrante du langage théorique puisque contenant des termes théoriques), l'articulation (non équivoque) des énoncés théoriques sur la réalité observable serait absolument impraticable.

Conclusions

Des développements qui précèdent, nous devons retenir deux enseignements.

Le premier touche au langage scientifique. Comme Popper l'a souligné, les énoncés scientifiques sont universels; mais bien plus certains d'entre eux contiennent des termes non empiriques ou théoriques (ce que n'avait pas aperçu Popper qui identifiait énoncé universel et énoncé théorique et donc avait une conception beaucoup plus large de la notion de « théorique »), qui comme tels contribuent de manière puissante à la visée scientifique d'une explication de la réalité.

Quant au second enseignement, il concerne le critère de scientificité. Un système d'énoncés (universels, comportant des termes théoriques) n'est scientifique qu'à condition d'être articulé de manière claire et non équivoque sur la réalité observable. Ce qui signifie : eu égard au caractère universel des énoncés, être falsifiable (Popper), et, eu égard à l'existence de termes théoriques, contenir des règles de correspondance précises (Carnap).

B. La critique empiriste de la psychanalyse

La psychanalyse n'a guère trouvé grâce aux yeux des empiristes. Non, ont-ils répondu en substance, la psychanalyse ne peut être une science.

C'est sans doute Popper qui a formulé sur le mode le plus radical la critique empiriste [10]. Aussi le suivrai-je encore un instant.

Dans une contribution publiée dans *Conjectures and refutations* (1963), Popper s'explique sur les origines de ses propres conceptions et à cette occasion il prend position à propos de la psychanalyse. Car assez curieusement le cas de la psychanalyse aurait été pour beaucoup dans l'émergence de sa théorie de la falsifiabilité.

A l'époque où Popper commença ses travaux, vers 1920, quatre théories attirèrent particulièrement son attention: la théorie de la relativité d'Einstein, la théorie marxiste de l'histoire, la psychanalyse freudienne, la psychologie individuelle d'Adler. Or, explique Popper, je fus bientôt gagné par le sentiment qu'il existait une différence fondamentale entre la première et les trois dernières. Quelque chose gênait Popper dans les théories de Marx, Freud et Adler. Et ce qui le gênait, c'était ce que d'autres admiraient en elles: «ceux de mes amis qui étaient des admirateurs de Marx, Freud et Adler étaient impressionnés par un certain nombre de points communs à ces théories et en particulier par leur apparent pouvoir explicatif» (p. 34). Ces théories expliquaient des tas de choses; elles expliquaient trop, trop bien: «Ces théories paraissaient capables d'expliquer pratiquement tout ce qui se produisait dans les champs auxquels elles se référaient» (p. 34). En réalité, n'importe quoi pouvait arriver, les théories en question étaient capables d'en rendre compte: quelque événement que ce soit était compatible avec ces théories. En d'autres termes encore, les théories de Marx, Freud et Adler étaient vérifiables, au sens du Cercle de Vienne: «le monde était plein de vérifications de la théorie» (p. 35). Par contre, elles étaient infalsifiables: rien ne pouvait les réfuter; rien n'était en état de les contredire, au contraire de la théorie d'Einstein. Mais avant de venir à cette dernière, il est intéressant de citer Popper, faisant état d'une expérience personnelle vécue au contact d'Alfred Adler :

«Un jour, en 1919, je lui rapportai un cas qui ne me semblait pas particulièrement adlérien, mais qu'il ne trouva aucune difficulté à analyser dans les termes de sa théorie des sentiments d'infériorité, bien qu'il n'avait même pas vu l'enfant. Légèrement choqué, je lui demandai comment il pouvait être aussi assuré. «A cause de mon expérience mille fois répétée», rétorqua-t-il; à quoi j'aurais pu lui dire : «Et avec ce nouveau cas, je suppose, votre expérience a été mille et une fois répétée».

Ce que j'avais à l'esprit était que ces observations antérieures pouvaient n'avoir pas été beaucoup plus fondées que cette nouvelle expérience; que chacune à son tour avait été interprétée à la lumière de l'«expérience antérieure», et en même temps considérée comme une confirmation additionnelle. Qu'est-ce que cela confirmait, me demandais-je? Rien de plus qu'un cas peut être interprété à la lumière de la théorie. Mais ceci signifie très peu de chose, pensais-je, puisque chaque cas concevable peut être interprété à la lumière de la théorie d'Adler aussi bien que de celle de Freud. Je peux illustrer ceci par deux exemples très différents de comportement humain : celui d'un homme qui pousse un enfant dans l'eau avec l'intention de le noyer; et celui d'un homme qui sacrifie sa vie afin de sauver l'enfant. Ces deux cas peuvent être expliqués avec une égale facilité en termes freudiens et en termes adlériens. Pour Freud, le premier homme souffrait de répression (disons de quelques composantes de son complexe d'Œdipe), tandis que le second avait réussi la sublimation. Pour Adler, le premier homme souffrait de sentiment d'infériorité (responsable peut-être du besoin de se prouver à soi-même qu'on oserait commettre un crime), et de même le second (dont le besoin était de se prouver à lui-même qu'il oserait sauver l'enfant). Je ne pouvais pas penser à un comportement humain qui ne pouvait être interprété dans l'une ou l'autre des théories. C'était précisément ce fait — qu'elles s'adaptaient toujours, qu'elles étaient toujours confirmées — qui constituait aux yeux de leurs admirateurs l'argument le plus puissant en faveur de ces théories. Il commençait à me venir à l'esprit que cette force apparente était en fait leur faiblesse.

La situation était extrêmement différente en ce qui concerne la théorie d'Einstein» (p. 35).

Popper avait été fortement impressionné par un événement scientifique datant de cette période, à savoir que pour la première fois des observations empiriques précises avaient été produites qui confirmaient la théorie d'Einstein. Celle-ci permettait en effet de prédire, par voie de déduction, certains faits astronomiques tout à fait précis qu'Eddington avait effectivement observés à l'occasion d'une éclipse. Or ces observations d'Eddington étaient différentes des observations cliniques sur la base desquelles les psychanalystes prétendaient confirmer empiriquement leurs théories. Dans les observations d'Eddington, un risque mortel avait été encouru par la théorie d'Einstein: si certains faits n'avaient pas été observés, la théorie aurait été irrémédiablement réfutée, falsifiée. Bien heureusement pour elle, la théorie d'Einstein était sortie victorieuse de l'épreuve, de l'embûche qui lui était tendue et par là elle était considérablement renforcée. Mais c'était là quelque chose de fondamentalement différent de l'observation clinique des psychanalystes, dans laquelle tout est couru d'avance : quoi qu'il arrive, les faits seront interprétables à la lumière de la théorie.

On voit donc le principe de la critique de Popper, reprise par la plupart des empiristes, et notamment par Nagel (1959). Au fond, la psychanalyse n'est pas une science parce qu'elle a un rapport flou, vague, à l'expérience. Dans les termes de Nagel, il n'est pas possible de dériver de la théorie psychanalytique ou d'une théorie psychanalytique des conséquences empiriques bien déterminées, de telle sorte qu'on puisse dire : c'est ceci et non cela qui devrait être observé dans telle ou telle condition, sans quoi, si j'observe cela plutôt que ceci, ma théorie sera réfutée.

Bien entendu, je n'ai encore donné à ce principe qu'une formulation générale assez vague. Il serait bon de mieux le fonder en précisant en quel sens, pourquoi et comment, la psychanalyse est infalsifiable.

Pour ma part, je me bornerai à illustrer la critique empiriste par un exemple, celui de la thèse du complexe d'Œdipe, non sans avoir indiqué au préalable que la critique de Popper porte sur la psychanalyse comme ensemble théorique complexe, à savoir comme ensemble articulé de concepts et de propositions multiples. Or on peut se demander si un pareil ensemble existe. Non seulement il n'est pas sûr qu'il existe une seule théorie psychanalytique fondamentale sur laquelle tous les psychanalystes tomberaient d'accord (il pourrait exister à l'intérieur de la psychanalyse des théories psychanalytiques divergentes, opposées sur des points cruciaux); mais bien plus — et c'est là du point de vue épistémologique l'élément décisif —, il n'est même pas sûr qu'il existe une théorie psychanalytique tout court, qu'elle soit unique en son espèce ou qu'il en existe plusieurs. En d'autres termes, il n'est pas sûr qu'il soit possible de mettre au jour ou d'identifier un corps de propositions psychanalytiques qui seraient clairement formulées et rigoureusement articulées. Or c'est là, ainsi que Nagel le souligne (1959, p. 40), une condition préalable que doit remplir un corps de propositions avant même de pouvoir prétendre à une pertinence empirique : s'il n'existe pas de théorie cohérente dont il est possible de déduire des conséquences déterminées, explique Nagel, la question même de la validité empirique perd son sens, en l'absence d'un objet tant soit peu circonscrit ou d'un contenu tant soit peu défini à valider.

Toutefois, au cas où la question de la falsifiabilité de la psychanalyse comme totalité ne serait pas envisageable, toute question de falsifiabilité perd-elle son sens ? Pas nécessairement. On pourrait suivre ici Farrell (1961, 1964), l'un des bons continuateurs de la réflexion critique dans la ligne poppérienne. Si la psychanalyse n'est pas suffisamment unifiée pour permettre à un ensemble de faits empiriques de la réfuter comme totalité, on peut envisager toutefois que des composantes partielles de la psychanalyse puissent être réfutées. C'est ce principe qui va guider Farrell (1961) et qui va moi-même m'inspirer dans l'attention que je vais désormais porter à la seule thèse du complexe d'Œdipe. Remarquons cependant que l'exigence de cohérence demeure valable, quand bien même nous nous limiterions à l'examen d'une seule proposition psychanalytique : poser la question de la falsifiabilité empirique d'une proposition présuppose d'abord que le contenu de cette proposition soit clair. Si l'on ne s'entend pas sur ce qu'elle veut dire exactement, alors parler de falsifiabilité ou de non-falsifiabilité de cette proposition n'a guère de sens.

Je procèderai en deux temps. Je réfléchirai tout d'abord au départ d'une formulation provisoire de l'hypothèse du complexe d'Œdipe, pour faire apparaître déjà à cette occasion plusieurs problèmes. Puis, dans un deuxième temps, je mettrai en question la formulation retenue au départ, ce qui permettra de relancer la problématique. J'ajoute que je m'efforcerai aussi de coller dans une certaine mesure à la vérité historique et de recouper certains arguments ou certaines démarches effectivement développés dans l'histoire de la psychanalyse.

Partons donc d'une formulation de la thèse du complexe d'Œdipe, qui serait la suivante : « Au cours de son enfance, tout enfant traverse, entre 3 et 6 ans, une période de son existence au cours de laquelle il voue un amour passionné (y compris sexuel : il a envie de « coucher avec »...) à son parent de sexe opposé et voue une haine tout aussi passionnée (y compris meurtrière : il a envie de tuer...) vis-à-vis de son parent de même sexe ».

Voilà une proposition qui apparemment ne pose pas de problème. A première vue, il s'agit d'une proposition empirique, dont tous les termes sont empiriques, je veux dire dont tous les termes peuvent être définis par référence à des données observables : enfance, enfant, 3 et 6 ans, parents, sexe, sexe opposé, et, ajouterais-je malgré qu'il s'agisse sans doute des termes les plus délicats, haine, amour, envie de tuer, envie de « coucher ». Or si la proposition est empirique, elle est falsifiable (toute proposition emprique est falsifiable). Et pourtant !

Esquissons un scénario imaginaire entre un psychanalyste et un psychologue behavioriste, à savoir un psychologue qui a le souci de traduire ses concepts en termes de comportements observables, et tirons-en les leçons. Je devrais préciser : un scénario apparemment imaginaire, car en réalité il recoupe certains épisodes concrets de l'histoire de la psychanalyse, que je n'évoquerai que par la suite.

Soit un psychologue de tendance behavioriste qui s'adresse à un psychanalyste et lui objecte sur la base des résultats d'une recherche : un nombre significatif d'enfants ne témoignent pas, entre 3 et 6 ans, de l'ensemble des attitudes — définies en termes d'indices comportementaux — que vous appelez le complexe d'Œdipe.

Que va répliquer le psychanalyste ? Va-t-il avouer : « s'il en est ainsi — mais je demande à examiner vos résultats — je devrai abandonner ma thèse » ? Va-t-il admettre que sa thèse du complexe d'Œdipe est effectivement incompatible avec certains faits ou avec certains résultats d'observation ? Non, le voilà qui réplique plein de morgue : « attention, vous avez une conception très étriquée, très restrictive, très superficielle, du comportement. Pour vous le comportement, c'est le comportement manifeste, visible, ouvert, qui s'exprime au grand jour. Nous, psychanalystes, avons une conception beaucoup plus large du comportement. Et précisément, lorsque nous parlons d'attitudes comme l'amour et la haine, comme l'envie de tuer ou de «coucher avec», nous visons des attitudes qui ne s'expriment pas toujours dans le comportement visible, mais davantage dans des zones plus discrètes, plus dissimulées, du comportement au sens large; nous visons des attitudes qui peuvent n'avoir d'existence que dans le fantasme ou dans l'imaginaire et qu'il faut donc pouvoir débusquer à l'aide d'instruments fins, subtils, donnant accès à la zone du fantasme». Peut-être même certains psychanalystes iront-ils plus loin et affirmeront-ils : «ce dont il s'agit dans le complexe d'Œdipe n'est pas de l'ordre des dispositions comportementales, mais bien des scénarios pulsionnels, fantasmatiques».

Or réfléchissons un instant à cette réplique psychanalytique. Que met en avant le psychanalyste, sinon un élément de mauvaise compréhension? Somme toute, le psychanalyste rétorque au psychologue behavioriste : «vous n'avez pas bien compris ce dont il s'agit et votre mauvaise compréhension vous a amené à opérer des observations empiriques qui n'ont aucune pertinence par rapport à la thèse du complexe d'Œdipe». Il s'agit là en fait de la réplique classique que les psychanalystes opposent à une critique issue de recherches expérimentales[11].

Mais à ce stade, la thèse psychanalytique du complexe d'Œdipe est-elle devenue infalsifiable? Non. Pas nécessairement en tout cas. En effet la psychanalyse n'a pas encore fermé la porte à une recherche empirique. Il a simplement posé l'exigence d'explorer certaines zones tout à fait spécifiques du comportement, ou certaines zones de la réalité psychique, à savoir cette zone imaginaire, fantasmatique, pour l'étude empirique de laquelle pourraient exister certains instruments appropriés, comme par exemple les techniques projectives.

Soit, dit le behavioriste. Acceptons. Et le psychologue behavioriste de procéder à la recherche et de revenir alors vers le psychanalyste pour lui dire : «Il reste un certain nombre d'enfants entre 3 et 6 ans dont la vie imaginaire n'est pas traversée par les motions pulsionnelles fantasmatiques du complexe d'Œdipe».

Nouvelle réplique du psychanalyste, dénonçant à nouveau une mauvaise compréhension: «Décidément, vous connaissez mal la psychanalyse. Ne savez-vous donc pas que les motions du complexe d'Œdipe peuvent être refoulées et le sont régulièrement? Or dans ce cas elles ne s'expriment pas de manière directe et claire, même pas dans l'ordre du fantasme et de la vie imaginaire. Elles s'expriment de manière indirecte, camouflée, et il faut être initié au langage rusé, allusif, allégorique, de l'inconscient pour déchiffrer, dans une production imaginaire visible, dans un contenu manifeste, les désirs œdipiens latents».

Nous avons atteint ici, me semble-t-il, un point où la thèse du complexe d'Œdipe devient infalsifiable. Popper avait d'ailleurs souligné un mouvement analogue dans l'évolution du marxisme [12]. Au départ, dans l'œuvre de Marx, explique Popper, le marxisme était falsifiable. Il était possible de dériver du corps des hypothèses marxistes des conséquences précises que certains épisodes concrets de l'histoire pouvaient soit corroborer, soit falsifier. Ainsi Marx avait prédit une «paupérisation croissante du prolétariat». Mais l'histoire s'est chargée de falsifier les conséquences déduites de la théorie marxiste et donc la théorie elle-même. Ce devant quoi les marxistes ont refusé de s'avouer vaincus, préférant raffiner leur théorie, lui ajouter de nouvelles clauses, de façon à la rendre compatible avec les faits historiques. Or, dans ce processus de raffinement de la théorie, il arrive un moment où la théorie est si raffinée qu'elle en devient infalsifiable. C'est là précisément ce à quoi nous avons abouti dans notre scénario imaginaire. Dans une première phase, le psychanalyste apporte des précisions qui maintiennent la thèse du complexe d'Œdipe dans l'ordre de la falsifiabilité. Mais dans la seconde phase finale, il fait appel à un langage de l'inconscient si rusé et si allusif qu'il sera toujours possible de reconnaître n'importe quel désir inconscient dans n'importe quelle production fantasmatique. Toute donnée empirique quelle qu'elle soit est compatible avec la théorie: nous aboutissons bien à une infalsifiabilité.

Mais ce même mouvement, jusqu'ici recomposé fictivement, n'est-il pas reconnaissable dans l'histoire effective de la psychanalyse ? Je tiens à faire allusion à l'un des défis les plus importants qui aient été lancés à la thèse psychanalytique du complexe d'Œdipe, et cela par l'ethnologue Bronislaw Malinowski.

A la lumière des recherches ethnologiques qu'il a effectuées à propos de la vie sexuelle des Trobriandais (1927, 1929), Malinowski croit pouvoir affirmer que le complexe d'Œdipe au sens strict n'est pas repérable chez les petits Trobriandais. Ainsi, du fait des structures matrilinéaires qui organisent la parenté trobriandaise, c'est l'oncle maternel, et non le père, qui est le pôle de l'autorité; c'est l'oncle maternel qui est porteur des normes sociales et des interdits sexuels, et c'est donc sur lui que va se polariser la haine du petit enfant de sexe masculin. Ce que Malinowski conteste donc, c'est moins l'apparition régulière dans le développement de l'enfant des motions pulsionnelles caractéristiques du complexe d'Œdipe (amour et haine, désir sexuel dirigé sur une personne de l'autre sexe et désir meurtrier dirigé sur une personne du même sexe) que leur répartition nécessaire et universelle sur les personnages de la mère et du père.

Or comment la psychanalyse officielle réagit-elle aux objections de Malinowski ? Elle va réagir essentiellement par le truchement du fondateur de l'anthropologie psychanalytique, Geza Roheim, qui va lui-même effectuer des enquêtes ethnologiques dans les régions visitées par Malinowski, et particulièrement dans des populations proches des îles Trobriand, caractérisées par les mêmes structures de parenté matrilinéaires[13]. Or, nous pouvons constater que Roheim répond à Malinowski exactement à la façon dont le psychanalyste imaginaire de notre scénario répondait au behavioriste imaginaire, si ce n'est que les deux répliques psychanalytiques du scénario sont ici condensées en un seul temps. Roheim nous dit en effet que si l'on veut contrôler l'existence d'un complexe d'Œdipe chez les peuples «primitifs», il ne suffit pas de considérer les comportements visibles ou les attitudes manifestes des enfants. Il faut davantage considérer les productions fantasmatiques de ces peuples, leurs contes, leurs mythes, leur folklore, et bien plus il faut les considérer à la lumière de la théorie psychanalytique de l'inconscient, à la lumière des processus inconscients tels que Freud les a mis au jour dans le rêve. Et Roheim de débusquer dans les mythes et les contes des populations matrilinéaires auxquelles il s'attache après Malinowski, les motions œdipiennes postulées par la psychanalyse, mais distordues, déformées, défigurées par suite des processus d'un travail fantasmatique inconscient, tel le processus de déplacement. Ainsi, il s'opérerait un déplacement de la figure du père, sur laquelle porterait originellement le désir de meurtre, sur la figure de l'oncle maternel.

Je dois à présent engager un second temps de la discussion, qui montrera de la même manière les difficultés de la falsification de la thèse œdipienne. En effet j'ai développé jusqu'ici la problématique en considérant comme acquise une formulation relativement simple du complexe d'Œdipe, qui certes n'était pas absolument étrangère à ce que la théorie psychanalytique pose[14]. Mais dès l'instant où nous levons l'exclusive qui avait été jetée sur une formulation particulière, nous entendons aussitôt des voix longtemps étouffées s'élever pour dire que la thèse du complexe d'Œdipe a été mal formulée, que jamais les psychanalystes n'ont affirmé en ces termes que tous les enfants traversent, entre 3 et 6 ans, une période au cours de laquelle ils vouent un amour passionné au parent de sexe opposé et une haine meurtrière au parent de même sexe.

Je ne puis pas m'engager ici dans une discussion détaillée. Je voudrais seulement situer brièvement deux attitudes psychanalytiques possibles, qui s'inscrivent dans les perspectives d'une reformulation de la thèse œdipienne, mais dont la première demeure compatible avec le principe de la falsifiabilité, alors que la seconde me paraît à nouveau aboutir à une infalsifiabilité. Pour situer la première attitude, je me référerai à la position exprimée par R. Waelder (1962), l'un de ces nombreux psychanalystes à avoir participé dans le contexte anglo-saxon au débat autour de la scientificité de la psychanalyse. Il existe, explique Waelder, un stade œdipien du développement de l'enfant, caractérisé par une polarisation d'affects amoureux et meurtriers sur la personne des parents. Mais la psychanalyse, ajoute-t-il, n'a jamais affirmé que tous les enfants traversaient le stade œdipien.

Donc, invoquer le cas d'enfants de quatre ou cinq ans chez qui l'on n'observe pas les affects œdipiens, ne peut constituer un cas de falsification du complexe d'Œdipe. La psychanalyse affirme bien plutôt que l'individu qui n'aura pas parcouru ce stade œdipien, ou aura mal négocié ce virage, sera «sévèrement retardé sous différents aspects de son développement sexuel, social ou intellectuel» (Waelder, 1962, pp. 632-633). En d'autres termes, le stade œdipien est un moment crucial du devenir de la subjectivité qui, selon qu'il aura été traversé ou non ou selon la manière dont il aura été traversé, donnera lieu à une structuration psychique particulière, s'exprimant éventuellement sous forme d'une pathologie spécifique. A différents états du complexe d'Œdipe et de sa traversée infantile correspondraient en quelque sorte diverses formes de structuration psychique de l'âge adulte. Pour reprendre des formulations outrancièrement simplifiées, l'individu «normal» aurait traversé et résolu avec succès la phase œdipienne. L'individu «névrotique» l'aurait également traversée, mais ne serait pas parvenu à la dépasser; il y serait resté fixé, ce qui nourrirait sa pathologie propre. Enfin, l'individu «psychotique» ne serait même pas entré véritablement dans la phase œdipienne.

Dans une pareille perspective, on le voit, l'articulation du complexe d'Œdipe sur la réalité empirique est devenue beaucoup plus complexe. Pour contrôler la thèse du complexe d'Œdipe, et éventuellement la falsifier, il ne suffit plus d'observer des enfants âgés de trois à six ans, fût-ce par l'intermédiaire d'instruments donnant accès à l'inconscient. Le prélèvement de données observationnelles à propos de l'enfance des sujets doit être complété par l'examen de la structure psychique de l'âge adulte. C'est seulement par ce biais que l'impact structurant du complexe d'Œdipe sur le devenir de la subjectivité — en quoi consisterait le contenu authentique de la thèse psychanalytique — pourra être soumis à un contrôle empirique. Toutefois, si la falsification est plus difficile, elle reste néanmoins envisageable.

Je voudrais précisément observer, pour terminer, une évolution qui conduit, me semble-t-il, à déborder sans recours toute possibilité de falsification. On peut en effet constater, en particulier dans le mouvement psychanalytique français d'obédience lacanienne, une tendance à redéfinir certains concepts, qui avaient gardé chez Freud un rapport assez étroit avec la réalité empirique, en des termes si abstraits et si généraux qu'ils en sont venus effectivement à perdre toute référence empirique précise.

C'est le cas par exemple de la notion de castration. Pour Freud, le phénomène de castration concernait bien le pénis, au sens où tout le monde l'entend. Pour lui, la crainte de la castration, c'était vraiment la crainte vécue par le petit garçon que son pénis lui soit enlevé, une crainte sourcée à des événements ou des incidents précis, à des paroles prononcées, à des menaces proférées par l'environnement familial de l'enfant. Or qu'est devenue la castration dans le discours psychanalytique lacanien? Déconnectée de toute compromission par trop réaliste, elle est devenue «symbolique»; elle concerne non plus le pénis, mais le Phallus; elle est synonyme des limitations inexorables auxquelles se heurte nécessairement, par une espèce de fatalité, toute existence humaine. Comment envisager encore de falsifier une idée aussi générale et aussi vague?

Une évolution assez comparable s'est produite en ce qui concerne le complexe d'Œdipe. Les travaux de Claude Levi-Strauss à propos des *Structures élémentaires de la parenté* (1949), articulés sur l'universalité de l'interdit de l'inceste, nous permettraient aujourd'hui de dépasser les vues trop empiriques et particularistes de Freud. Aveuglé par les conditions socio-historiques de son époque, Freud n'aurait mis au jour en effet qu'une variante d'une structure formelle beaucoup plus générale, que nous pourrions aujourd'hui restituer dans toute sa pureté. A vrai dire, le complexe d'Œdipe désignerait un système de relations triangulaires, renvoyant à une caractéristique universelle de la parenté humaine, à savoir que dans l'humanité un tiers-terme vient nécessairement s'introduire en rupture entre l'enfant et sa mère. C'est pourquoi nous pourrions aussi aujourd'hui répondre aux objections de Malinowski beaucoup plus pertinemment que ne l'avait fait Roheim. Car si la structure œdipienne caractérise aussi les sociétés matrilinéaires, ce n'est pas parce que la figure du père se dissimulerait par déplacement derrière la figure de l'oncle maternel. En réalité, si l'on donne au complexe d'Œdipe son sens conceptuel le plus radical et le plus épuré, le cas des sociétés qui encouragent la cristallisation des sentiments hostiles sur le personnage de l'oncle maternel plutôt que sur le père, n'est plus à proprement parler un cas de falsification de la thèse psychanalytique. Toute société organisée selon le principe de l'interdit de l'inceste, quelle que puisse être par ailleurs la forme spécifique que prend ce principe, est compatible avec la thèse psychanalytique. Mais qu'est-ce à dire à nouveau sinon que cette thèse est devenue infalsifiable?

NOTES

[1] Le Cercle de Vienne, groupe de discussion formé à l'initiative de Moritz Schlick et composé de scientifiques et de philosophes, tint des réunions hebdomadaires à Vienne de 1925 à 1936, pour se dissoudre à l'approche de la seconde guerre mondiale. Son représentant le plus éminent et le plus fécond fut sans conteste Rudolf Carnap. C'est essentiellement aux travaux de ce dernier que je me référerai dans la suite.
[2] Je fais allusion à la publication du grand ouvrage de Popper *Logik der Forschung* (1934). C'est celui-ci que je citerai désormais dans sa traduction française (*Logique de la découverte scientifique,* Payot, 1973).
[3] Je songe en particulier au traité de Nagel (1968). Notons que je prendrai l'habitude désormais de citer ouvrages et articles d'après le nom de l'auteur et la date de parution. Pour les références complètes, on est prié de se rapporter à la bibliographie qui figure en fin d'ouvrage.
[4] Je me réfère exclusivement aux sciences empiriques, à savoir aux sciences qui prétendent dire quelque chose au sujet de la réalité. J'exclus donc de mes considérations les sciences formelles (mathématiques et logique).
[5] C'était en réalité un critère du sens cognitif des énoncés que les membres du Cercle de Vienne s'efforçaient de définir, et non tellement un critère de scientificité. Ils voulaient répondre à la question: «A quelle condition un énoncé a-t-il un sens cognitif?» et non tellement à la question: «A quelle condition un énoncé est-il scientifique?». Toutefois, il était entendu aussi que l'énoncé scientifique était par excellence doué de sens, de sorte que le critère du sens devait également permettre de caractériser la science et en particulier de départager énoncés scientifiques et énoncés métaphysiques. Sur l'histoire du critère empiriste du sens, on consultera l'article classique de Hempel (1950).

[6] La caractéristique spécifique des sciences est donc bien la falsifiabilité et non le caractère universel de leurs énoncés. On pourrait dire que la falsifiabilité est le rapport net, précis, non équivoque, à l'expérience qui convient à un langage qui formule des énoncés universels.

[7] On ne doit donc pas confondre falsifiabilité et falsification. La falsifiabilité est une possibilité de falsification. Ainsi, une théorie peut être falsifiable, sans jamais avoir été falsifiée. Dans ce cas, je connais des faits précis qui, s'ils venaient à être observés, m'amèneraient à déclarer la théorie fausse; il se fait simplement que ces faits n'ont jamais été observés. Inversement, une théorie peut être à la fois falsifiable et falsifiée, ce qui veut dire assez curieusement: «scientifique» et fausse. Toutefois, dans ce cas, la théorie, toute scientifique qu'elle soit, sera abandonnée et ne nourrira plus la démarche scientifique dans son effort pour progresser vers une connaissance de plus en plus précise de la réalité.

[8] Cfr en particulier Carnap, 1936-37.

[9] Sur l'avantage des systèmes d'énoncés contenant des termes «théoriques», cfr Carnap, 1966.

[10] Un autre article classique est celui de Nagel (1959). Enfin, il faut signaler l'ouvrage tout récent de Jacques Van Rillaer, *Les Illusions de la psychanalyse* (1981): ouvrage le plus fouillé et le plus solidement argumenté que la tradition empiriste ait nourri; ouvrage décapant, féroce, implacable dans sa démonstration, mais, comme j'y reviendrai, tout entier appendu aux présupposés épistémologiques (empiristes) qui le guident et du même coup le limitent.

[11] Citons ce texte célèbre de Hartmann et Kris: «Le manque de vérification expérimentale implique rarement, sinon jamais, l'invalidation des propositions. Il prouve plutôt que l'ingéniosité des expérimentateurs n'a pas été capable de maîtriser la traduction de la proposition du domaine où celle-ci a été obtenue dans le domaine de la situation contrôlée où l'expérimentation a lieu» (1945, p. 16). A quoi certains psychologues expérimentalistes ont rétorqué, non sans une certaine pertinence, que l'insatisfaction des analystes devant les efforts de validation déployés par les psychologues dénonce moins l'incurie de ces psychologues que l'incapacité de dégager d'une théorie décidément obscure et vague des implications empiriques testables (Farrell, 1964).

[12] Cfr Popper K., 1963, p. 37.

[13] De G. Roheim, on consultera en particulier: *Psychanalyse et Anthropologie*, 1950.

[14] Cfr par exemple, Laplanche J. et Pontalis J.B., *Vocabulaire de la psychanalyse*, p. 79.

Chapitre II
Une épistémologie théoriciste

L'épistémologie d'Althusser, que je prendrai ici pour modèle d'une épistémologie théoriciste, se situe à la confluence de la tradition épistémologique française et du marxisme.

Althusser se réclame en effet de ce courant de l'épistémologie française qui a mis l'accent sur l'importance cruciale dans la science de la production intellectuelle ou rationnelle, celle-ci introduisant comme une rupture par rapport à l'appréhension préscientifique de la réalité.

On pourrait citer tout d'abord, comme représentant de ce courant, Alexandre Koyré, historien des sciences, connu notamment pour ses travaux sur la naissance de la physique moderne, dans lesquels il montre comment la révolution galiléenne, loin d'aller aux choses elles-mêmes, loin de se brancher enfin sur des faits obscurcis jusqu'alors par des préjugés ou des a priori, a consisté tout au contraire à récuser l'expérience sensible immédiate, la manière dont les choses se donnent immédiatement, pour substituer une construction en esprit à cette expérience sensible immédiate, trompeuse, illusoire, confuse[1].

Mais il faudrait surtout citer Gaston Bachelard, qui souligne de manière insistante dans toute son œuvre la rupture existant entre la connaissance commune et la connaissance scientifique[2]. Pour se constituer, celle-ci doit renverser les obstacles que lui tend la connaissance commune; elle doit tout particulièrement évacuer de l'expérience de la réalité tout ce qui vient s'y mêler d'imaginaire. Et cela, elle ne le peut que par la médiation de la construction intellectuelle, qui seule aurait le pouvoir de résorber les fantasmes toujours spontanément mélangés à notre appréhension première de la réalité.

Althusser reprend à son compte la thèse théoriciste véhiculée par la tradition épistémologique française, mais en même temps la reformule et la transforme, en y injectant quelques concepts marxistes, en particulier le concept d'idéologie. Car cette connaissance préscientifique dont nous parlent Koyré et Bachelard et à laquelle la science doit s'arracher, n'est rien d'autre que ce que le marxisme appelle l'idéologie. La science, dit Althusser, se coupe de l'idéologie, et cet acte de coupure coïncide avec la production d'une organisation rationnelle de concepts théoriques généraux qui vont eux-mêmes permettre, par leur travail, la production de connaissances empiriques concrètes. Telle est la proposition dont je dois à présent commenter les deux composantes principales.

A. Conception de la science

1. *Science et idéologie*

Althusser pose une antinomie absolue entre l'idéologie et la science. Ce qui m'oblige à donner une définition claire de l'idéologie. Tâche à laquelle je consacrerai un certain temps, dans la mesure où le concept d'idéologie me servira non seulement ici, mais encore tout au long de mon itinéraire.

a) Le concept d'idéologie

Tout d'abord, quelques mots sur l'histoire du terme. Au départ, et comme l'indique l'étymologie, le mot « idéologie », introduit au XVIIIe siècle par Condillac, désigne la science des idées : les idéologues sont des philosophes qui s'interrogent sur l'origine, le mode de formation des idées dans l'esprit des hommes. Puis, assez curieusement, interviendrait un grand personnage historique, qui assurerait la transition entre les idéologues du XVIIIe siècle et Marx-Engels, je veux parler de Napoléon[3]. Napoléon jetterait le discrédit sur les idéologues, qu'il ferait passer pour de doux rêveurs, pour des fumistes, pour des philosophes tenant des discours dans le vide, éloignés des réalités. Depuis lors, le terme d'idéologie se trouverait empreint d'une connotation péjorative, qui influencera Marx et Engels eux-mêmes et se répercutera jusqu'à aujourd'hui dans l'usage courant du terme. Car Marx et Engels vont bientôt entrer en scène et désormais le terme d'idéologie sera intimement associé à la théorie marxiste, même s'il diffusera dans la pensée sociologique en général, du fait même de l'influence du marxisme.

Arrêtons-nous un moment à *L'idéologie allemande*, que Marx et Engels écrivent en 1844[4]. Dans ce travail, Marx et Engels vont proposer des réorientations qui vont marquer après eux la tradition marxiste et la tradition intellectuelle en général.

Un premier infléchissement dans la signification du terme est déjà sensible dans le texte de Marx et Engels. Lorsqu'ils écrivent : « La morale, la religion, la métaphysique et tout le reste de l'idéologie » (p. 36), ils désignent implicitement sous le terme d'idéologie, non plus une science des idées, mais les idées elles-mêmes. C'est ainsi qu'aujourd'hui on entend couramment par idéologie un système d'idées générales, une conception d'ensemble de la réalité, de l'univers, de l'homme et de la société, une conception disant aux hommes ce qu'il en est finalement de la réalité, de l'univers, de la société, de la place de l'homme dans l'univers et dans la société, disant aux hommes quel est le sens ultime de leur vie, comment ils doivent agir, quelles sont les valeurs appelées à polariser leur existence et leur action.

Mais le geste important accompli par Marx et Engels n'est pas là. Il consiste bien plutôt à restituer les idées ou les idéologies aux sociétés dans lesquelles elles se forment, aux conditions d'existence matérielles qui prévalent dans ces sociétés, ainsi qu'aux rapports sociaux qui se nouent entre les hommes sur la base de ces conditions d'existence matérielles (pp. 35-37). Ce qui suppose une démystification des idéologies elles-mêmes, qui ont quelque chose d'intrinsèquement leurrant, en ce qu'elles représentent faussement, de manière déformée, imaginaire, « la tête en bas», la réalité des conditions d'existence des hommes, faisant apparaître les idées comme déterminantes, alors que «ce n'est pas la conscience qui détermine la vie, mais la vie qui détermine la conscience» (p. 37). Là est le geste important: interroger l'idéologie sur sa fonction sociale.

Mais comment situer l'idéologie dans la société? Comment définir son rôle social? Abandonnons l'histoire du concept pour en venir à Althusser, qui, outre le fait qu'il utilise constamment le concept d'idéologie, a également consacré à ce dernier certains textes plus explicites: *Marxisme et humanisme* (1966) et son paragraphe 4, ainsi que *Idéologies et appareils idéologiques d'Etat* (1970). *Philosophie et philosophie spontanée des savants* (1974a) apporte également quelques précisions.

Althusser affirme d'abord que «l'idéologie fait organiquement partie, comme telle, de toute totalité sociale» (1966, p. 238). Il faut savoir qu'Althusser se représente la société comme une totalité structurée, composée de sous-structures régionales, appelées parfois «instances». Parmi ces instances, à côté de l'instance économique et de l'instance politique ou juridico-politique, l'instance idéologique.

Mais de quoi est faite l'idéologie? Quel est le contenu de cette instance sociale? Et quelle est sa fonction, son rôle? Telles sont les questions fondamentales que je dois soulever à présent.

Dans *Marxisme et humanisme,* Althusser définit l'idéologie comme un système de représentations (images, mythes, idées ou concepts selon les cas), qui explique aux hommes d'une société pourquoi leurs conditions d'existence sociale sont ce qu'elles sont, bien plus: pourquoi elles doivent être ce qu'elles sont et ne peuvent être autrement. Et Althusser de préciser que les hommes d'une société se meuvent au sein de ces systèmes idéologiques de représentations, qu'ils y baignent et y sont baignés d'emblée, dès leur plus jeune âge. A ce titre, nous dit Althusser, il importe de se garder d'une conception instrumentale de l'idéologie, au sens où l'idéologie serait consciemment construite et manipulée par les hommes, ou par certains groupes d'hommes, en vue d'un objectif. L'idéologie, c'est d'abord quelque chose dans quoi on est pris et à travers quoi on appréhende, sans s'en rendre compte, ses conditions d'existence ou son rapport à ses conditions d'existence. On découvre toujours ses conditions d'existence, le monde dans lequel on vit, dans ou à travers l'idéologie. L'idéologie colle au monde dans lequel on vit et elle y colle si bien qu'elle passe inaperçue: elle est notre monde même, notre vie même (pp. 239-240).

Mais trois précisions méritent encore d'être apportées:

1. L'idéologie connaît divers degrés d'élaboration, sensibles chez Althusser à travers la diversité des termes qui explicitent l'idéologie comme système de représentations: images, mythes, idées ou concepts. Certaines représentations formant idéologie sont en effet très organisées, systématisées, élaborées intellectuellement (ainsi l'idéologie mise en forme dans un traité de philosophie), alors que d'autres représentations idéologiques sont davantage désordonnées, incohérentes, imagées (cfr le sens commun, le folklore, la mentalité populaire, ... reconnus par Gramsci comme autant de véhicules d'idéologies)[5].

2. Les idéologies n'existent dans la société que dans des organisations ou des institutions qui les portent et les diffusent. Ce qu'Althusser lui-même, tributaire en cela de Gramsci, a développé sous le thème des «appareils idéologiques d'Etat» (les églises, les écoles, les partis politiques, la grande presse, ...).

3. Il importe enfin de corriger ce que pourrait avoir de trop éthéré une définition de l'idéologie en termes de représentations. L'idéologie n'existe pas seulement dans la «tête» ou dans l'«esprit» des hommes. Elle s'inscrit aussi dans leurs pratiques, dans leurs modes de comportement; elle imprègne les attitudes adoptées par les hommes devant l'existence. Les idéologies ne sont pas seulement des systèmes d'idées-représentations sociales, mais elles sont aussi des systèmes d'attitudes-comportements sociaux (M. Harnecker, 1969, p. 86). Ce qu'Althusser a visé sous le terme d'idéologie pratique: «Thèse 19. Les idéologies pratiques sont des formations complexes de montages de notions-représentations-images dans des comportements-conduites-attitudes-gestes. L'ensemble fonctionne comme des normes pratiques qui gouvernent l'attitude et la prise de position concrète des hommes à l'égard des objets réels et des problèmes

réels de leur existence sociale et individuelle, et de leur histoire» (1974a, p. 26)⁶.

Reste ouverte la question de la fonction sociale des idéologies. Citons le texte le plus clair d'Althusser: «L'idéologie (comme système de représentations de masse) est indispensable à toute société pour former les hommes, les transformer et les mettre en état de répondre aux exigences de leurs conditions d'existence... elle transforme la «conscience» des hommes, c'est-à-dire leur attitude et leur conduite, pour les mettre au niveau de leurs tâches et de leurs conditions d'existence» (1966, p. 242).

Nous pouvons comprendre cette proposition comme suit. Les structures sociales assignent aux individus une position déterminée, elle-même corrélative de conditions d'existence, d'exigences et de tâches précises. A quoi servent socialement les idéologies? Les idéologies forment ou transforment les individus de telle sorte que leur position sociale et les tâches ou exigences liées à celle-ci leur paraissent justifiées, en telle sorte qu'ils puissent se dire: «Si je suis ceci ou cela, c'est que je dois être ceci ou cela, c'est que je ne puis être autrement».

Mais, dans une perspective marxiste, une pareille proposition doit s'expliciter en termes de classes sociales⁷. On connaît la phrase célèbre: «L'idéologie dominante est l'idéologie de la classe dominante», dont Marx et Engels nous ont donné une première formulation dans *L'idéologie allemande*: «Les pensées de la classe dominante sont aussi, à toutes les époques, des pensées dominantes, autrement dit la classe qui est la puissance matérielle dominante de la société est aussi la puissance dominante spirituelle» (p. 74). Qu'est-ce à dire, sinon que l'idéologie qui domine une société de classes (et écrase éventuellement d'autres idéologies dès lors dominées) s'exerce au bénéfice ou au profit de la classe dominante, servant les intérêts de cette dernière, contribuant à la reproduction de sa domination, et cela tout simplement en justifiant les hommes d'occuper la position qu'ils occupent dans la structure de classes: position de dominants ou d'exploiteurs s'ils sont dominants ou exploiteurs, position de dominés ou d'exploités s'ils sont dominés ou exploités.

On pourrait donc dire aussi que l'idéologie remplit une fonction sociale de reproduction des rapports sociaux de production (dans la mesure où, selon la perspective marxiste d'une instance économique déterminante, les rapports de production constituent la composante cruciale qui assigne aux hommes leur position dans la structure sociale). Encore que cette thèse soit trop unilatérale. Car l'idéologie ne contribue pas seulement à la conservation des structures sociales existantes, qui se reproduiraient égales à elles-mêmes. L'histoire est aussi marquée par des changements révolutionnaires, à la faveur desquels une classe nouvelle jusqu'alors dominée s'installe à son tour en position dominante. Or la lutte des classes est aussi une lutte idéologique. La classe montante combat aussi idéologiquement la classe dominante: elle oppose sa propre idéologie, justificatrice d'une autre société, à l'idéologie conservatrice de la classe dominante au pouvoir, justificatrice de la société existante. En quoi l'idéologie peut aussi être un facteur de changement social. C'est d'ailleurs bien ce double pôle de l'idéologie, agent de conservation ou de transformation sociale, qui a conduit Karl Mannheim à distinguer les idéologies et les utopies: les idéologies légitiment les structures sociales existantes au bénéfice des classes dominantes, alors que les utopies projettent un état de société non encore donné, qui serait en rupture avec la société existante, et polarisent les luttes des classes dominées[8].

Il me reste à développer un dernier point important, qui m'amène à rencontrer le caractère péjoratif traditionnellement attribué à la notion d'idéologie. On peut penser en effet que l'idéologie remplit son rôle justificateur et reproducteur des structures sociales par un effet spécifique de leurre ou de méconnaissance. En quelque sorte, l'idéologie serait intrinsèquement mystifiante ou trompeuse. Est-ce bien vrai? L'idéologie serait-elle mystificatrice par une sorte de nécessité constitutive? Pourquoi le serait-elle? Je n'entrerai pas ici dans ce débat maintes fois agité. Je me bornerai à constater qu'effectivement, là où l'idéologie joue un rôle de reproduction de structures sociales oppressives, elle opère généralement d'une façon caractéristique, à savoir qu'elle naturalise les rapports sociaux et que par là elle masque ou elle voile.

Le phénomène est facile à comprendre. Situons-nous dans une société de classes en exigence de reproduction, qui doit donc, par un système de représentations-attitudes, amener les dominants comme les dominés à appréhender leur condition de dominant ou de dominé comme une condition justifiée, qui non seulement est ce qu'elle est, mais bien plus doit être ce qu'elle est, bref comme une condition «naturelle», allant de soi. La manière la plus simple d'opérer cette justification n'est-elle pas de rapporter les conditions d'existence en appel de légitimation à un ordre absolu, transcendant, suprasocial? Ce qui signifie en même temps que soit voilée ou masquée la part prise par la société et les processus sociaux dans la production et la reproduction de ces conditions d'existence. C'est en ce sens que la religion a pu jouer un rôle idéologique de justification par naturalisation-masquage pendant une longue période de l'histoire de l'humanité. Songeons seulement aux religions mythiques qui renvoient tous les aspects de la condition humaine à un ordre sacré, transcendant, venant doubler toutes les réalités humaines d'ici-bas[9]. Mais nous pourrions donner des exemples plus actuels. Ainsi ces représentations idéologiques qui ont connu récemment un regain de publicité à travers les ouvrages d'Eysenck (1973) ou d'Hébert (1977), tendant à imposer l'idée que les inégalités sociales entre les blancs et les noirs aux Etats-Unis ou entre les bourgeois et les prolétaires, sont dues finalement à des différences d'aptitudes intellectuelles fondées biologiquement, héréditairement[10]. N'est-ce pas là rapporter à un état de nature, à un état non social, des inégalités qui sont produites et reproduites socialement? N'est-ce pas là justifier les blancs ou les bourgeois d'être dominants et les noirs ou les prolétaires d'être dominés[11]?

b) La coupure épistémologique

Mais venons-en à présent, après avoir défini l'idéologie, à la doctrine de la science d'Althusser.

La science, nous dit Althusser, n'est pas l'idéologie: non seulement elle est différente de l'idéologie, mais encore elle s'y oppose, à telle enseigne que, pourrait-on dire, quand il y a idéologie, il n'y a pas science et quand il y a science, il n'y a pas non plus idéologie[12]. Bref, la science est pure de toute idéologie[13]; elle est coupée de l'idéologie[14]. Ce qui a un sens à la fois structural et historique. Non seulement la démarche scientifique, par essence structurale, est à tout moment coupée de l'idéologie, mais encore toute science a dû, au moment de son émergence et de sa formation, s'arracher à l'idéologie qui la précédait sur le terrain qu'elle va elle-même occuper.

Le marxisme est bien entendu l'exemple majeur auquel Althusser se rapporte. On pourrait d'ailleurs presque dire qu'Althusser a monté toute sa doctrine de la science pour attester la scientificité du marxisme. Toujours est-il que Marx aurait fondé une science et l'aurait fondée en s'arrachant à des conceptions idéologiques de l'histoire, dont lui-même aurait été un moment la victime. Au début de son œuvre, Marx, le jeune Marx, aurait repris à son compte une philosophie humaniste et bourgeoise de l'histoire, qu'il aurait reçue de Feuerbach (l'histoire est l'histoire de l'homme, de son aliénation nécessaire et de sa tout aussi nécessaire désaliénation), et qu'il aurait sans plus élargie à de nouvelles dimensions de l'existence humaine (au-delà de la dimension religieuse seule considérée par Feuerbach, aux dimensions politique et enfin économique). Mais, à un moment donné, dans *L'idéologie allemande,* Marx aurait commencé de s'arracher à cette idéologie bourgeoise de l'histoire[15], pour poser d'une manière certes encore inchoative et insuffisante les premiers concepts d'une théorie de l'histoire et de la société, à partir desquels devenait possible une approche scientifique du continent « histoire ».

Mais à quoi donc pouvons-nous reconnaître dans la démarche de Marx une démarche scientifique ? Bref, qu'est-ce qui caractérise la science ? Qu'est-ce qui en définit la spécificité ? Je dois aborder à présent le deuxième versant de ma proposition initiale.

2. *La science et le travail théorique*

Le but de la science, ce qu'elle vise et réussit à obtenir, là où l'idéologie échoue, est la connaissance de la réalité et, pourrait-on ajouter, de la réalité empirique, concrète : la fin ultime de la science est la connaissance concrète d'objets réels et concrets singuliers[16]. Toutefois, pour connaître la réalité concrète, il est indispensable de passer par la théorie. Toute connaissance empirique authentique est nécessairement théorique. En quoi Althusser s'oppose à ce qu'il nous présente comme une épistémologie empiriste.

L'empirisme défendrait l'idée que la science a pour caractéristique de se brancher de la manière la plus immédiate sur la réalité concrète. Or rien n'est plus illusoire que cette idée d'un branchement ou d'une prise directe, sans intermédiaire, sur la réalité empirique. Car il n'existe pas vraiment d'accès pur, sans médiation, à la réalité concrète. C'est précisément au moment où nous croyons être en prise directe sur la réalité que nous sommes victimes des médiations les plus sournoises, les plus invisibles, les moins conscientes, à savoir victimes des médiations idéologiques. On pourrait même dire que notre premier contact avec la réalité concrète, qui s'imagine être un contact avec la réalité elle-même, telle qu'elle est, est toujours un contact teinté d'idéologie. Rappelons-nous ce que nous découvrions tout à l'heure de l'idéologie, qui passe inaperçue, qui se vit à l'extérieur, sur le monde, comme un objet même du monde. La réalité ne sera donc connue en vérité que si la vision première que nous en avons est transformée ou transmuée, et en particulier que si ce qui vient toujours s'y mêler d'idéologique est conjuré ou dissout. Pour cela, estime Althusser, la réalité doit être travaillée par la théorie[17].

Examinons donc de plus près en quoi consiste le processus de production de la connaissance scientifique, aboutissant à la connaissance concrète d'objets concrets, processus qui est toujours identiquement processus de travail théorique[18].

Il semble bien qu'il faille distinguer un double aspect du travail théorique : ce qu'on pourrait appeler le travail théorique au sens fort (Althusser, 1967, p. 7) d'une part, et, terminologie à première vue paradoxale, le travail « théorique empirique » d'autre part. Je m'explique.

Une partie importante, sinon la plus importante, du travail scientifique consiste à construire des concepts théoriques. Malheureusement, et curieusement, Althusser ne nous explique guère le processus de construction des concepts théoriques. Disons donc simplement qu'un concept théorique, construit par la pratique théorique au sens fort, est un concept qui n'a pas de référent empirique immédiat, qui ne renvoie pas à des objets réels existants, mais qui porte sur des objets « formels-abstraits » (1967, p. 5), n'existant que dans la pensée, n'existant que comme « objets de connaissance »[19]. Exemple de pratique théorique au sens fort, *Le Capital* de Marx, qui construit le concept théorique de « mode de production capitaliste » (1967, p. 5 et p. 7), cette dernière expression ne désignant pas un objet réel existant, mais un objet formel-abstrait.

Althusser éclaire un peu davantage ce que j'ai appelé le « travail théorique empirique ». Les concepts théoriques étant construits (par le travail théorique au sens fort), il devient possible alors et alors seulement, par leur médiation, de connaître la réalité empirique. En quoi consiste ce travail (qui est théorique puisqu'il procède via la théorie, mais aussi empirique, puisqu'il porte enfin sur la réalité empirique concrète, dont il va produire la connaissance concrète) ? C'est ici qu'Althusser a proposé d'appliquer à l'activité scientifique le concept marxiste de travail ou de pratique au sens strict (*Pour Marx*, 1966, pp. 186-197). Comme toute pratique ou tout travail, la pratique ou le travail scientifique (empirique) est une activité qui consiste à transformer une matière première en un produit fini par l'intermédiaire d'instruments de travail. Plus précisément, il transforme une généralité I en une généralité III via une généralité II. Que veut-on dire par là ? La matière du travail scientifique (empirique) est une matière empirique, constituée de faits, mais non de faits bruts ou immédiats, mais de faits construits, dont le recueil est d'une certaine manière guidé par la théorie (au sens fort); c'est pourquoi Althusser parle ici de généralité I (la science travaille toujours sur du général, même quand il a la forme d'un « fait »). Les instruments de travail scientifique sont les concepts théoriques construits par la pratique théorique au sens fort: ce sont eux qui servent d'outils de production (la généralité II est « constituée par le corps des concepts dont l'unité plus ou moins contradictoire constitue la « théorie » de la science au moment (historique) considéré », *Pour Marx*, p. 188). Enfin le travail des concepts théoriques sur la matière empirique aboutit à un résultat, qui est lui-même une généralité, mais une généralité « spécifiée », « concrète », ou encore un « concret-de-pensée », donnant la connaissance concrète du «concret réel», finalité de la connaissance scientifique. Ou encore les concepts théoriques, par leur travail sur la matière empirique, seront devenus «empiriques» (1967, p. 6).

Tout ceci pourra paraître un peu abstrait et obscur, mais nous allons voir tout de suite comment une telle théorie de la pratique scientifique peut fonctionner, précisément sur le cas de la psychanalyse, à laquelle je dois à présent venir.

B. Valorisation théoriciste de la psychanalyse

L'épistémologie théoriciste d'Althusser permet de reconnaître dans la psychanalyse une science. Althusser lui-même a affirmé la scientificité de la psychanalyse. Il s'est même expliqué à ce propos dans un texte intitulé: *Freud et Lacan* (1964-65), que je suivrai un moment.

Freud, nous explique Althusser, a fondé une science, une science nouvelle, sans précédent, qui est science d'un objet nouveau et irréductible: l'inconscient. Et cet objet est un objet de connaissance, posé formellement, abstraitement, par la théorie, qui, comme en toute science, est le moment central. Car si la psychanalyse est: 1. une pratique (la cure), 2. une technique (méthode de la cure), 3. une théorie qui est en rapport avec la pratique et la technique, dans cet ensemble, c'est la théorie qui est l'élément principal: «Comme en toute science authentique constituée, la pratique n'est pas l'absolu de la science, mais un moment théorique subordonné» (1964-65, p. 93)[20]. C'est ainsi, expliquera Althusser, que le rôle du langage dans la cure analytique n'est pas seulement un rôle de fait, mais aussi un rôle de droit, fondé dans l'objet construit par la théorie. C'est la théorie de l'objet «inconscient» qui explique pourquoi la cure analytique, si elle veut être transformatrice, doit se jouer dans et par le langage.

La psychanalyse est donc une science, et le mérite revient à Lacan de l'avoir rappelé, d'avoir réinstallé la psychanalyse sur ses bases théoriques propres, originales, contre toutes les dénaturations qu'elle a subies dans son histoire.

Mais abandonnons le texte explicite d'Althusser[21] pour nous réinterroger plus généralement sur la psychanalyse à la lumière de la théorie althussérienne de la science. Vérifier la scientificité de la psychanalyse, en empruntant aux catégories de l'épistémologie théoriciste d'Althusser, appellerait à montrer, d'abord que la psychanalyse s'est arrachée à l'idéologie, ensuite que la psychanalyse fonctionne sur le modèle du travail théorique : deux temps de l'analyse qu'il est difficile de déconnecter, dans la mesure où la psychanalyse se serait arrachée à l'idéologie par l'instauration d'un champ de travail théorique.

1. La révolution psychanalytique

Ce que l'épistémologie d'Althusser projette sur la psychanalyse rencontre une représentation courante et traditionnelle : l'idée d'une révolution psychanalytique. Avec Freud (comme, avant lui, avec Galilée ou Darwin), quelque chose d'absolument inédit — une conception nouvelle, originale, du psychisme — aurait émergé, qui heurtait des préjugés du temps, en quoi Freud aurait eu toutes les peines du monde à se faire reconnaître, en quoi il aurait suscité les résistances des milieux académiques et bien pensants. Cette idée, il est aisé de la reformuler dans le langage althussérien de la rupture ou de la coupure. Freud, construisant des concepts théoriques nouveaux et ouvrant par là la connaissance d'objets concrets jusqu'alors inexpliqués (proposition que je devrai commenter dans un second temps de l'analyse), aurait rompu avec certaines représentations idéologiques qui faisaient partie intégrante de la conception de l'homme produite par la classe bourgeoise en vue de légitimer sa domination.

Ainsi, la production du concept d'inconscient et la connaissance rendue possible par là des formations de l'inconscient (rêves, symptômes hystériques, actes manqués, ...) étaient solidaires d'une rupture avec l'idée de l'homme comme être conscient, maître de soi, installé au centre de lui-même, avec l'idée d'un moi souverain, «seigneur dans la propre maison de son âme»[22].

Mais l'exemple qui vient sans doute le plus immédiatement à l'esprit pour illustrer un processus de rupture idéologique accompli par l'œuvre freudienne concerne le domaine de la sexualité. L'ordre social bourgeois, promouvant une logique de productivité, de rendement, transformant le corps en objet de labeur, réprimant du même coup toute forme de vie sexuelle accordée au régime d'un plaisir corporel gratuit, aurait suscité l'idée légitimante d'une sexualité foncièrement génitale et hétérosexuelle, à visée exclusivement reproductrice. Contre cette idée, Freud aurait produit le concept d'une sexualité intrinsèquement perverse, se développant dès l'enfance et visant le plaisir d'organe. En quoi nous pourrions voir à nouveau combien la rupture avec l'idéologie est associée aux effets de connaissance inédits produits par Freud. Car si l'idée d'une sexualité génitale hétérosexuelle servait un ordre social bourgeois et sa reproduction, elle faisait également obstacle à la connaissance de la sexualité. Freud devait s'en arracher pour ouvrir enfin la connaissance vraie de la sexualité humaine, permettant d'expliquer les diverses formes de vie sexuelle humaine, perverse, névrosée, voire même «normale» (cette dernière n'étant plus prise comme allant de soi, mais étant restituée comme l'une des possibilités de la sexualité humaine).

Il n'est donc pas absurde, on le voit, de soutenir, conformément à l'épistémologie althussérienne, que la fondation de la psychanalyse s'est accompagnée d'une rupture avec certaines représentations idéologiques, au sens strict du mot. Ce qui ne signifie pas que la psychanalyse aurait été désormais, depuis le geste inaugural accompli par Freud, pure de toute idéologie. Ne fût-ce simplement que parce que rompre avec *certaines* représentations idéologiques déterminées n'équivaut pas à rompre avec l'idéologie en général : on peut s'arracher à une idéologie, désormais démasquée, mise au jour, mais dans le même moment en véhiculer une autre, tout aussi aveugle que l'était la première. Mais j'ouvre là un débat que je ne puis engager dans toute sa complexité à ce stade de mon propos. Aussi me limiterai-je à émettre quelques remarques complémentaires à propos de cette «révolution psychanalytique» qui aurait été tout à la fois cognitive, scientifique et idéologique, sociale.

On connaît le fait historique qui fait obstacle à l'idée que la psychanalyse serait socialement révolutionnaire : après avoir été un moment rejetée et marginalisée, la psychanalyse a très vite été assimilée et intégrée à une société occidentale dont la classe bourgeoise demeurait la classe dominante. La psychanalyse est-elle donc aussi révolutionnaire, aussi radicalement réfractaire à un ordre bourgeois qu'on a pu le dire ?

Deux options extrêmes se présentent, qui partagent un présupposé commun, entre lesquelles il faut chercher, à mon sens, un chemin médian.

Pour les uns, la psychanalyse serait intrinsèquement subversive, mais elle aurait été dénaturée. On connaît la mythologie : dès l'instant où la psychanalyse aurait pénétré sur le sol américain, elle aurait été récupérée. L'« ego psychology » aurait fait là son œuvre, restaurant le privilège d'un moi souverain, perdant ce qu'avait d'impact subversif la théorie de l'inconscient. D'où le projet nourri par Lacan et ses émules d'un retour à Freud, qui restituerait à la psychanalyse sa portée révolutionnaire perdue[23].

Pour d'autres, la psychanalyse n'aurait jamais été subversive. Une vision historique superficielle nous aurait conduits depuis toujours à une conclusion erronée. Ainsi, l'Occident bourgeois n'aurait jamais vraiment organisé cette répression de la sexualité par rapport à laquelle Freud, continué en cela par Reich, se serait introduit en rupture. La particularité la plus décisive de l'Occident bourgeois aurait été au contraire de faire parler le sexe et du sexe et par là de tirer du sexe des effets de pouvoir (le pouvoir ne consistant pas seulement à nier, à censurer, à réprimer, mais aussi à produire, à susciter, à stimuler). A ce titre, l'œuvre de Freud, et plus encore sa pratique organisée autour du principe de l'association libre, s'inscrirait en pleine continuité avec les dispositifs de pouvoir mis en place avant elle par l'Occident moderne[24].

Mais doit-on vraiment choisir entre ces deux versions extrêmes, qui ont pour point commun de représenter la psychanalyse comme une réalité pure, d'un seul tenant, soit toute subversive, toute en rupture par rapport à l'idéologie bourgeoise, soit toute inscrite dans les dispositifs de pouvoir de l'Occident bourgeois ?

La réalité n'est-elle pas plus complexe ? N'est-elle pas tissée de contradictions ?

Si on considère le seul texte de Freud, ne constate-t-on pas qu'il est le lieu d'une tension ? Ainsi, si on examine l'approche freudienne de la sexualité, on s'aperçoit qu'elle est partagée entre des tendances contradictoires. Les *Trois essais sur la théorie de la sexualité* (1905) posent bien, comme je l'ai dit, une sexualité perverse, inorganisée, accordée au régime du plaisir d'organe. Mais en même temps, ils continuent de dessiner, et cela dès l'origine, la place d'une normalité sexuelle génitale. Si la sexualité est perverse dans son fonctionnement infantile, elle est aussi appelée à s'organiser, à se polariser plus exclusivement autour d'un but et d'un objet, selon un régime de fonctionnement dont la génitalité hétérosexuelle est la version normale. Point de vue génétique, qui ira en se renforçant et s'accentuant à mesure que l'œuvre freudienne progressera, la sexualité se développant selon un système de stades, qui culmine dans un état final de maturité génitale. Si l'œuvre de Freud a été récupérée, ne serait-ce pas parce qu'elle contenait en elle dès l'origine les possibilités mêmes de sa récupération ?

Mais le problème doit aussi être situé dans une perspective historique. Le mérite en revient à Robert Castel, qui nous donne sans doute sur la question ici en débat les vues les plus justes et les plus nuancées [25]. Si la psychanalyse a pu en effet avoir un impact subversif à un moment donné de l'histoire occidentale, elle a tout aussi bien pu le perdre, tout simplement parce que la société occidentale s'est transformée, parce que se sont modifiés tout à la fois les formes de l'organisation économique, les dispositifs de pouvoir et les systèmes idéologiques, toujours orchestrés toutefois par une classe bourgeoise dominante en perpétuelle adaptation ou «révolution». Parler de sexualité comme le faisait Freud pouvait être choquant à la fin du XIXe siècle. Ce n'est plus guère le cas aujourd'hui. Le discours freudien sur la sexualité ne choque plus que les fractions les plus rétrogrades de la classe bourgeoise mais non pas ses fractions modernistes les plus larges. Pour l'essentiel, la psychanalyse est aujourd'hui intégrée au discours dominant.

2. La psychanalyse et le travail théorique

J'aborde à présent le second versant de l'épistémologie althussérienne. La psychanalyse, qu'elle soit ou non en rupture avec l'idéologie (ou plus modestement avec certaines représentations idéologiques), fonctionne-t-elle selon le régime d'un travail théorique ? Sur ce point, la réponse ne peut faire de doute. La psychanalyse est même un terrain d'exemplification particulièrement clair de la théorie althussérienne : des exemples repris à la psychanalyse nous aident à comprendre des développements épistémologiques qui demeuraient relativement obscurs dans le texte althussérien.

Tout d'abord, on peut relever aisément dans la psychanalyse et dans l'œuvre freudienne les deux aspects du travail théorique que j'ai distingués avec Althusser. Certaines œuvres de Freud sont pour l'essentiel occupées à la construction de concepts théoriques, à leur définition et à leur élaboration à un niveau abstrait. Ainsi, par excellence, les œuvres dites métapsychologiques, consacrées à l'« inconscient » ou au « refoulement »[26]. D'autres œuvres s'efforcent davantage de donner la connaissance de productions psychiques concrètes, mais toujours par l'intermédiaire des concepts théoriques généraux. Je vise en particulier les œuvres vouées à l'analyse de « cas » : Dora, le petit Hans ou encore l'homme aux rats[27]. On remarquera cependant que la distinction, si elle a formellement une signification réelle, n'est pas aussi étanche qu'il peut paraître. Nous n'avons là affaire qu'à deux pôles extrêmes du travail psychanalytique qui le plus souvent se combinent dans l'effectivité de la démarche scientifique. La plupart des œuvres freudiennes articulent en effet toujours à la fois la construction de concepts théoriques et la production de connaissances concrètes. Les concepts théoriques définis sont toujours aussitôt mis en exercice sur l'analyse de faits concrets. Ainsi un concept abstrait comme celui de déplacement, dégagé dans *L'interprétation des rêves* (Freud, 1900), est aussitôt exemplifié sur l'analyse de rêves concrets. Quant aux analyses de cas, elles sont toujours l'occasion de remettre des concepts théoriques sur le métier et d'en dégager de nouvelles déterminations « abstraites ».

Mais reprenons les deux facettes du travail théorique.

Freud et la psychanalyse construisent bien des concepts théoriques abstraits, dont les plus célèbres sont les concepts énergétiques (par exemple, le concept de pulsion), topiques (le « moi », l'« inconscient », ...) et dynamiques (ainsi lesdits mécanismes de défense, le « refoulement », la « projection », ...).

Une analyse épistémologique plus fouillée donnerait sans doute l'occasion d'ouvrir un débat sur la nature des concepts théoriques freudiens, bien plus sur la nature des concepts théoriques en général. Le plus éminent des concepts théoriques freudiens, le concept d'inconscient, pourrait être ici sollicité.

L'« inconscient », tel qu'il fonctionne dans le discours freudien, est assurément un concept théorique au sens althussérien. Il l'est d'autant plus que rien dans la réalité immédiate donnée à l'observation naturelle ou spontanée ne donne ou ne livre quelque chose comme l'inconscient. L'« inconscient » est inaccessible à l'observation directe; il est par excellence l'objet d'une « construction en esprit », légitimée par l'éclairage qu'elle jette sur des phénomènes concrets jusqu'alors inexpliqués, sur ce qu'on a appelé précisément les formations de l'inconscient : les rêves, les actes manqués, les mots d'esprit, les symptômes névrotiques, ... Toutefois, une question demeure ouverte : l'inconscient, tout inobservable qu'il soit, n'est-il pas néanmoins réel, repérable via certains indices empiriques que les conditions artificielles de la situation psychanalytique permettraient de capter ? Ne serait-il pas comparable à ce titre aux particules élémentaires postulées par la physique, elles aussi inobservables mais saisissables par l'intermédiaire des traces que libèrent les montages expérimentaux hypersophistiqués de la physique des hautes énergies (les accélérateurs de particules) ? Or, les catégories de l'épistémologie althussérienne sont impuissantes, me semble-t-il, à concevoir la réalité de l'inconscient, inlassablement affirmée par Freud. En effet, selon Althusser, les objets désignés par les concepts théoriques n'existent pas au sens fort du terme (« n'existent, au sens fort du terme, que des objets réels et concrets singuliers », *Sur le travail théorique*, 1967, p. 4); ils n'ont d'autre existence que dans la pensée scientifique qui les produit et sont dits en ce sens, par contraste avec les objets réels, objets de connaissance (*Lire le capital I*, 1967, pp. 50-51) ou encore objets formels-abstraits (*Sur le travail théorique*, p. 5). Seuls les derniers concepts élaborés par l'épistémologie anglo-saxonne « dominante » permettent de penser à la fois la nature théorique du concept d'inconscient et la réalité possible de cela même que ce concept désigne : selon les vues de l'épistémologie anglo-saxonne, les concepts théoriques auraient pour particularité de postuler l'existence d'entités, de processus ou d'événements inobservables[28].

Il me reste, pour terminer, à analyser le processus par lequel la psychanalyse produit « la connaissance concrète de réalités concrètes ». C'est précisément ici que la démarche psychanalytique permet de concrétiser et d'éclaircir les thèses de l'épistémologie althussérienne.

Prenons l'exemple du rêve. Soit un rêve concret, rêvé et raconté par un sujet concret. Comment la psychanalyse explique-t-elle ce rêve? Procède-t-elle selon une démarche de travail, au sens marxiste d'un procès de production, effectué au départ d'une matière première, utilisant des outils ou des instruments, aboutissant à un produit fini? Quelles sont en l'occurrence les trois composantes du procès de production : la matière première, les outils de production, le produit fini?

Il serait naïf de croire que la matière première du procès d'explication du rêve est le rêve lui-même, dans sa réalité immédiate et brute. Certes l'explication procède à partir de faits empiriques: «aucune connaissance concrète ne peut se passer de l'observation et de l'expérience» (Althusser, *Sur le travail théorique*, p. 6). Mais ces faits empiriques «sont irréductibles aux pures données d'une enquête empirique immédiate»; ils sont eux-mêmes produits activement, «dans le montage technique qui constitue le champ de l'observation ou de l'expérience» (*ibid.*, p. 6), en l'occurrence, dans le cas du rêve, dans le contexte d'une situation analytique fonctionnant selon le régime de l'association libre. La matière première du procès d'explication du rêve est en réalité constituée par les associations libres du rêveur sur les fragments détachés du récit du rêve, lui-même dit contenu manifeste du rêve.

Mais, petit à petit, à mesure que sont libérées les associations du rêve, des concepts théoriques vont entrer en action. Les instruments ou outils de production de l'explication du rêve sont les concepts fondamentaux de la théorie du rêve, eux-mêmes composantes d'une théorie psychologique plus générale. Les plus significatifs d'entre eux sont bien connus: citons les concepts de désir, censure, déplacement, condensation, symbolisation, élaboration secondaire.

Enfin, du travail des concepts théoriques sur le matériau des associations libres résultera le produit fini : la connaissance concrète du rêve concret. Nous pourrons rendre compte dans le détail du contenu manifeste du rêve. Nous comprendrons pourquoi telle image a fait partie du contenu manifeste du rêve. Nous pourrons dire par exemple que telle image, composante du contenu manifeste, est le résultat d'un déplacement de l'accent psychique de tel ou tel élément des pensées latentes sur tel autre élément de ces mêmes pensées latentes, et cela en vertu d'une défense exercée par la censure sur tel désir inconscient. On peut voir ainsi comment les concepts théoriques, par leur travail sur le matériau empirique du procès d'explication du rêve, sont devenus des concepts «empiriques». Il n'est plus question en effet, comme dans le discours théorique au sens fort, d'un déplacement en général, défini abstraitement comme processus de travail psychique, mais d'un déplacement particulier, concret, spécifique, d'un déplacement de tel contenu psychique particulier sur tel autre contenu psychique tout aussi particulier. Dans le processus de production de la connaissance concrète, les généralités abstraites sont bien devenues des généralités concrètes ou spécifiées.

NOTES

[1] Cfr par exemple : A. Koyré, *Etudes Galiléennes*, 1966.
[2] Sur le thème de la rupture, cfr en particulier : G. Bachelard, *Le rationalisme appliqué*, 1949, pp. 102-118 et *Le matérialisme rationnel*, 1953, pp. 207-224.
[3] J'emprunte notamment cette information à Paul Ricœur (1974).
[4] Je cite ci-après la version abrégée publiée par les Editions Sociales (1966).
[5] A propos de la conception de Gramsci, on peut se référer à : Hugues Portelli, *Gramsci et le bloc historique*, 1972.
[6] Si l'idéologie inclut des systèmes de comportements sociaux, alors le concept d'idéologie est l'un des concepts de la théorie marxiste qui devrait permettre de jeter un pont entre le social et le psychologique. Il devrait faire partie intégrante des concepts d'une sociopsychologie, s'efforçant d'articuler les conditions d'existence sociales des hommes et leurs comportements individuels.
[7] Encore que, souligne Althusser, l'idéologie ne soit pas une caractéristique exclusive d'une société de classes. Dans une société sans classes à venir, dans une société communiste, à supposer qu'elle existe un jour, il existera aussi une idéologie, mais cette idéologie formera les hommes de telle sorte qu'ils puissent vivre dans une société sans classes, qu'ils puissent assumer les conditions d'existence prescrites par une société sans classes : « Dans une société sans classes, l'idéologie est le relais par lequel, et l'élément dans lequel, le rapport des hommes à leurs conditions d'existence se vit au profit de tous les hommes » (1966, pp. 242-243).
[8] Cfr K. Mannheim, *Idéologie et utopie* (1929).
[9] Je renvoie ici aux analyses de Mircea Eliade (par ex. : *Aspects du mythe*, 1963).
[10] J'ai moi-même analysé la dimension idéologique de ces deux ouvrages dans : *Q.I. et inégalités sociales* (1979) et *Le quotient intellectuel : révélateur d'aptitudes intellectuelles ou instrument de sélection sociale?* (1979).
[11] On voit que les idéologies justifient d'autres inégalités sociales que les inégalités de classe, ainsi les inégalités de race ou encore les inégalités de sexe.
[12] Il me paraît important d'apporter cette nuance, dans la mesure où la science pourrait être différente de l'idéologie, au sens où elle aurait une spécificité par rapport à l'idéologie, sans qu'elle soit pour autant absolument pure de toute option idéologique.
[13] Certaines formulations plus récentes d'Althusser pourraient toutefois marquer un virage, Althusser indiquant que la science marxiste n'a pu se développer qu'en prenant appui sur des éléments d'idéologie prolétarienne (1974b, p. 45). Mais je reviendrai plus longuement sur ce point dans le chapitre V.
[14] La notion de « coupure épistémologique » traverse toute l'œuvre d'Althusser, dès ses articles originels rassemblés dans *Pour Marx* (1966).
[15] Idéologie bourgeoise, légitimante et masquante : légitimant la domination en train de s'instaurer de la classe bourgeoise et occultant au nom de valeurs universalistes, intemporelles, transcendantes, les rapports sociaux de classes.
[16] Althusser, *Sur le travail théorique*, 1967, p. 4. Ce dernier article, peu connu,

est sans doute le plus précis qu'Althusser ait consacré au processus de travail scientifique. Je m'y référerai à plusieurs reprises dans la suite.

[17] On peut se demander si la critique d'Althusser atteint vraiment l'épistémologie empiriste. Althusser se donne une image de l'empirisme qu'il utilise volontiers comme repoussoir: les empiristes sont des gens naïfs, victimes d'illusions idéologiques, ... Mais est-ce que l'empirisme dont Althusser construit l'image existe? Je ne le pense pas. Ainsi, Popper n'a jamais pensé que nous pouvions connaître la réalité de manière immédiate, bien au contraire. Pour Popper également, la science aboutit à expliquer la réalité empirique concrète, à savoir l'événement singulier; et elle n'y parvient qu'en la dérivant ou la déduisant de propositions universelles qu'il appelle lui-même théoriques. En d'autres termes la science ne nous donne la connaissance «concrète» de la réalité concrète qu'en la rattachant à des lois générales contenant des concepts. Popper est donc pleinement d'accord avec Althusser sur ce point. Il existe toutefois une différence. C'est que pour Popper les propositions théoriques ne sont scientifiques que si elles peuvent être falsifiées par la réalité concrète ou soumises au verdict de celle-ci. A ce niveau, il faut reconnaître que la théorie de la science d'Althusser ne fait aucune place à la mise à l'épreuve de la théorie par la réalité, ce qui a été abondamment reproché à Althusser.

[18] On comprend que dans le langage d'Althusser, théorie, pratique théorique ou travail théorique soient toujours synonymes de science, pratique scientifique ou travail scientifique.

[19] Terminologie adoptée par Althusser dans *Lire le Capital I*, 1967 (cfr en particulier, p. 41 et sv.).

[20] On remarquera que «pratique» est ici entendu par Althusser dans un sens plus restreint et aussi plus habituel, pour désigner l'activité par laquelle le scientifique intervient dans le réel en vue de le transformer, ce qui s'appelle en psychanalyse «cure, traitement ou thérapie».

[21] On remarquera avec intérêt qu'Althusser, en marxiste qu'il est aussi, ne peut s'empêcher de poser certaines questions: «Qui sont donc les psychanalystes, pour accepter à la fois (et le plus naturellement du monde) la théorie freudienne, la tradition didactique suspendue à Freud, et les conditions économiques et sociales (le statut social de leur «société» étroitement rattaché au statut de la corporation médicale) dans lesquelles ils exercent? Dans quelle mesure les origines historiques, et les conditions économico-sociales de l'exercice de la psychanalyse, retentissent-elles sur la théorie et la technique analytique? Dans quelle mesure surtout, puisque tel est bien l'état des faits, le silence théorique des psychanalystes sur ces problèmes, le refoulement théorique dont ces problèmes sont frappés dans le monde analytique, affectent-ils et la théorie et la technique analytiques dans leur contenu même?» (1964-65, pp. 106-107). Questions cruciales qu'Althusser lui-même n'a jamais poursuivies, et que je ne puis traiter à ce stade de ma démarche.

[22] Selon une expression de Freud, dans *Une difficulté de la psychanalyse (Eine Schwierigkeit der Psychoanalyse,* 1917).

[23] Gros inconvénient de cette thèse: c'est que les lacaniens, pratiquant le retour à Freud, ne sont guère socialement subversifs. Mais c'est là une autre

affaire, sur laquelle on reviendra plus tard, en particulier dans l'article consacré au lacanisme qui figure dans la quatrième partie de l'ouvrage.

[24] Je me réfère ici à l'œuvre excitante du dernier Foucault: *Histoire de la sexualité* 1, La volonté de savoir (1976). Œuvre qui a été l'objet d'un débat dont le devenir reste encore incertain. Doit-on vraiment renoncer à l'idée d'une répression bourgeoise de la sexualité? Sur ce point, cfr aussi l'ouvrage de R. Kempf et J.P. Aron, *Le pénis et la démoralisation de l'Occident* (1978).

[25] Cfr R. Castel, *Le psychanalysme,* 1973, et en particulier son chapitre IV: «Il était une fois la révolution psychanalytique».

[26] Je vise ici en particulier les travaux de Freud réunis en langue française sous le titre *Métapsychologie* (Gallimard, 1968).

[27] Cfr *Les cinq psychanalyses* (P.U.F., 1966).

[28] Je me suis expliqué plus avant sur ce point, de même que sur les enjeux ontologiques du débat (car poser la réalité de l'inconscient, n'est-ce pas postuler l'existence d'une réalité non matérielle?), dans mon article *L'inconscient et la psychanalyse* (1978).

Chapitre III
L'épistémologie de Thomas S. Kuhn

A. La structure des révolutions scientifiques

En 1962, T. Kuhn publie une œuvre intitulée *The Structure of Scientific Revolutions*[1], qui devait avoir un profond retentissement.

Intervenant dans un univers intellectuel anglo-saxon, Kuhn se situe par rapport à ce que j'ai appelé l'épistémologie dominante, pour s'efforcer d'introduire dans l'épistémologie des problèmes qui avaient été exclus par cette dernière. Il est intéressant à cet égard de revenir un instant à Popper, qui s'exprime très clairement sur l'exclusion qu'il pratique. Popper reconnaît en effet, d'entrée de jeu, un intérêt exclusif pour les problèmes de la *logique* de la connaissance scientifique. Popper développe les catégories qui permettent de soumettre une théorie scientifique donnée à un examen logique, de l'interroger quant à la forme logique de ses énoncés, quant à sa cohérence interne, quant à sa pertinence empirique. Par contre, la question de la formation de la théorie, des démarches ou des processus qui ont conduit à la naissance ou à la conception de la théorie, ne le concerne pas. Certes la théorie soumise à examen logique a bien dû naître, se former, être conçue ou inventée. Mais il s'agit là d'un phénomène qui ne semble pas « requérir une analyse logique ni même être susceptible d'en être l'objet» (Popper, 1934, p. 27). Ajoutons encore que Popper renvoie l'étude de la formation des théories à la psychologie, comme si cela allait de soi. Où pourrait donc naître une théorie sinon dans l'esprit d'un homme? «La question de savoir comment une idée nouvelle peut naître dans l'esprit d'un homme... peut être d'un grand intérêt pour la psychologie empirique mais elle ne relève pas de l'analyse logique de la connaissance scientifique» (*ibid.*, p. 27). Popper formule même une hypothèse sur l'acte psychologique de conception d'une théorie, qu'il attribue à une intuition, à une illumination soudaine et irrationnelle: «Je puis exprimer ma conception en disant que chaque découverte contient "un élément irrationnel" ou "une intuition créatrice", au sens bergsonien de ces termes» (*ibid.*, p. 28).

On voit donc ce que Popper, et avec lui toute l'épistémologie dominante, exclut: les problèmes d'une histoire des sciences. C'est précisément cette exclusion que Kuhn se propose de lever, pour, à partir de là, renouveler l'épistémologie elle-même, la conception que nous avons de la science: «l'histoire pourrait transformer de manière décisive l'image que nous nous faisons de la science aujourd'hui» (SRS, p. 15).

Pour l'essentiel, *La structure des révolutions scientifiques* développe un modèle général d'historisation de la science, qui se réclame d'un point de vue discontinuiste. Les sciences ne progresseraient pas par accumulation de découvertes qui viendraient s'ajouter les unes aux autres dans un processus cumulatif continu. Tout au contraire, l'histoire des sciences serait régulièrement marquée par des moments de révolution et de restructuration de l'édifice scientifique. Plus précisément, toute science, dans son développement, parcourerait un cycle qui amènerait chaque fois à passer par les mêmes étapes fondamentales. Quatre étapes méritent d'être différenciées: l'avant-science, la formation d'un domaine d'études scientifiques, l'activité scientifique normale, la crise scientifique.

1. L'avant-science

On désigne par là une période au cours de laquelle certains phénomènes, bien que déjà objets d'étude et d'attention de la part de spécialistes, ne sont pas encore vraiment objets d'une étude scientifique au sens propre (SRS, p. 28). En effet la recherche y est caractérisée par l'*anarchie* ou le désordre: il n'y a accord ni sur les théories directrices, ni sur les faits pertinents; il y a bien plutôt prolifération et concurrence de théories rivales d'une part, collecte hasardeuse et indifférenciée de faits réunis en fatras d'autre part (SRS, p. 31).

2. *La formation d'un domaine d'études scientifiques*

Pour expliquer en quoi consiste la formation d'un domaine d'études scientifiques, il faut introduire le concept central de l'épistémologie de Kuhn, à savoir le concept de *paradigme*.

Par paradigme, on entend le cadre de référence stable ou le point d'appui stable sur la base duquel un groupe de scientifiques pourra mener des recherches ordonnées et cohérentes dans un domaine d'études déterminé. De plus, tout paradigme scientifique est composé à la fois d'une matrice disciplinaire et d'exemples. Mais reprenons brièvement ces deux composantes.

Un paradigme est d'abord composé d'une *matrice disciplinaire*, le mot «disciplinaire» pouvant être entendu dans deux sens. D'une part on pourrait dire, même s'il s'agit d'une approximation que j'aurai à critiquer, que la matrice organise une «discipline» ou une branche scientifique. Mais d'autre part elle consiste aussi en un ensemble de prescriptions inculquées «disciplinairement» à ceux qui veulent entreprendre quelque chose de sérieux ou de «scientifique» dans un domaine déterminé. Notons encore qu'une matrice disciplinaire est elle-même formée par quelques composantes de base. Sans prétendre établir une liste exhaustive, on pourrait citer: des principes théoriques ou des outils conceptuels, des méthodes ou des dispositifs instrumentaux, des critères de sélection des faits, des valeurs (par exemple, l'attachement à la modélisation mathématique ou à la précision quantitative).

Mais le paradigme est aussi composé d'«*exemples*», on pourrait dire de «paradigmes» au sens restreint. C'est en effet à cette seconde composante que le paradigme doit son nom. On veut dire par là que certains problèmes, considérés comme particulièrement bien résolus par une matrice disciplinaire, servent de modèles exemplaires pour la solution de problèmes non encore résolus. Ce sont aussi ces exemples qui servent de référence majeure dans la formation scientifique.

Mais revenons au départ de cette première définition encore très sommaire du concept de paradigme — qui s'éclairera de l'exemple de la psychanalyse —, à la formation du domaine d'études scientifiques. On peut dire en effet qu'un domaine d'études devient domaine d'études scientifique dès le moment où y apparaît un paradigme. A un moment historique donné, un groupe de scientifiques se constitue autour d'un paradigme, se référant à la même matrice disciplinaire, aux mêmes exemples, et progressivement, dans ce domaine, les chercheurs qui ne travaillent pas dans le paradigme deviennent de moins en moins nombreux jusqu'à être éliminés.

3. *L'activité scientifique normale*

Dès ce moment, la science entre dans une période d'activité «normale»: les scientifiques travaillant avec un paradigme s'efforcent de faire entrer de plus en plus et de mieux en mieux la réalité dans les cadres prescrits par le paradigme. Ils s'engagent dans une activité incessante de résolution de problèmes, à la lumière du paradigme. La science normale, dira Kuhn, est «une tentative pour forcer la nature à se couler dans la boîte préformée et inflexible que fournit le paradigme». Et il précise: «La science normale n'a jamais pour but de mettre en lumière des phénomènes d'un genre nouveau; ceux qui ne cadrent pas avec la boîte passent même souvent inaperçus. Les scientifiques n'ont pas non plus pour but, normalement, d'inventer de nouvelles théories, et ils sont souvent intolérants envers celles qu'inventent les autres. Au contraire, la recherche de la science normale est dirigée vers une connaissance plus approfondie des phénomènes et théories que le paradigme fournit déjà» (SRS, p. 40).

Comment donc une machine aussi bien huilée pourrait-elle se détraquer?

4. La crise scientifique et sa résolution : la révolution scientifique

La science normale est donc engagée dans une activité de résolution de problèmes. Or, à un moment donné de l'évolution du paradigme, un problème va s'avérer particulièrement résistant : il se situe en dehors des normes du paradigme admis. On entre dans une période de crise et de grande incertitude. Les scientifiques se divisent : les uns s'acharnent à résoudre le problème dans les termes du paradigme existant; d'autres proposent de laisser le problème et de le reprendre plus tard; d'autres encore se découragent et parfois se mettent à douter de la science elle-même (souvent les scientifiques se mettent alors à faire de la philosophie); d'autres enfin, parmi les plus jeunes, cherchent une solution à l'anomalie en dehors du paradigme. On voit apparaître une prolifération de théories nouvelles, jusqu'à ce que l'une d'entre elles apparaisse, aux yeux d'un certain nombre, comme une solution adéquate de l'anomalie. Un nouveau paradigme se forme, qui attire à lui de plus en plus de scientifiques, jusqu'à ce que tous aient fini par abandonner l'ancien paradigme. Ce nouveau paradigme est ainsi le point de départ d'une nouvelle ère de recherches normales, jusqu'à ce que lui-même, plus tard, rencontre ses limites dans une anomalie...

B. Psychanalyse et paradigme scientifique : hypothèses pour une histoire de la psychanalyse

L'épistémologie de Kuhn et son modèle d'historisation de la science nous permettent d'interroger la psychanalyse quant à sa scientificité. La psychanalyse est-elle une science? Dans les termes de l'épistémologie de Kuhn : est-il légitime de parler d'un paradigme psychanalytique? En quel sens les travaux des psychanalystes sont-ils organisés par un paradigme? Ou encore — si nous considérons l'épistémologie de Kuhn sous son versant historique — reconnaissons-nous dans la psychanalyse et son développement historique les étapes par lesquelles passe toute science [2] ?

1. La période préparadigmatique

L'apparition d'un paradigme scientifique serait précédée par une période de recherches anarchiques ou désordonnées. En va-t-il de même pour la psychanalyse?

La transposition stricte de cette thèse à la psychanalyse pose quelques problèmes, qui résultent des exemples mêmes choisis par Kuhn. Kuhn raisonne en effet comme si les domaines de recherche étaient déjà constitués avant la formation des paradigmes, et il cite à cet égard le domaine des phénomènes électriques et le domaine des phénomènes optiques (SRS, pp. 28-29). Or ne peut-on penser que les domaines de recherche sont comme formés par la pratique scientifique et que le champ couvert par la science se structure et se déstructure, se construit et se déconstruit avec la démarche scientifique elle-même? Si nous considérons la psychanalyse en tout cas, nous devons constater qu'il est extrêmement difficile de déterminer le domaine des recherches psychanalytiques, si ce n'est justement dans les termes d'un paradigme psychanalytique. Et c'est d'ailleurs en ce sens, me semble-t-il, que la notion de «coupure épistémologique», promue par Althusser, garde son heuristicité[3].

Mais qu'y a-t-il donc avant la psychanalyse ou plus exactement avant la formation d'un paradigme psychanalytique? Je ne sais si nous disposons déjà de recherches historiques qui nous permettraient de formuler une réponse fondée. Ce sont donc les vues d'une tradition historique que je refléterai. A la lumière de celles-ci, il n'est peut-être pas faux d'affirmer que la psychanalyse aurait été précédée d'une efflorescence de théories rivales, mais il est insuffisant de soutenir que ces théories auraient concerné un domaine de recherches déjà constitué, que d'aucuns désigneraient par exemple comme le psychisme. Les théories rivales, que la psychanalyse, comme tout paradigme en formation (SRS, p. 34), conduirait à une disparition graduelle, seraient bien plutôt des théories de l'hystérie; et l'hystérie elle-même serait comme l'anomalie dont un paradigme scientifique antérieur, vraisemblablement neurologique, n'aurait pu venir à bout. Le paradigme psychanalytique n'aurait donc pas émergé au sein d'un domaine de recherches déjà constitué, livré jusqu'alors à une anarchie préscientifique, mais aurait formé un domaine de recherches, en même temps qu'il résolvait un problème qu'un paradigme scientifique préexistant avait été impuissant à rencontrer en ses termes. On voit qu'il faudrait, pour vérifier historiquement cette hypothèse, établir l'existence d'un paradigme neurologique (formé peut-être au sein de l'école de Helmholz, dont l'un des maîtres de Freud, Brücke, était le disciple, et constitué des ingrédients qui composent tout paradigme : critères de sélection des faits, dispositifs expérimentaux, modèles explicatifs, exemples choisis de résolution de problèmes), constater ensuite, à la fois l'efflorescence particulière de théories de l'hystérie à la fin du XIXe siècle (cfr. les théories toujours citées de Charcot et Janet), et la disparition graduelle de ces théories après l'avènement de la psychanalyse.

2. *L'émergence du paradigme*

J'ai déjà fait l'hypothèse que — selon les termes mêmes de Kuhn — Freud avait réussi mieux que ses concurrents à résoudre ce problème de l'hystérie que le groupe des neurologues était arrivé à considérer comme primordial (SRS, p. 40), et que Freud n'y avait réussi qu'en formant un paradigme, qui allait étendre progressivement ses applications, et soustraire bientôt un groupe cohérent d'adeptes à d'autres formes d'activité scientifique concurrentes — selon l'expression de Kuhn (SRS, p. 25).

a) Freud forme un paradigme, non pas certes d'un seul coup, mais au terme de tâtonnements tout à la fois observationnels, méthodologiques et théoriques. Dès l'origine, le paradigme se compose à la fois de ce que Kuhn appelle une matrice disciplinaire et d'exemples de travail scientifique réel (SRS, p. 215, p. 221). Le paradigme psychanalytique détermine les faits qu'il est pertinent d'observer : les associations libres dont la dérive ramène immanquablement le sujet aux contenus représentatifs ou fantasmatiques de sa vie sexuelle infantile; il comporte une méthode en vue du recueil des faits : un certain mode réglé de la relation interpersonnelle, qui, à travers le transfert, favorise l'émergence des phénomènes pertinents; il inclut enfin une théorie, dont on connaît les premiers ingrédients majeurs : les thèses de l'inconscient, du refoulement et de l'étiologie sexuelle des névroses. Mais l'élaboration d'une matrice disciplinaire est inséparable de l'effectuation d'un travail scientifique concret, qui mettant en œuvre la théorie et le dispositif expérimental dans un domaine d'application déterminé et sur des cas concrets, fournit un modèle qui n'aura désormais de cesse à s'étendre à de nouveaux domaines d'application.

b) Car le succès d'un paradigme est en grande partie au départ une promesse de succès, révélée par des exemples choisis et au départ incomplets (SRS, p. 40), révélée, dans le cas de la psychanalyse, par les analyses de cas que publie Freud dans ses *Etudes sur l'hystérie* (1895). Prouver sa fécondité pour un paradigme, c'est d'abord poursuivre l'exploration détaillée du champ où il s'est révélé initialement fécond, mais c'est aussi étendre ses champs d'application, ce que Freud accomplit d'une part en creusant le domaine de l'hystérie et des autres troubles névrotiques, d'autre part en obtenant la compréhension d'autres domaines empiriques : les rêves, les actes manqués et les mots d'esprit [4].

c) Les succès du paradigme aidant, la psychanalyse, suivant en cela tout paradigme (SRS, p. 35), se constitue en mouvement scientifique. Freud réunit d'abord en Cercle («La société du mercredi soir») ses premiers disciples, qui bientôt se réunissent en congrès (1908), fondent à cette occasion un premier périodique, enfin, dès 1910, décident de s'organiser en une Association psychanalytique internationale, qui se donne comme première mission d'étendre la science de la psychanalyse fondée par Freud.

3. L'identification du paradigme

a) Paradigme et discipline

Le paradigme n'a pas l'unité d'une discipline. On ne peut établir a priori une liste de disciplines scientifiques fondamentales, dont chacune serait dominée, à une époque donnée, par un paradigme déterminé. Il n'y a donc pas lieu de soutenir dogmatiquement qu'avec le paradigme psychanalytique, la psychologie aurait enfin accédé au statut de science. Il faut abandonner résolument la question stérile de savoir quelle psychologie serait scientifique, et quelle psychologie inversement serait demeurée au stade de l'idéologie — sans renoncer pour autant à démasquer les effets idéologiques que toute psychologie «scientifique» est en mesure d'exercer dans une conjoncture particulière[5] — pour soulever la question plus féconde de savoir quels paradigmes fonctionnent à l'intérieur de ce qu'il est convenu d'appeler la psychologie. Le domaine scientifique n'est jamais fixé une fois pour toutes dans des cadres intangibles qui détermineraient les méthodes, les observations, les théories seules légitimes[6]. Le dogmatisme psychanalytique et le dogmatisme behavioriste doivent être renvoyés dos à dos.

Feyerabend a en ce sens exagéré son désaccord avec Kuhn[7]. Kuhn, du moins tel que je le comprends, n'appelle pas l'ensemble des psychologues à élire un paradigme à l'exclusion de tout autre, mais appelle tout psychologue à travailler à l'intérieur de l'un des paradigmes existants, à pousser ce paradigme à bout, quitte à le faire éclater. Les paradigmes sont relativement autonomes, et les paradigmes connexes, travaillant sur des terrains proches, ne sont pas nécessairement engagés, comme le veut Feyerabend, dans une polémique féconde, même si parfois ce qui se joue à l'intérieur de l'un d'entre eux a une incidence directe sur le destin d'un autre[8]. De plus, le principe de prolifération a ses limites : car s'il y a place, à l'intérieur d'un paradigme, pour des formulations théoriques variées, qui d'ailleurs ne compromettent pas l'unité théorique du paradigme, il n'est sans doute pas possible de formuler à volonté des théories nouvelles qui se présenteraient comme de véritables alternatives à la théorie dominante[9].

b) *Paradigme et groupes de spécialistes*

Mais si le paradigme n'a pas les limites d'une discipline, si toute discipline différenciable (la physique, la biologie, la psychologie par exemple) peut comporter en son sein une multiplicité de paradigmes, quels critères nous serviront à identifier un paradigme ?

Kuhn nous répond ceci : «Au premier chef, un paradigme régit non un domaine scientifique, mais un groupe de savants» (SRS, p. 213). Le paradigme psychanalytique, pourrait-on dire en paraphrasant Kuhn, c'est d'abord ce que possèdent en commun les membres des groupes de psychanalystes (SRS, p. 211).

Mais est-il justifié de considérer les groupes de psychanalystes comme des groupes de savants? Je ne crois pas que nous devions nous laisser impressionner par le fait que les sociétés de psychanalyse se sont constituées et développées en marge de la science académique, telle qu'elle se trouve notamment inculquée dans les universités. Dans un article intéressant, qui discute les rapports entre *Psychanalyse et Université* (1971), De Waelhens constate que la psychanalyse est rétive à toute intégration universitaire, et cela précisément parce qu'elle n'est pas une science, c'est-à-dire, précise De Waelhens, parce qu'elle n'est pas réductible à une somme de connaissances théoriques, dont l'acquisition seule serait suffisante à la formation de l'analyste. On ne niera certes pas que la psychanalyse soit un savoir qui se réfère constamment à une dimension d'investigation pratique, dite clinique, ni non plus que l'initiation à cette dimension pratique constitutive de la psychanalyse présente une spécificité remarquable, liée justement à la particularité de la science psychanalytique. Mais toute formation scientifique, quelle qu'elle soit, n'inclut-elle pas aussi et à titre essentiel l'initiation à certaines formes de pratique instrumentale et technique? A vrai dire, la liaison qui s'est opérée historiquement entre science et université, pose des problèmes que des catégories épistémologiques sont insuffisantes à rencontrer. Qui plus est, une évolution s'est amorcée récemment, au terme de laquelle il n'est pas exclu que la psychanalyse elle-même soit intégrée à l'université, également pour des raisons historico-sociales qui échappent à l'épistémologie [10].

Mais revenons à notre question initiale. Les critères qui, d'après Kuhn, permettent de reconnaître un groupe de savants, s'appliquent adéquatement aux psychanalystes réunis en sociétés. Ainsi, ces derniers «ont une formation et une initiation professionnelles semblables, à un degré inégalé dans la plupart des autres disciplines»; «ce faisant, ils ont assimilé la même littérature technique et en ont retiré dans l'ensemble le même enseignement»; «ils se considèrent et sont considérés par les autres comme les seuls responsables d'un ensemble d'objectifs qui leur sont communs et qui englobent la formation de leurs successeurs» (SRS, pp. 209-210). S'il fallait désigner dans le domaine de la psychologie et à la lumière de ces critères, un seul groupe de spécialistes[11], c'est bien d'abord aux groupes de psychanalystes que l'on songerait. Certes des processus se déroulent au sein des sociétés de psychanalystes, qui les distinguent sans doute des autres groupes de scientifiques. Ainsi, les scissions qui ont marqué, dans les dernières décades, l'évolution du mouvement psychanalytique français, ont de quoi étonner. Non pas que des polémiques ne surgissent jamais à l'intérieur des écoles dirigées par un même paradigme, mais tout au moins ont-elles un fondement dans l'une ou l'autre divergence théorique; alors que les sociétés psychanalytiques françaises rivales partagent les mêmes références théoriques, poursuivent les mêmes objectifs pratiques[12]. Mais je doute que ces singularités nous obligent à réviser notre jugement: les groupes de psychanalystes sont aussi des groupes de savants.

Cela étant admis, nous aurions à nous demander si vraiment les psychanalystes partagent en commun un paradigme au sens de Kuhn. C'est peut-être en considérant attentivement le contenu de la formation analytique, que nous reconnaîtrions le plus aisément les ingrédients constitutifs d'un paradigme. On sait que l'essentiel de la formation analytique consiste dans l'apprentissage du maniement de la situation modèle qui, d'après la psychanalyse, met en mouvement le psychisme, libère les faits psychiques pertinents et est source d'effets pratiques transformateurs. Le candidat-analyste doit accepter de se soumettre, tout d'abord à une analyse appelée didactique et guidée d'après la règle fondamentale de l'association libre, ensuite à un contrôle qu'exerce sur ses premières analyses, un analyste chevronné et reconnu. La formation analytique comporte aussi l'assimilation des principes théoriques de la psychanalyse, par l'étude de la littérature classique (surtout freudienne), ainsi qu'une initiation clinique qui prépare le futur analyste à résoudre les problèmes de sa pratique par référence à quelques cas exemplaires. Ce sont bien là trois composantes essentielles de tout paradigme (une situation modèle, une théorie, des exemples choisis de travail scientifique concret) que nous reconnaissons, et qui nous autoriseraient donc à poser l'existence d'un paradigme psychanalytique[13].

4. *Paradigme psychanalytique et science normale*

Depuis Freud, les psychanalystes se sont livrés à une activité incessante de résolution de problèmes ou d'énigmes, sans jamais mettre en question leur cadre théorique, en produisant tout au plus, sur le canevas freudien de base, des variantes intéressantes. Jamais les travaux des psychanalystes n'ont été orientés vers la falsification de la doctrine psychanalytique, mais plutôt vers sa préservation, sa consolidation, son extension. Serait-il possible d'éclairer le travail de la «psychanalyse normale», en suivant les indications de Kuhn?

Le domaine d'un paradigme n'est pas délimitable a priori. Il n'est pas possible de déterminer par avance quels champs de phénomènes empiriques un paradigme scientifique est en mesure d'expliquer. Il tend sans doute à s'assimiler le maximum de domaines jusqu'à ce que, éventuellement, dans le mouvement de son expansion, il rencontre ses limites. Au départ, les applications d'un paradigme sont imprécises et limitées. Il s'agira dès lors pour la science normale de préciser les applications initiales du paradigme et d'étendre ses applications à de nouveaux registres (SRS, pp. 41-51). J'ai déjà dit que le groupe de faits à propos desquels le paradigme psychanalytique a obtenu ses premiers succès, était le groupe des phénomènes névrotiques qui n'ont cessé jusqu'à aujourd'hui d'être explorés avec minutie par les psychanalystes. A côté de ce groupe doivent être considérés des groupes connexes dont Freud a montré rapidement, selon l'expression de Kuhn (SRS, p. 41), qu'ils révélaient bien la nature du psychisme: les groupes des rêves, des actes manqués, des mots d'esprit. Mais les groupes de faits les plus intéressants sont ceux vis-à-vis desquels la psychanalyse faisait d'emblée naître un espoir d'explication, sans en entreprendre l'étude directe. C'est aussi vers eux que les efforts de la psychanalyse normale se sont tournés, en vue de prouver que la psychanalyse tenait, sur le terrain même des faits, les promesses que contenaient implicitement ses hypothèses initiales. Ainsi: 1° si la psychanalyse expliquait les névroses, il était logique d'espérer que la psychanalyse pourrait aussi expliquer l'ensemble des phénomènes de morbidité mentale; 2° par ailleurs, la psychanalyse n'expliquait les phénomènes névrotiques et les rêves qu'en recourant à des hypothèses sur la vie psychique infantile; 3° enfin, la psychanalyse formulait des hypothèses générales de fonctionnement psychologique, dont l'extension à la vie psychique des peuples non occidentaux ne pouvait manquer d'apparaître comme un problème. Dans les trois cas, il fallait aller y voir de plus près, aller à la rencontre des malades mentaux non névrosés, particulièrement des psychotiques, à la rencontre de l'enfant, à la rencontre des peuples non occidentaux, dits primitifs, non pas tellement en vue d'infirmer la théorie freudienne, mais en vue d'améliorer sa concordance avec les phénomènes[14], quitte d'ailleurs à se trouver dans l'obligation de raffiner et de préciser la théorie du paradigme. On peut se demander jusqu'à quel point la psychanalyse a réussi à étendre son champ d'application dans ces trois directions. Il est intéressant de remarquer en tout cas que des problèmes méthodologiques aigus se sont posés en même temps que se développait chacune de ces trois applications. Le domaine par excellence de la psychanalyse, c'est en effet le domaine de ce qui peut être élaboré en situation analytique. Or la situation analytique peut difficilement être mise en route avec des psychotiques, avec des enfants, avec des primitifs. Est-ce donc ici que la psychanalyse aurait enfin rencontré ses limites ? Les psychanalystes organisés en sociétés n'en ont pas eu le sentiment. Mais qu'est-ce qui sème le trouble dans une science donnée ? Qu'est-ce qui y apporte la crise ?

5. *D'une crise du paradigme psychanalytique*

Tôt ou tard, le paradigme psychanalytique devrait entrer en crise. Guidés par le modèle de Kuhn, nous sommes appelés inévitablement à soulever la question : observons-nous aujourd'hui les symptômes d'une crise de la psychanalyse ?

Nous sommes ici sur un terrain très incertain, car ce n'est plus l'émergence et le développement passé de la psychanalyse qu'il s'agit d'interroger, mais son actualité même. Or une crise n'est sans doute reconnaissable en pleine assurance que rétrospectivement, alors même qu'elle est dépassée et résolue, et cela d'autant plus que les critères énoncés par Kuhn conservent un caractère imprécis.

«Le sentiment d'un fonctionnement défectueux est la condition indispensable des révolutions» (SRS, p. 116). «L'émergence de nouvelles théories est généralement précédée par une période de grande insécurité pour les scientifiques» (SRS, p. 89). Fonctionnement défectueux du paradigme, conscience de l'anomalie, insécurité, sentiment que «quelque chose ne va pas» (SRS, p. 76). Quelque chose n'irait-il pas dans la psychanalyse ? Mais quoi ? Et qui en aurait donc le sentiment ? Deleuze disait à propos d'un livre qui faisait, il y a quelques années, un certain bruit: «Nous ne nous adressons pas à ceux qui trouvent que la psychanalyse va bien»[15], et encore: «Si notre livre a un sens, c'est qu'il arrive au moment où beaucoup de gens sentent que la machine psychanalytique ne tourne plus»[16]. C'est bien le sentiment d'un fonctionnement défectueux de la psychanalyse qu'exprime Deleuze, et auquel son propre travail — *L'Anti-Œdipe* — serait comme une réponse. Mais prenons garde: ce n'est pas la première fois que des intellectuels partagent le même sentiment, annoncent la fin imminente de la psychanalyse. Politzer ne prévoyait-il pas déjà en 1935, la disparition d'une psychanalyse qui, écrivait-il, «appartient déjà au passé»[17] ? On sait que les événements ont largement démenti cette opinion. Nous ne pouvons donc nous contenter d'un pressentiment vague et intuitif que «quelque chose ne va pas dans la psychanalyse». Et préciser de plus: «nous nous adressons à ceux qui trouvent que c'est bien monotone et triste, un ronron, Œdipe, la castration, la pulsion de mort, etc...»[18], «à toute une génération qui commence à en avoir marre des schémas à tout faire»[19], préciser cela est encore insuffisant. Car il y a longtemps que la psychanalyse ronronne, du ronron même de la science normale, et il y a longtemps qu'un reproche de dogmatisme rétrécissant lui est adressé.

Pouvons-nous dire davantage ? Devons-nous nous limiter à constater la difficulté et l'incertitude du propos ? Je ne le pense pas. Toutefois je ne puis pas en dire davantage ici, à ce stade de ma démarche. Formuler l'hypothèse d'une crise de la psychanalyse, délimiter le contour de cette crise, dégager les voies de sa solution, n'est en effet possible, à mon avis, qu'à la condition de dépasser l'épistémologie de Kuhn, d'en marquer les limitations. Je dis bien: la dépasser, non la récuser. Je pense que les concepts de Kuhn demeurent tout à fait opératoires, y compris pour cerner la problématique d'une crise de la psychanalyse. La psychanalyse rencontrerait bien des anomalies inassimilables, qui appelleraient la formation d'un nouveau paradigme scientifique, seul apte à les élaborer. Cependant, comprendre le contenu de ces anomalies exige d'introduire une dimension que Kuhn a trop négligée, une dimension qui n'est pas incompatible avec son approche épistémologique, dont il a lui-même dessiné la place dans les failles de son discours mais qu'il n'a jamais comme telle intégrée à sa démarche. Thématiser cette dimension, c'est ce à quoi je vais m'employer dans un quatrième chapitre, me réservant de revenir plus tard à la problématique de la crise de la psychanalyse.

NOTES

[1] La traduction française de cet ouvrage est parue en 1970, chez Flammarion. C'est à elle que je me référerai désormais sous l'abréviation SRS.

[2] Je reprends ici les vues développées dans: Michel Legrand, «Hypothèses pour une histoire de la psychanalyse», *Dialectica*, 29, 1975, pp. 189-207.

[3] Mais le modèle d'historisation de la science proposé par Kuhn a au moins un double avantage sur celui d'Althusser, d'abord d'être plus sophistiqué, et surtout de laisser place dans la science, à la remise en question et à l'ébranlement des vérités apparemment les mieux établies. Car la coupure althussérienne installe une science dans un champ désormais définitif de vérité — la formation de ce concept n'étant sans doute pas étrangère à la volonté de persuader de la vérité intangible du marxisme —, ce qui a pour effet de dérober toute théorie scientifique «coupée de sa préhistoire», à une critique radicale. Je reviendrai plus en détail sur ce point dans la discussion critique entreprise dans le chapitre V.

[4] Il faut soigneusement distinguer entre les faits pertinents, qui resteront de bout en bout les associations libres et ce qu'elles charrient, et les domaines d'application (névroses, rêves, actes manqués par exemple) au sein desquels les mêmes faits se révèlent pertinents.

[5] L'opposition classificatoire entre science et idéologie devrait donc être abandonnée. Car l'idéologie traverse la science elle-même: les énoncés scientifiques peuvent produire, dans certains contextes de leur usage et de leur mise en

œuvre pratique, des effets idéologiques. Ainsi, on a dénoncé comme idéologique, toute cette psychologie qui s'est organisée autour du concept d'adaptation. Mais ce dernier concept, formé à l'intérieur d'un paradigme biologique, est parfaitement scientifique; il ne devient idéologique que dans certaines conditions du discours et de la pratique psychologique.

[6] Comme le dit Kuhn, le domaine de la science, voire même d'une discipline, n'est pas monolithique et unifié, mais forme «une structure délabrée dont les différentes parties ne sont liées par aucune cohérence» (SRS, p. 68).

[7] Dans «Consolations for the specialist» (dans Lakatos I. et Musgrave A., *Criticism and the growth of knowledge*, 1970), Feyerabend dénonce le danger de monisme théorique auquel conduit l'approche de Kuhn et il oppose le modèle kuhnien (succession de ténacité et de prolifération) à un autre modèle d'historisation de la science (concomitance et interaction dynamique de la ténacité et de la prolifération).

[8] «De nouveaux instruments, comme le microscope électronique, ou de nouvelles lois, comme celles de Maxwell, peuvent se développer dans un domaine tandis que leur assimilation crée une crise dans un autre domaine» (SRS, p. 214).

[9] Il serait nécessaire d'examiner l'histoire de la psychologie à la lumière de cette problématique. Ainsi un échange s'est bien instauré entre psychanalyse et behaviorisme, qui a pris un tour soit violemment polémique, soit dialoguant, et a culminé dans la tentative effectuée par certains (Dollard et Miller par exemple) pour formuler une sorte de théorie mixte. Mais on peut douter que cet échange ait été vraiment fructueux. Au contraire, ce qui s'est développé de plus fécond en psychanalyse — songeons à l'œuvre de M. Klein — est étranger au behaviorisme et inversement ce qui se développe de plus avancé dans le behaviorisme (par exemple l'œuvre de Skinner) est étranger à la psychanalyse. Le radicalisme est sans doute préférable aux accommodements éclectiques et concordistes.

[10] Sur cette question, cfr l'ensemble du travail de Robert Castel, *Le psychanalysme* (1973), et en particulier son chapitre 6.

[11] Beaucoup de psychanalystes répugneront sans doute à cette étiquette de spécialistes, se réclamant même éventuellement d'un «non-savoir». Je crois qu'il y a là une large part d'illusion, dont on se demande d'ailleurs pourquoi elle tend à être systématiquement entretenue. Comme l'écrit Castel, «il demeure, sous le pathos de l'excellence analytique et des tentations de l'ineffable, quelque chose de l'ordre d'une haute technicité et d'un corpus de connaissances précises» (1973, p. 70).

[12] J'ai quelque peu réfléchi sur ce phénomène étonnant dans: *Résistances à la psychanalyse et psychanalyse des résistances* (1976).

[13] Ce que je dis ici est évidemment beaucoup trop court. Il y aurait lieu d'analyser dans le détail ces diverses composantes, ce qui ne manquerait pas de soulever des problèmes. Ainsi il est sans doute difficile de formuler en clair la théorie du paradigme analytique, c'est-à-dire cette théorie de base sur laquelle s'entendraient *tous* les psychanalystes. Mais sans doute est-ce le destin de toute théorie paradigmatique, de demeurer toujours implicite à ses variantes concrètes, particulières, elles-mêmes objets de polémiques incessantes.

[14] La tentative — dans laquelle G. Roheim s'est particulièrement illustré — en vue de démontrer l'universalité du complexe d'Œdipe, est à cet égard exemplaire. J'y ai fait allusion déjà dans le chapitre I.
[15] Sur Capitalisme et Schizophrénie, Entretien avec Félix Guattari et Gilles Deleuze, dans *L'Arc*, 49, 1972, p. 53.
[16] Entretien avec Gilles Deleuze et Félix Guattari à propos de leur livre «L'Anti-Œdipe», dans *C'est demain la veille*, 1973, p. 160.
[17] Politzer G., *Ecrits 2, Les fondements de la psychologie*, 1969, p. 282.
[18] Sur Capitalisme et Schizophrénie, dans *L'Arc*, 49, pp. 53-54.
[19] Entretien avec Gilles Deleuze, dans *C'est demain la veille*, p. 160.

Chapitre IV
Vers l'interrogation sociale de la science

La lecture attentive de l'œuvre de Kuhn butte sur des questions qui témoignent d'une faille d'une logique purement cognitive. Kuhn présente en effet l'histoire des sciences, le déroulement des diverses étapes par lesquelles passerait toute science ou tout paradigme scientifique, comme si ce déroulement obéissait à des critères exclusivement cognitifs. En particulier, il présente de la sorte les deux moments qui caractérisent la crise scientifique et sa résolution, je veux parler de l'émergence d'une anomalie d'une part et du succès d'un paradigme à résoudre cette anomalie d'autre part. Tout se passe comme si le paradigme existant rencontrait un problème qu'il serait incapable de résoudre cognitivement; tout se passe également comme si un paradigme nouveau émergeait et triomphait du fait de sa capacité à résoudre cette anomalie. Or un examen plus attentif révèle que la situation est beaucoup moins simple qu'il ne peut paraître à première vue. Ainsi en ce qui concerne l'anomalie. Il peut s'agir, reconnaît Kuhn lui-même, d'un problème qui était déjà apparu plus tôt, bien avant qu'il ne suscite une crise, bien avant qu'il ne soit considéré comme une anomalie[1]. Simplement, à cette époque-là, on ne l'avait pas considéré comme important. Par exemple, la communauté des scientifiques l'avait écarté, considérant qu'il trouverait une solution plus tard. D'où une question inévitable : comment se fait-il que le même problème, en soi aussi inassimilable cognitivement par le paradigme, suscite l'indifférence dans une conjoncture historique donnée et précipite une crise dans une autre conjoncture ? Autre question troublante, qui concerne non plus un problème se muant en anomalie, mais le paradigme nouveau. Il n'est pas rare, remarque Kuhn, que certains éléments du paradigme nouveau aient déjà été formulés bien avant qu'il ne triomphe dans une conjoncture de crise[2]. Toutefois, à cette époque, il n'avait pas retenu l'attention. Plus sérieux : Kuhn reconnaît qu'à l'époque même où le paradigme nouveau va s'imposer, se donnant comme ce paradigme qui résout une anomalie, à l'époque même de son succès, il n'a pas beaucoup plus de force explicative que le paradigme ancien[3]. N'oublions pas en effet que le paradigme ancien est un paradigme qui a fait ses preuves, qui a démontré maintes fois sa capacité à expliquer la réalité, qui est précis, fin, très élaboré, alors que le paradigme nouveau est jeune, mal structuré, grossier. Au niveau d'une stricte logique cognitive, ce paradigme nouveau avait-il vraiment des raisons impérieuses de s'imposer ?

Devant ces questions sans réponse, devant cette lacune explicative, faudrait-il se tourner alors vers des facteurs irrationnels comme semble y incliner Kuhn, n'entrevoyant pas de ligne possible d'explication[4] ? Ou bien d'autres facteurs « rationnels » (dont une approche scientifique pourrait mettre en évidence l'incidence régulière), mais non purement cognitifs, interviendraient-ils pour rendre possible et expliquer dans une conjoncture donnée la reconnaissance d'un problème comme anomalie et le triomphe d'un paradigme ?

La démarche exemplaire de Michel De Vroey, dont je tracerai les grandes lignes, nous servira de référence précieuse. En effet, De Vroey, entreprenant l'analyse épistémologique de la science économique, montre précisément comment les lacunes d'une explication purement cognitive peuvent être comblées par une explication sociologique.

Dans un premier temps de sa démarche, qui nous renvoie à son article *Les rapports modèle-réalité dans la théorie économique* (1969), De Vroey se donne comme but « de confronter la théorie économique (ou le commun dénominateur des théories économiques «reçues») aux critères d'une théorie scientifique, telle que la philosophie des sciences les expose» (p. 133). Plus précisément encore, il se donne comme but de confronter le noyau dur des théories économiques dominantes, telles qu'elles se trouvent exposées dans les grands manuels de science économique (tel le manuel célèbre de Samuelson) et telle qu'elle se trouve enseignée aujourd'hui même aux jeunes étudiants que nos universités veulent former à la science économique (il s'agit en gros des théories de l'équilibre général, dont les bien connues lois de l'offre et de la demande sont partie constitutive), aux critères de scientificité posés par la philosophie empiriste des sciences, à savoir par cette philosophie des sciences la plus couramment admise, celle-là même que j'ai appelée dominante (De Vroey se réfère en particulier à Nagel). Or De Vroey est conduit à une conclusion assez dévastatrice. Au terme de son examen, De Vroey est amené en effet à conclure que les théories économiques les mieux reçues ne sont pas scientifiques eu égard aux critères de l'épistémologie empiriste. Il n'est pas possible de déterminer avec précision les états de choses empiriques qui seraient susceptibles de falsifier les propositions de la théorie, et cela en raison de l'absence de règles de correspondance qui établiraient un lien rigoureux entre les termes théoriques et la réalité empirique.

Pour De Vroey, cette conclusion va être le tremplin pour un changement de perspective, pour un déplacement du terrain d'interrogation. Au départ, De Vroey abordait en quelque sorte la science économique et ses théories les mieux admises dans le monde des savants avec l'optimisme naïf d'un Popper, avec cette idée poppérienne que les hommes de sciences sont des gens audacieusement critiques, toujours en train de soumettre leurs théories à l'épreuve de faits potentiellement falsificateurs, et donc toujours en train d'éliminer progressivement leurs erreurs et de formuler, sous le verdict des faits, des théories toujours plus proches de la réalité effective, donc aussi avec cette idée que les théories les mieux reçues dans une conjoncture historique donnée sont les résultats cognitivement les plus avancés d'un processus de progrès scientifique (tout ce dynamisme progressif reposant lui-même, comme sur sa condition nécessaire, sur la falsifiabilité des théories). Or De Vroey constatait que les théories économiques les mieux accréditées par la communauté scientifique n'étaient pas falsifiables. D'où la nécessité, pour expliquer l'existence même de ces théories, le fait qu'une communauté scientifique les tient pour fondamentales, les place au centre de la science économique ou de la formation des économistes, bien plus pour expliquer la force et la puissance de ces théories, de dépasser la vision un peu naïve de Popper et de chercher d'autres instruments d'analyse.

C'est alors que De Vroey se tourne vers Kuhn. Dans son article majeur, *Une explication sociologique de la prédominance du paradigme néo-classique dans la science économique* (1972), De Vroey applique le schéma kuhnien à la science économique. Il n'a aucune peine de reconnaître dans la science économique un paradigme et une science qui fonctionne selon le régime de la science normale, et cela que l'on identifie le paradigme et la science normale selon des critères sociologiques — l'existence d'une communauté scientifique structurée — ou selon des critères cognitifs — la reconnaissance des ingrédients cognitifs majeurs constitutifs d'un paradigme :

« Au plan du système social, la profession économique constitue un ensemble délimité de personnes, ayant une claire conscience de leur appartenance à la profession. Cette appartenance est d'ailleurs définie en termes de critères formels d'admission, comme la possession d'un PhD et l'appartenance à une institution de recherche ou d'enseignement. Des communications suivies entre les membres de la profession existent grâce aux revues et aux congrès. Les économistes partagent aussi un ensemble de valeurs, portant par exemple sur la définition de l'objet de leur science, sur le type de formation qu'il convient de donner aux étudiants, sur la forme que doit prendre la description des recherches, sur les critères de validité de celles-ci, etc. Il y a également au sein de la profession une stratification en termes de prestige, à la fois des individus et des institutions, basée sur le niveau de compétence scientifique.

Au plan de la connaissance, le consensus parmi les membres de la profession sur le noyau théorique de base est très large et on peut, à propos de la théorie de l'équilibre général néo-classique, parler de paradigme au sens kuhnien du terme. Le caractère économique d'un problème dépend de la possibilité de le poser dans les termes du paradigme. Celui-ci définit (et limite) l'objet de la science économique comme un calcul d'efficience économique. Les questions n'entrant pas dans le langage du paradigme sont laissées à d'autres disciplines. Le modèle walrasien, en tant que noyau central, fournit une série de concepts et de procédures qui sont appliqués à des champs plus spécifiques du savoir. Que ce soit en commerce international, en finances publiques, en économie du travail, en théorie du capital ou de l'investissement humain ou en organisation industrielle, on retrouve dans les branches spécifiques de l'économie les mêmes concepts que dans la théorie générale. Les autres composantes du paradigme kuhnien — les exemples classiques, les notations conventionnelles, la diffusion uniforme du savoir par les textbooks — sont tous présents à un haut degré dans la science économique contemporaine» (pp. 1662-1663).

La science économique est donc structurée aujourd'hui, dans les pays occidentaux industrialisés, par un paradigme dominant que De Vroey appelle néo-classique. Paradigme déjà ancien, qui s'est formé au début du XXe siècle dans l'œuvre de Walras, Pareto, Marshall, Menger, et qui s'est lui-même substitué historiquement à un paradigme classique, véhiculé par l'œuvre d'économistes comme Stuart Mill, Malthus, Ricardo, et peut-être aussi dans une certaine mesure par l'œuvre de Marx. Or ce paradigme néo-classique, bien installé, puissant, manifeste en même temps des déficiences de plus en plus criantes quant à sa capacité à rendre compte de la réalité. C'est précisément cet écart entre la puissance sociologique du paradigme néo-classique et sa déficience cognitive qui appelle à introduire dans l'analyse d'autres dimensions que celles retenues par Kuhn.

Dans un paragraphe intitulé «La pertinence du paradigme néo-classique», De Vroey indique que le paradigme néo-classique exclut de son champ certains aspects de la réalité. Ce qui après tout, pourrait-on rétorquer, est légitime et même quasiment inévitable, s'il est vrai que tout paradigme scientifique structure la réalité, la délimite et donc aussi exclut, laisse tomber. Encore que, fait remarquer De Vroey, ce qui est ici exclu est d'une importance assez capitale, à telle enseigne que le paradigme néo-classique, en raison des restrictions qu'il a pratiquées, est incapable de rencontrer les phénomènes historiques, les phénomènes de changement: «la théorie néo-classique est inapte à expliquer les mouvements historiques de l'économie... Elle n'a rien à dire du changement social» (p. 1686). Mais il y a plus, et plus grave. La théorie néo-classique est déficiente même en ce qui concerne les phénomènes qui entrent théoriquement dans son champ d'application. Les mécanismes d'équilibre qu'elle pose et qui supposent une économie de marché pure existent de moins en moins dans la réalité, étant donné l'évolution des structures économiques. Le paradigme néo-classique est ainsi de plus en plus éloigné de la réalité de la vie économique des sociétés industrielles, et donc de plus en plus impuissant à expliquer et rencontrer les problèmes que soulève cette réalité économique actuelle. Au demeurant, faisait observer De Vroey au début de son article, de très nombreuses mises en garde ont déjà été adressées dans le passé, y compris par des personnages importants de la communauté économique, tel Leontieff. Et pourtant rien n'y a fait. Le paradigme est demeuré en place. Car la question se pose :

> «Ces écarts de pertinence du paradigme, avec toutes les anomalies explicatives qu'ils ne peuvent qu'engendrer, ne sont-ils pas suffisants pour nécessiter une révolution scientifique, un changement de paradigme? Or, celle-ci n'a pas l'air de poindre à l'horizon. Pourquoi n'y a-t-il pas de révolution scientifique en cours dans la science économique?» (p. 1688).

En bref, au plan cognitif, le paradigme néo-classique devrait être en crise, et apparemment il ne l'est pas. Il tient même très bien le coup. Pourquoi? C'est dans la recherche d'une réponse à cette question qu'il faut élargir la vision de Kuhn.

Pour introduire la réponse, De Vroey passe par ce qu'il appelle une particularité des sciences humaines et des sciences sociales. Les sciences humaines et les sciences sociales, prenant pour objets certaines dimensions de la réalité humaine, incluent dans leur paradigme même une vision de l'homme et de la société, qui elle-même n'est pas neutre. Dans une société profondément marquée par des divisions et des antagonismes de classes, par des divergences d'intérêts entre groupes sociaux, toute vision de la société, ou bien légitime l'ordre social établi et les groupes sociaux qui dominent cet ordre, ou bien au contraire met en question cet ordre social. On pourrait dire que tout paradigme de sciences sociales contient à l'intérieur de lui-même, dans son noyau de base, des options idéologiques. Dans un certain sens, toute théorie relevant des sciences sociales est comme directement infiltrée, pénétrée par des options idéologiques. Ce qui n'est peut-être pas le cas de toute science, par exemple de certaines sciences dites exactes ou naturelles, comme la physique [5].

Mais seule une position de principe a été affirmée jusqu'ici. Il s'agit à présent de formuler la vision sociale du paradigme néo-classique et de mettre en évidence son caractère idéologique. Ce à quoi s'emploie De Vroey dans un moment-clé de sa démarche, qui l'amène à détailler en six points la conception générale de la société véhiculée par le paradigme néo-classique. Pour ma part, je ne retiendrai ici que quelques éléments, indiquant bien à quel point nous avons affaire à une vision idéologique de la société, au sens où j'ai défini le concept d'idéologie, à savoir à une vision de la société qui légitime, naturalise et masque.

Ce qui est particulièrement frappant dans la conception néo-classique de la société, c'est que tout un aspect de la société est gommé. Ainsi, les groupes sociaux n'existent pas, et donc n'existent pas non plus les rapports d'asymétrie, d'inégalité structurelle, de domination, de pouvoir, entre les groupes sociaux. Car de quoi est faite la société? Essentiellement d'individus. Tous les mécanismes de la vie économique, qui sont tout de même des mécanismes collectifs, sont construits au départ de ce postulat qu'il n'existe que des individus. C'est la confrontation d'une multiplicité d'individus porteurs de besoins ou de désirs qui engendrera les mécanismes collectifs de la vie économique. De plus, si les individus se confrontent, voire même s'affrontent — la conception néo-classique reconnaît parfaitement l'existence de divergences d'intérêts entre les individus, par exemple entre l'acheteur et le vendeur, ou entre le travailleur et l'entrepreneur —, ils se confrontent sur pied d'égalité : ils ne se trouvent pas du tout en position d'asymétrie; les partenaires de l'affrontement ont même force ou même poids. «On suppose au départ, écrit De Vroey, une symétrie des positions de force» (p. 1677). De telle manière que la confrontation des individus se résoudra finalement dans la formation d'une position d'équilibre qui s'inscrira en quelque sorte à mi-chemin des intérêts des uns et des autres. Assurément, l'acheteur a intérêt à acheter au prix le plus bas possible et le vendeur a intérêt à vendre au prix le plus haut possible, mais la confrontation sur le marché des demandes et des offres finira par établir un prix d'équilibre qui satisfera et réconciliera tout le monde. On voit qu'il y a là une manière de présenter la société dans laquelle nous vivons comme une société d'où toute inégalité structurelle, toute exploitation serait exclue, où règnerait en dernière instance une sorte d'harmonie des intérêts.

Un point mérite encore d'être mentionné. On peut observer aussi comment le paradigme néo-classique naturalise certaines composantes du fonctionnement d'une économie capitaliste. On pourrait dire que le paradigme néo-classique, ou bien évacue complètement certaines réalités, ou bien les inclut, mais pour les naturaliser tout aussitôt et donc en masquer le caractère socialement produit. Ainsi, c'est bien l'un des postulats de la théorie néo-classique de l'entrepreneur que l'entrepreneur cherche à maximiser son profit. Toutefois, cette visée du profit est présentée comme quelque chose qui découle de la nature humaine. La recherche du profit n'est rien d'autre qu'une concrétisation allant de soi, dans le chef de l'entrepreneur, de la motivation humaine fondamentale qui est la recherche de l'utilité. Le raisonnement est le suivant : tout homme recherche son utilité et, lorsque l'on est entrepreneur, la manière toute naturelle de rechercher son utilité, c'est de chercher le profit. Somme toute, la nature humaine est ainsi faite qu'il est naturel lorsque l'on est producteur ou entrepreneur, de chercher le profit. La recherche capitaliste du profit — en d'autres termes, l'exploitation des travailleurs — trouve là une puissante légitimation elle-même solidaire du masquage ou de l'occultation de la relativité socio-historique de cette visée de profit. Car la recherche du profit n'est pas une conséquence naturelle, et donc non modifiable, des motivations humaines les plus intemporelles, elle est une valeur socialement produite par un système économique donné, en l'occurrence par le capitalisme.

La boucle est à présent bouclée. Ayant pris connaissance du contenu idéologique du paradigme néo-classique, nous pouvons maintenant comprendre les raisons du succès de ce paradigme, de son maintien, de sa stabilité, de sa prédominance, alors même que cognitivement il présente un certain nombre de déficiences criantes. Une explication strictement cognitive de l'existence des paradigmes, de leur formation, de leur persévération, est insuffisante : des facteurs sociologiques doivent être inclus dans l'explication. C'est ici que De Vroey établit une distinction entre deux groupes de facteurs sociologiques, entre un premier groupe que la théorie de Kuhn intègre déjà et un second groupe qu'elle n'a pas pris jusqu'ici en considération et qui appelle son élargissement. Un premier facteur explicatif pourrait être interne à la communauté scientifique. Il est vrai, estime De Vroey, que le conservatisme de la profession économique tend à bloquer toute nouveauté, toute innovation. Toutefois, l'explication n'est pas encore complète : il faut l'élargir à la société globale, et, comme dit De Vroey, à la structuration du pouvoir dans la société globale. En réalité, si le paradigme néo-classique se maintient, c'est aussi parce qu'il sert les intérêts des groupes au pouvoir dans la société capitaliste, et cela pour deux raisons. D'abord pour la raison fondamentale qui vient d'être exposée : le paradigme néo-classique légitime ou justifie l'ordre social existant et donc aussi la dominationn des groupes au pouvoir, soit en l'occultant tout à fait, soit en la naturalisant. Ensuite parce que, prenant l'ordre économique capitaliste comme donné, il fournit des outils de gestion efficaces du système économique capitaliste.

NOTES

[1] «... les problèmes qui se sont trouvés à l'origine de l'échec étaient tous d'un type connu depuis longtemps» (SRS, p. 97).

[2] «Il est fréquent qu'un nouveau paradigme apparaisse, au moins sous une forme embryonnaire, avant qu'une crise ne se soit développée ou n'ait été explicitement reconnue» (SRS, p. 109).

[3] «Un nouveau candidat au titre de paradigme, la première fois qu'il se propose, a rarement résolu plus de quelques-uns des problèmes qui lui sont proposés, et ses solutions sont souvent loin d'être parfaites» (SRS, p. 186). «Habituellement, les adversaires du nouveau paradigme peuvent légitimement prétendre que, même dans le domaine de la crise, il est peu supérieur à son rival traditionnel» (SRS, pp. 186-187).

[4] «Il faut que quelque chose donne, à quelques hommes de science au moins, le sentiment que la nouvelle proposition est dans la bonne voie, et parfois ce sentiment dépend seulement de considérations personnelles imprécises et esthétiques, qui feront pencher la balance au moment où la plupart des arguments techniques clairement formulés indiquent l'autre direction» (SRS, p. 188).

[5] Sur ce point, que je ne peux traiter ici davantage, on peut se référérer au remarquable article de Jean-Marc Levy-Leblond, «L'idéologie de/dans la physique contemporaine», paru initialement dans *Les temps modernes* et repris sous le titre «Mais ta physique?» dans *L'idéologie de/dans la science*, Editions du Seuil, 1977, pp. 112-165. A lire cet article, on s'apercevrait sans doute que s'il existe des interférences indiscutables entre l'idéologie et la science physique (la physique n'est pas absolument étrangère à l'idéologie), ces interférences ne sont sans doute pas tout à fait de la même nature qu'en sciences sociales. Ainsi, il ne fait guère de sens de dire que telle théorie de la structure atomique de la matière est réactionnaire, ou progressiste, ou révolutionnaire, alors que cela pourrait avoir un sens d'affirmer pareille chose d'une théorie relevant du domaine des sciences sociales.

Chapitre V
Positions

A. Objectivité et intérêts

Une première remarque cruciale s'impose d'entrée de jeu. Je crois en effet qu'il faut commencer par dire qu'il n'y a pas de réponse strictement ou absolument objective à la question de savoir ce qu'est la science. Je ne veux pas dire par là qu'il n'existe pas un champ de référence objectif auquel se rapporter dans l'approche de cette question. Ce champ de référence objectif existe bien : il est constitué par ces disciplines que le consensus social reconnaît comme indubitablement scientifiques. Ainsi, une définition de la science qui exclurait de la scientificité la physique quantique ou la biologie moléculaire devrait être dénoncée comme inadéquate. Toutefois, il existe, à côté des cas clairs, des cas litigieux, il existe des zones de flou, dont fait partie précisément la psychanalyse. C'est à ce moment, lorsqu'on considère le sort fait aux cas litigieux, aux disciplines dont on ne sait trop si elles sont ou non des sciences, qu'on s'aperçoit que toute définition de la science, plus ou moins restrictive, ou plus ou moins large, comporte une part d'arbitraire ou de convention, est toujours l'effet d'un choix ou d'une prise de position[1]. J'irais même plus loin et j'aurais tendance à dire : prétendre donner une définition objective de la science — et prétendre trancher, au nom de cette définition objective, la scientificité d'une discipline —, c'est toujours aussi camoufler quelque chose, camoufler une visée ou un intérêt. J'aurais tendance à dire qu'on doit toujours apprécier une définition de la science en fonction de ce qu'elle produit comme effet[2].

Mais tout ceci peut paraître encore assez obscur et je voudrais donc m'expliquer sur le cas d'une situation concrète. Supposons un intellectuel[3] qui, adoptant la grille épistémologique poppérienne, s'efforce de montrer, par une série d'arguments, que la psychanalyse est une pseudo-science[4]. Or quelle est mon attitude vis-à-vis de cette prise de position? Elle est d'abord de dire qu'il n'existe pas de réponse objective à la question de la scientificité de la psychanalyse. Effectivement, si l'on adopte l'épistémologie de Popper, qui a une certaine valeur, voire même une certaine grandeur, la psychanalyse doit être considérée comme une pseudo-science. Mais nous pouvons aussi prendre le point de vue de Kuhn et montrer à la lumière de ce point de vue que la psychanalyse est bel et bien une science. Que faire donc? Comment sortir de l'impasse? En déplaçant le terrain du questionnement et en demandant: qu'estime-t-on important de produire comme effet dans la conjoncture politique actuelle? Et que produit comme effet le discours empiriste, positiviste, sur la psychanalyse? A quoi je répondrais: le discours empiriste sur la psychanalyse véhicule une double visée, une double volonté, une première visée que je partage, une seconde visée que je ne partage pas. Le discours empiriste sur la psychanalyse est sous-tendu d'abord par une volonté de démystifier la prétention des psychanalystes ou des tenants de la psychanalyse qui aujourd'hui, sous couvert de science, dogmatisent, prétendent détenir la vérité, intimident intellectuellement, pérorent souverainement et obscurément (je pense à certains aspects inquiétants du lacanisme en France). Ou encore il est sous-tendu par la volonté de mettre en évidence les limites cognitives de la psychanalyse, à un moment où l'on a tendance à la présenter parfois comme donnant la clé fondamentale de compréhension du psychisme, à un moment où une masse croissante de gens ont tendance à se dire: oui vraiment, les psychanalystes en savent un bout et ce sont eux que je dois écouter lorsque je m'occupe de l'éducation de mes enfants ou de ma vie de couple. Dresser l'arme du rationalisme critique contre les courants qui restituent des dogmatismes et des obscurantismes me paraît bien un objectif important. Cependant, il faut voir l'autre face des choses, le revers de la médaille. Il faut voir à quel prix cet objectif louable est poursuivi, lorsqu'il est poursuivi avec les armes de l'épistémologie empiriste. On s'aperçoit alors que le discours empiriste sur la psychanalyse n'obtient son effet démystificateur de l'obscurantisme psychanalytique qu'au prix de dresser en face de l'image d'une pseudo-science obscurantiste, l'image d'une bonne science, objective, pure, neutre, à laquelle on peut se fier. Or c'est là aussi une image à combattre en fonction d'un diagnostic du rôle que joue la science dans la société technocratique dans laquelle nous vivons. La science, comme science neutre, pure, sert souvent d'alibi à des décisions politiques discutables. Non pas qu'il s'agisse de défendre des vues antiscientifiques, mais simplement de reconnaître que la science est une entreprise humaine, une activité limitée d'hommes inscrits dans une collectivité et soumise comme d'autres entreprises humaines collectives aux effets parfois contradictoires de la société et des conflits qui traversent cette dernière. D'autre part, dans le champ de la psychologie, l'épistémologue empiriste dressera volontiers en face de la psychanalyse, pseudo-science dévaluée, une psychologie bien précise, à savoir la psychologie behavioriste. Celle-ci ne doit certes pas être rejetée en bloc. La rejeter en bloc, ce serait commettre en sens inverse l'erreur commise à propos de la psychanalyse. Encore doit-on demeurer critique et vigilant vis-à-vis de cette psychologie. Si la démarche empiriste aboutit donc sans plus à dénigrer la psychanalyse et à chanter les mérites indiscutés de MM. Eysenck et Skinner, je dirai que ce point d'aboutissement est assez discutable.

B. Positions sur les conceptions de la science

Je voudrais à présent formuler quelques remarques critiques à propos des conceptions de la science qui ont été exposées. Remarques que je formulerai, cela va de soi, à partir de mon propre choix, à savoir le choix d'une épistémologie kuhnienne élargie à la société globale.

1. La conception de la science de Popper

Nous pouvons examiner l'épistémologie poppérienne à la lumière des deux critères de vérité et de justesse. Vérité: l'épistémologie poppérienne ressaisit-elle adéquatement la réalité des sciences? Justesse: que produit comme effet l'épistémologie poppérienne?

Du point de vue de la vérité, nous pouvons distinguer deux questions. Au plan logique, le critère poppérien caractérise-t-il adéquatement les sciences «réelles»? Au plan historique, Popper rend-il compte du dynamisme effectif des sciences, de cela même qui oriente leur évolution et leur transformation?

Au plan logique. Jusqu'à quel point le critère de démarcation de Popper correspond-il à la situation réelle de ce que l'on appelle les sciences? Les théories que l'on appelle communément scientifiques sont-elles vraiment falsifiables? Le critère d'une falsifiabilité claire, non équivoque, n'est-il pas un critère très sévère, qui, s'il était pris à la lettre, exclurait de la scientificité bien des théories considérées comme scientifiques[5]? Ce qu'on peut dire en tout cas, c'est que le rapport entre une théorie scientifique et la réalité empirique est rarement simple, bien différent du rapport qui existe entre une proposition comme «tous les corbeaux sont noirs» et la réalité empirique. Comme Bunge (1968) l'a indiqué, le test empirique d'une théorie, à savoir l'organisation d'une expérience qui confronterait la théorie avec des faits observables et aboutirait, soit à la corroborer, soit à la falsifier, est toujours une procédure complexe et souvent incertaine. La falsification d'une théorie scientifique, conclut Bunge, n'est pas impossible, mais elle est complexe et très problématique.

Au plan historique. L'activité des scientifiques est-elle dynamisée, comme Popper le suppose, par la recherche de cas falsificateurs? Les hommes de science sont-ils vraiment ces êtres audacieusement critiques, toujours en train de confronter leurs théories à la réalité, toujours soucieux de critiquer, de transformer leurs théories à la lumière des faits livrés par la réalité? Est-ce bien de cette manière que la science avance, éliminant progressivement ses erreurs et approchant par là d'une connaissance toujours plus exacte de la réalité?

C'est évidemment sur ce point que Popper et Kuhn entrent en conflit[6]. Ce qui intéresse les hommes de science, affirme Kuhn, ce n'est pas du tout de mettre en question ou de critiquer leurs théories à la lumière des faits; c'est bien plutôt de regarder les faits à la lumière de leurs théories, d'expliquer la réalité à l'aide de leur paradigme, de faire entrer la réalité dans leur paradigme. Il s'agit bien là d'une vision foncièrement opposée à celle de Popper. Ce dernier ne s'y est d'ailleurs pas trompé: il a parfaitement reconnu que ce que Kuhn appelle la science normale n'est pas conforme à son critère de démarcation. Au fond, dans le modèle de Kuhn, seule la période de crise, à l'occasion de laquelle une théorie est mise radicalement en question du fait d'une anomalie émanant de la réalité, correspond au critère de Popper. Mais qu'a donc répondu Popper à Kuhn? Popper répond en deux points: 1. C'est vrai, reconnaît-il, la science normale existe, mais depuis peu. Ce que Kuhn attribue à la science comme telle, Popper le rattache donc à une période limitée de l'histoire des sciences, dans laquelle les sciences se sont liées aux besoins de l'industrie (Malherbe, 1976, p. 163). 2. De plus, ajoute Popper, le triomphe d'une science normale est profondément regrettable. L'esprit critique se perd. A la limite, on ne peut plus considérer comme des scientifiques authentiques ces soi-disant scientifiques qui fonctionnent selon le régime de la science normale. Ce qui dénote tout de même une vue passablement idéaliste: Popper n'est-il pas conduit à dénier la réalité au nom d'une idée de la science à laquelle décidément la réalité n'est plus conforme? (Malherbe, 1976, pp. 164-165).

Mais considérons à présent le point de vue de la justesse. Une approche épistémologique comme celle de Popper ne produit-elle pas certains effets du type de ceux que je repérais un peu plus haut lorsque je questionnais la démarche d'un épistémologue empiriste? En célébrant l'objectivité critique des hommes de science, la théorie de Popper ne voile-t-elle pas certains aspects très importants des pratiques scientifiques? Ne dissimule-t-elle pas le fait que toute science structure d'une certaine façon la réalité, et le fait que c'est cette structuration préalable et non questionnée de la réalité qui dessine le cadre à l'intérieur duquel s'institue le débat critique entre les hypothèses et la réalité, seul aspect sur lequel Popper attire l'attention? Or, selon moi, la reconnaissance de cette structuration préalable de la réalité par la démarche scientifique est le premier pas qui devrait permettre d'articuler sciences et choix ou intérêts sociaux.

Bornons-nous à illustrer cette problématique sur le cas de la médecine. Il est vrai qu'à l'intérieur de la médecine fonctionnent des procédures de type poppérien. Il est vrai que la médecine scientifique a le souci de soumettre ses hypothèses à des tests critiques qui permettent d'éliminer les mauvaises hypothèses et de conserver les bonnes, et par là de faire progresser nos connaissances et nos moyens d'action thérapeutiques[7]. Mais il est tout aussi vrai que l'activité critique (au sens poppérien) de la médecine scientifique se développe à l'intérieur d'un cadre donné, à l'intérieur d'une prédéfinition se donnant comme allant de soi, de son objet et de ses objectifs. En réalité des choix fondamentaux mais occultés, touchant le corps, la maladie, la guérison, sont sous-jacents à l'activité de la médecine scientifique. Mais ces choix, il faut un autre regard, formé par une autre approche épistémologique que celle de Popper, pour les faire apparaître. C'est ainsi que Gérard Fourez a pu définir le contenu du paradigme scientifique de la médecine en se référant à la carte de la santé de Lambourne. La médecine scientifique prédéfinit son objet en termes microbiologiques et son objectif en termes d'extraction du mal; par là même elle exclut un autre objet possible, tel l'homme total dans son environnement familial et social, et un autre objectif possible, tel l'initiation à de nouveaux modes de vie[8].

2. *La conception de la science de Louis Althusser*

Il n'est guère d'aspect de la théorie althussérienne de la science qui ne soit critiquable. Je distinguerai à cet égard les deux composantes de la définition althussérienne de la science, que je considérerai à l'état séparé: la science se coupe de l'idéologie; la science élabore des concepts théoriques par lesquels elle obtient la connaissance concrète de la réalité concrète. J'envisagerai aussi l'articulation des deux composantes: la science se coupe de l'idéologie par l'élaboration de concepts théoriques. Commençons par ce dernier point.

a) Rupture avec l'idéologie et conception théoriciste de la science

La tentative d'Althusser pour articuler une rupture de la science d'avec l'idéologie et une conception théoriciste de la science se solde par un échec. En effet, il existe de nombreuses démarches qui sont conformes à la définition théoriciste d'Althusser et qui sont par ailleurs imprégnées d'options idéologiques. Ne fût-ce que la science économique dans son paradigme néo-classique. La science économique élabore bien des concepts théoriques qui définissent des objets formels-abstraits. Ainsi, les courbes d'offres et de demandes ne désignent pas des réalités concrètes mais des objets purs, définis théoriquement, mais permettant de débrouiller la réalité concrète. De manière générale, les lois de l'équilibre offrent une grille d'analyse à partir de laquelle il est possible de produire de multiples connaissances d'une multitude de réalités concrètes. Or la science économique néo-classique est grosse d'options idéologiques: c'était le sens de l'article de De Vroey (1972) de le montrer. Et on pourrait multiplier les exemples. Pour n'en citer qu'un seul, évoquons certaines théories psychologiques des aptitudes intellectuelles. Ce qui s'est construit en psychologie autour de la notion d'aptitude est idéologique. Car poser des aptitudes dans un sujet et leur attribuer la responsabilité de ses performances intellectuelles concrètes conduit inévitablement à voiler ce qui, dans ces performances, ressortit à des mécanismes de production sociale[9]. Toutefois, il est difficile de dénier à certaines théories des aptitudes intellectuelles le caractère de scientifiques, et cela eu égard aux critères de l'épistémologie althussérienne. Ainsi, la théorie hiérarchique de l'intelligence, distinguant un facteur d'intelligence générale et des facteurs responsables d'aptitudes plus particulières, comme l'aptitude à la compréhension verbale ou l'aptitude numérique, élabore des concepts généraux qui permettent, moyennant certains instruments construits sous la dictée de la théorie, de définir l'éventail des aptitudes concrètes d'un sujet concret.

Mais déconnectons à présent les deux composantes qu'Althusser s'est efforcé, sans succès, de relier: la rupture science-idéologie et la définition théoriciste de la science.

b) Rupture science-idéologie

Sur ce point, je crois qu'il faut être très net. Si l'on examine toute une série de démarches qualifiées de scientifiques, reconnues comme scientifiques par un consensus social — je ne mets donc plus en jeu ici la définition théoriciste d'Althusser, mais bien une définition sociologique de la science —, on s'aperçoit qu'elles sont infiltrées d'idéologie. Il suffit à nouveau de citer la science économique dominée par le paradigme néo-classique. Or faut-il exclure pareilles démarches de la scientificité parce qu'elles sont infiltrées d'idéologie ? Je ne le pense pas.

Althusser lui-même a d'ailleurs renoncé, si je lis bien certaines de ses dernières propositions, à couper la science marxiste de toute idéologie. Si Marx rompt avec l'idéologie, nous explique-t-il dans *Eléments d'autocritique* (1974), ce n'est pas avec l'idéologie en général — et si je l'ai laissé entendre, précise Althusser, je me suis trompé —, mais bien avec l'idéologie *bourgeoise*. La révolution scientifique de Marx, la coupure opérée par Marx au plan de la connaissance de la société et de l'histoire, n'aurait été rendue possible que par une révolution politique et idéologique préalable : Marx aurait d'abord dû s'installer sur des positions de classe prolétariennes, au niveau politique d'abord, au niveau idéologique ensuite, pour opérer la coupure scientifique dont il est le responsable. La science marxiste serait donc aussi portée par des options idéologiques, qualifiées de prolétariennes[10]. N'est-il pas dès lors étonnant qu'Althusser continue de poser la science marxiste comme science objective, vraie ? La science marxiste exigerait de prendre un point de vue particulier, le point de vue de la classe prolétarienne, mais en même temps, elle découvrirait la réalité telle qu'elle est, en vérité, sans aucune interférence : par elle toute illusion serait enfin suspendue, par elle la réalité serait transparente.

En réalité, nous rencontrons ici un vieux problème du marxisme : comment réconcilier la vérité, l'objectivité et le point de vue d'une classe particulière ? Plus généralement : comment réconcilier le fait que le prolétariat soit une classe particulière et en tant que telle poursuive ses intérêts particuliers de classe et le fait que le prolétariat soit porteur des espoirs de libération de l'humanité entière ? Car, en se libérant de l'oppression qui l'affecte, en prenant le pouvoir et en établissant sa dictature, assez curieusement le prolétariat libérerait tous les hommes. En lui, la particularité et l'universalité se réconcilieraient : prendre son point de vue particulier, ce serait aussi prendre le point de vue de l'universalité, ce serait notamment, au niveau cognitif, être dans le vrai, dans l'objectif.

Je ne puis entrer ici dans ce débat, mais je tiens tout de même à affirmer qu'Althusser a, de tous les épistémologues dont il a été question, la vision de la science la plus naïve et aussi, à mon sens, la plus dangereuse. La plus naïve, encore plus naïve que celle de Popper. Car Popper a tout au moins relativisé l'idée de vérité et d'objectivité. Popper a entrepris le premier la critique de l'idée de vérité à travers sa critique de la thèse de la vérifiabilité ; il a reconnu que la science n'atteignait pas et n'atteindrait jamais l'objectivité ou la vérité absolue. Ce qui permet de préserver une perspective critique : ce dans quoi nous sommes aujourd'hui doit être critiqué et sera un jour dépassé. Au contraire, Althusser installe la science, et en l'occurrence le marxisme, dans une vérité absolue, en quoi il verse dans un dogmatisme dangereux. Car Althusser dit et maintient que le marxisme est une science, c'est-à-dire est vrai[11]. Encore faudrait-il ajouter : le bon marxisme. Car seule l'adhésion au bon marxisme, aux bonnes thèses, aux bons concepts (qu'on ne se permette pas par exemple de parler d'aliénation ou de fétichisme de la marchandise) nous installe dans la vérité. N'est-ce pas là une position dogmatique et dangereuse, d'autant plus dangereuse qu'on l'associe au point de vue du prolétariat ? Que de crimes n'a-t-on pas commis dans l'histoire contemporaine au nom de la vérité objective de l'histoire et des intérêts du prolétariat[12].

Pour ma part, je crois qu'il importe d'affirmer les limitations ou la relativité de la science. Ce qui ne veut pas dire en nier la valeur. Il est vrai que les sciences nous offrent des connaissances qui aident à débrouiller ou à comprendre des situations ; il est vrai que les sciences nous offrent des outils ou des moyens d'action. Mais il est vrai aussi que tout projet scientifique, toute connaissance scientifique, tout outil scientifique s'instituent toujours à partir d'un point de vue particulier, et que ni aujourd'hui ni demain il n'existera de point de vue absolu. Il est vrai que les classes dominantes ont intérêt à développer certaines formes de connaissance — car ce sont aussi des connaissances que développent les classes dominantes, à travers le paradigme néoclassique par exemple — et intérêt à ne pas développer d'autres connaissances, qu'auraient intérêt à développer, pour leur part, les prolétaires ou d'autres groupes dominés. Mais faut-il affirmer, comme l'affirme Althusser, que les prolétaires «ont besoin de connaissances objectives, vérifiées et vérifiables, bref scientifiques» (1974, p. 38)?

Donc relativité de tout projet scientifique, ce que suppose à mon sens la liaison entre projet scientifique et options idéologiques. Reste à définir la spécificité du projet scientifique comme projet *scientifique*. Je crois en effet que le projet scientifique a une certaine spécificité et que la question même de cette spécificité doit être déconnectée de la question du rapport entre science et idéologie. Car si la science est infiltrée par des options idéologiques, elle n'est pas simplement de l'idéologie; elle a une certaine particularité comme science. A cet égard, Althusser nous propose une définition: c'est la seconde composante de sa théorie de la science.

c) Définition théoriciste de la science

C'est le point sur lequel je serai le moins sévère vis-à-vis d'Althusser. Althusser rejoint ici, à travers ce qu'il appelle le travail théorique, certains aspects réels de la pratique scientifique. Sur ce plan, Althusser est d'ailleurs assez proche de Kuhn. Ce qu'Althusser appelle des outils ou des instruments de travail scientifiques, à savoir les concepts théoriques, est assez proche de ce que Kuhn appelle une matrice disciplinaire. Et ce qu'Althusser appelle le travail scientifique comme travail de production de connaissances concrètes est identique à ce que Kuhn appelle l'activité de résolution de problèmes de la science normale. Au fond, Althusser aussi bien que Kuhn admettent que la science travaille ou produit des connaissances à partir de quelque chose (les concepts théoriques pour le premier, le paradigme pour le second) qu'elle admet sans jamais vraiment le mettre en question, à partir de quelque chose qui est condition de possibilité non questionnée du travail scientifique. Il existe donc une parenté étroite entre Kuhn et Althusser, mais il existe aussi des différences qui, à mon sens, sont à l'avantage de Kuhn.

D'une part, Althusser est trop théoriciste. Il réduit trop les outils de travail scientifique à des concepts. L'idée kuhnienne de matrice disciplinaire et de paradigme est beaucoup plus riche. Elle inclut aussi, par exemple, des dispositifs méthodologiques instrumentaux, qui sont importants, qui ont à mon sens une spécificité, et auxquels Althusser ne fait pas assez de place (il arrive bien qu'Althusser évoque la dimension technique et instrumentale de la science, mais c'est aussitôt pour la réabsorber dans sa dimension théorique). D'autre part, Kuhn n'installe pas le paradigme scientifique dans une position désormais inébranlable de vérité. Pour Althusser, nous le savons, une fois la coupure épistémologique produite, la science est installée dans la vérité, définitivement, une fois pour toutes, alors que pour Kuhn, il n'en est rien : aucun paradigme n'est définitif, à l'abri d'une remise en question fondamentale.

3. *La conception de la science de Kuhn*

Il est superflu que je développe longuement ma position à l'égard de Kuhn. Car cette position a été investie tout au long de la discussion critique que je viens d'achever et qui s'effectuait à partir d'un point de vue kuhnien. Je me bornerai donc à formuler deux remarques brèves et synthétiques, qui prennent successivement le point de vue de la vérité et de la justesse.

Tout d'abord, la doctrine de Kuhn nous offre une définition de la science et de son projet spécifique. Cette définition, on pourrait la reformuler de la façon suivante. Le propre de la science, selon Kuhn, c'est de connaître par exclusion, ce qui en fait à la fois la force et les limites. Si on veut connaître, affirme implicitement la science, on ne peut pas connaître globalement, massivement; il faut exclure, éliminer certains aspects de la réalité, pour s'attaquer à un aspect limité de celle-ci, et cela à l'aide d'instruments précis, rigoureusement définis, eux-mêmes limités. Bien entendu, la définition kuhnienne de la science mériterait d'être interrogée quant à sa « vérité ». J'avoue que sur ce terrain, des questions demeurent ouvertes. Ainsi la définition de Kuhn permet-elle d'identifier comme scientifiques les cas clairement reconnus comme tels par le consensus social et d'éliminer comme non scientifiques les cas reconnus comme non scientifiques par le même consensus social? Pour ne citer qu'un seul cas, mis en avant par Popper au titre d'une objection à Kuhn, la définition kuhnienne n'aboutit-elle pas à identifier comme scientifique l'astrologie (que le consensus social s'accorde à reconnaître comme non scientifique), cette dernière étant «organisée comme un regroupement de chercheurs acceptant une matrice» (Malherbe, 1976, p. 164)?

Ensuite, du point de vue de la justesse, la doctrine de Kuhn permet de ne pas mystifier ou de ne pas absolutiser la science, de ne pas faire de la science «la» connaissance objective, vraie, indiscutable, inébranlable, mais de reconnaître la particularité de toute approche scientifique de la réalité. Car la science instaure toujours une approche particulière de la réalité, effectuée d'un point de vue particulier, ce qui lui permet, ayant bien délimité son approche, de fournir des connaissances fines, précises, efficaces. Dès lors un nouvel espace de questionnement est ouvert: pourquoi ce point de vue, pourquoi cette approche et pourquoi cette exclusion? C'est à ce moment que se donne précisément la possibilité de réarticuler les choix de la science — car la science, en délimitant son domaine, effectue des choix qui ne sont pas entièrement récupérables ou justifiables dans une pure logique cognitive — et les choix idéologiques et sociaux. Possibilité que Kuhn a ouverte, qu'il est peut-être le seul à nous avoir ouverte, même s'il ne l'a pas poursuivie lui-même en tant que telle.

C. Positions sur la scientificité de la psychanalyse

Pour conclure, il ne me reste plus qu'à émettre quelques remarques finales sur la question de la scientificité de la psychanalyse. De là, je pourrai ouvrir le champ de ce qui constituera la deuxième partie de ce volume.

1. *La question de la scientificité de la psychanalyse*

«La psychanalyse est-elle une science?». Il m'importe d'abord de démystifier certains termes de la question.

Poser la question de la scientificité de la psychanalyse équivaut encore trop souvent à se demander : « La psychanalyse, est-ce sérieux ? Est-ce digne de confiance ? Peut-on y croire ? ». Or c'est là avaliser sans critique une image mystifiée de la science, propre à une société technocratique. C'est là ratifier le mythe d'une science qui se donne comme quelque chose de sûr, de ferme, comme la seule connaissance crédible, comme le seul lieu de certitude, d'objectivité ou de vérité. Toute ma démarche a précisément consisté, par la référence à Kuhn en particulier, à déconstruire cette image de la science. La question de la scientificité de la psychanalyse n'est donc plus : « La psychanalyse, est-ce sûr ? Est-ce vrai ? Est-ce objectif ? ». Elle n'est même plus : « La psychanalyse est-elle falsifiable ? ». Mais elle est plutôt : « La psychanalyse nous donne-t-elle des outils déterminés et précis, fonctionnant avec une certaine rigueur, nous permettant d'approcher la réalité sous un certain angle ? Au plan de l'analyse, la psychanalyse et ses outils nous permettent-ils, à l'intérieur du champ qu'ils structurent, de poser certaines questions à la réalité et de les résoudre selon des critères rigoureux ? Au plan de la transformation, la psychanalyse et ses outils, toujours à l'intérieur de leur champ propre, nous permettent-ils d'opérer des changements selon un protocole réglé ? ».

Mais un autre terme, un autre mot, figurant dans la question, risque d'être source d'illusions, non plus le terme « science », mais l'article « la », qui apparaît dans l'expression « la psychanalyse ». Jusqu'à quel point en effet peut-on parler de *la* psychanalyse en général, massivement, globalement ? « La psychanalyse », ce mot unique, ne couvre-t-il pas une réalité très multiforme, une variété innombrable d'aspects, de courants, parfois eux-mêmes contradictoires ? Je le pense. Affirmer que la psychanalyse est scientifique ou n'est pas scientifique n'a donc aucun sens. La seule question qui fait sens pour moi est bien plutôt : « Y a-t-il une dimension scientifique ou des aspects scientifiques dans cette nébuleuse multiforme qu'est « la » psychanalyse ? ». A cette question et eu égard à la définition du terme « scientifique » que je viens encore de rappeler, je répondrai ceci. Il y a eu, et il y a sans doute encore, des aspects scientifiques dans la psychanalyse. Mais je dirais également, en sens inverse, qu'il y a eu, et qu'il y a sans doute de plus en plus, des aspects non scientifiques dans la psychanalyse.

Pour justifier brièvement cette réponse, je me permettrai d'insister à nouveau sur certains des termes que j'ai introduits lorsque j'ai défini la scientificité, à savoir les termes de rigueur et de précision. La théorie de Kuhn dont je me réclame, si elle récuse le critère de falsifiabilité, n'implique pas que la science serait un discours qui permettrait de dire n'importe quoi, tout au contraire. Pratiquer la science et en particulier la science normale, exige de se soumettre à une discipline, aux règles d'un paradigme qui prescrivent ce qu'on peut dire et ce qu'on ne peut pas dire, déterminent les méthodes adéquates et l'usage adéquat des méthodes, définissent les critères d'un produit scientifique valable. Ceci pour dire que de nombreux travaux écrits et publiés par des psychanalystes (je pense à la plus grande part de la production psychanalytique française actuelle) échappent tout à fait à des critères de rigueur et de discipline et donc ne sont pas scientifiques. Cela veut-il dire que tous les travaux psychanalytiques, d'aujourd'hui et d'hier, ont toujours été de cette nature, échappant à toute rigueur disciplinaire ? Personnellement, je ne le crois pas. Certes, parvenu en ce point, on pourrait discuter. Certains soutiennent l'idée que Freud lui-même, et cela dès ses œuvres inaugurales, racontait n'importe quoi à propos de n'importe quoi. Pour ma part, je défendrais plutôt que Freud, dans un certain nombre de ses travaux, et avec lui, et après lui, bon nombre de ses disciples et continuateurs, ont institué un courant de recherches scientifiques « normales ». Toutefois, je pense aussi que ce courant a donné et donne des signes progressifs d'essoufflement et de stagnation. C'est précisément ici que j'opérerais le virage décisif de la question de la scientificité de la psychanalyse vers l'interrogation sociale de la psychanalyse.

2. *Vers l'interrogation sociale de la psychanalyse*

Est-il encore besoin de le rappeler, le fait que la psychanalyse soit une science, ou plus justement inclue une dimension scientifique, ne l'empêche nullement d'être grosse d'options idéologiques et sociales. Or peut-être sommes-nous renvoyés à ces options à partir de l'état actuel du paradigme psychanalytique lui-même. De même que De Vroey a été amené à élargir le champ de son questionnement à la dimension sociale à partir de l'écart entre les déficiences cognitives du paradigme néo-classique et la stabilité sociologique de ce même paradigme, peut-être serions-nous poussés au même élargissement à partir de ce que j'appelais à l'instant l'essoufflement cognitif du paradigme psychanalytique, voire même certains écarts systématiques de pertinence cognitive du paradigme, eux-mêmes contradictoires avec une certaine expansion sociologique du paradigme, en tout cas dans certains pays comme la France ou la Belgique francophone.

Mais je dois m'expliquer brièvement sur ce diagnostic de stagnation ou d'essoufflement cognitif du paradigme psychanalytique. Si on considère l'histoire de la psychanalyse, on a l'impression que pendant tout un temps les choses progressent, avancent. La compréhension de la réalité s'accroît en finesse et en extension: ainsi de nouveaux champs de compréhension, encore vierges, s'ouvrent à l'intelligibilité psychanalytique. Parallèlement, les outils conceptuels se précisent et s'améliorent, et cela dans le mouvement même par lequel ces concepts sont mis en œuvre sur de nouveaux champs de la réalité. Or aujourd'hui, on n'a plus l'impression que les choses progressent vraiment, on a même l'impression d'une sorte de pourrissement, se manifestant à des degrés divers dans certaines composantes du mouvement psychanalytique, et singulièrement, en France, dans le courant lacanien. Ainsi, on pratique le culte ludique et gratuit du jeu de mots; on préfère jouer avec les mots et les concepts, plutôt que de les mettre en œuvre rigoureusement en vue d'éclairer la réalité. Ou bien — forme moins extrême de pourrissement — on substitue l'érudition au travail scientifique: plutôt que d'utiliser des outils conceptuels en vue de mieux comprendre la réalité, on pratique l'exégèse de l'œuvre de Freud, ce qui donne assurément des thèses universitaires très sérieuses mais ne produit rien de scientifiquement fécond.

Je pense même que nous pouvons aller plus loin. Non seulement la psychanalyse stagne, mais encore elle manifeste des écarts systématiques de pertinence cognitive. Je veux dire par là que la psychanalyse est confrontée, à l'intérieur même de son champ spécifique de travail, à des phénomènes qui relèvent en principe de son intelligibilité mais qu'elle est incapable d'expliquer avec succès. Je vise en particulier, comme un symptôme parmi d'autres, l'allongement démesuré de la cure psychanalytique et la perte d'efficacité thérapeutique claire de cette même cure psychanalytique[13]. Rappelons à cet égard qu'en général un paradigme organise un champ d'activité instrumentale (c'est précisément, selon moi, le sens de la situation analytique que d'instaurer un champ de cette nature). Dans ce champ, le paradigme exerce une maîtrise, commande, selon un protocole réglé, le cours des phénomènes. Certes, il arrive de temps à autre que des effets inattendus et imprévisibles se produisent, qui déroutent un moment le paradigme. Mais aussi longtemps que le paradigme demeure le lieu d'une créativité cognitive, ces effets inattendus ont pour résultat de relancer et de féconder le paradigme : ils invitent le paradigme à un retour sur lui-même et à un affinement de ses instruments d'analyse et d'action. Or, il semble bien que l'incapacité où se trouve la psychanalyse de maîtriser et de comprendre les effets de la cure, signe une déroute, non pas temporaire et fécondante, mais durable, irrémédiable. Et ce n'est que la camoufler que de rétorquer alors que la visée de la cure analytique n'est pas de guérir, et donc que la cure analytique ne peut être évaluée selon les critères d'une efficacité thérapeutique. Je tendrais plutôt à voir dans cette réponse une manière d'échapper ou de se dérober à tout questionnement critique[14].

Ceci ne serait-il pas l'indice que la psychanalyse, comme la science économique, joue aujourd'hui un rôle idéologique et social, qui expliquerait sa permanence, voire son expansion, malgré ses limites ou ses lacunes cognitives de plus en plus criantes ? L'espace est ainsi ouvert vers une interrogation sociale de la psychanalyse. C'est le thème que je tiens à aborder dès à présent dans la deuxième partie de cet ouvrage.

NOTES

[1] «Tout ce que l'on est en droit d'attendre d'un critère de démarcation entre la science et la non-science est qu'il soit en accord avec notre jugement intuitif dans les cas clairs, et conduise à une décision acceptable (nécessairement plus ou moins conventionnelle) dans les cas litigieux» (Bouveresse, 1976, p. 304). Et Bouveresse d'ajouter à propos de la psychanalyse: «On pourra donc toujours ou bien contester la scientificité de la psychanalyse en invoquant un critère du genre de celui de Popper, ou bien contester la légitimité du critère en arguant du fait qu'il exclut des théories qui, comme la psychanalyse, sont «incontestablement» scientifiques» (1976, p. 304-305).

[2] Je reprendrais volontiers ici la catégorie althussérienne de justesse. La justesse d'une proposition, explique Althusser, se mesure, non pas à sa vérité, c'est-à-dire à son accord avec la réalité, mais à l'effet qu'elle produit dans la conjoncture (y compris politique et idéologique) où elle s'inscrit (Cf. *Philosophie et philosophie spontanée des savants*, 1974).

[3] Cet intellectuel hypothétique a trouvé son incarnation récente en la personne de Jacques Van Rillaer. Ce qui suit constitue donc aussi une prise de position vis-à-vis de l'ouvrage de ce dernier: *Les illusions de la psychanalyse*, 1980.

[4] Le lecteur pourra se faire une idée du genre d'arguments qu'il est possible d'avancer dans cette ligne à partir du premier chapitre.

[5] Le cas de la science économique mériterait d'être considéré ici. En effet, comme on l'a vu avec De Vroey, il ne semble pas que la science économique et ses théories dominantes soient falsifiables au sens strict. Or un consensus social reconnaît la science économique comme une science à part entière. D'où le dilemme: doit-on affirmer, contre le consensus social, que ladite science économique n'est pas une science? Ou doit-on plutôt remettre en question le critère poppérien?

[6] Pour une bonne mise en discussion critique des conceptions de Popper et de Kuhn, on consultera Jean-François Malherbe (1976, pp. 149-173).

[7] Notons que Kuhn est parfaitement en état de réassumer cette dimension de la pratique médicale en tant que pratique scientifique.

[8] G. Fourez, *La science partisane*, 1974, pp. 78-83.

[9] La fonction idéologique de la notion d'aptitude a été particulièrement bien mise en évidence par Noëlle Bisseret (1974).

[10] La rupture de Marx, écrit Althusser, ce n'était pas la rupture avec l'idéologie en général, mais avec l'idéologie *bourgeoise* (1974b, p. 44). Et il ajoute un peu plus loin: Marx «ne pouvait rompre avec l'idéologie bourgeoise dans son ensemble qu'à la condition de s'inspirer des prémisses de l'idéologie prolétarienne, et des premières luttes de classes du prolétariat, où cette idéologie prenait corps et consistance» (p. 45).

[11] Le dernier Althusser ne définit-il pas les connaissances scientifiques comme des connaissances «objectives, vérifiées et vérifiables» (1974b, p. 38)? Énoncé que les empiristes ont dépassé depuis déjà quarante ans.

[12] On pourrait se demander dans quelle mesure les positions théoriques d'Althusser ne sont pas contradictoires avec les positions critiques qu'il a prises au sein du parti communiste français à travers ses retentissants articles du

Monde (Ce qui ne peut plus durer dans le parti communiste, *le Monde*, 25-26-27 et 28 avril 1978).

[13] Je me suis expliqué sur ce phénomène dans *Hypothèses pour une histoire de la psychanalyse* (1975, p. 201 et sv.).

[14] Sur tous les points critiques évoqués ci-dessus, cf. aussi Catherine Backès-Clément, *Les fils de Freud sont fatigués* (1978).

DEUXIEME PARTIE

UNE CRITIQUE SOCIO-POLITIQUE DE LA PSYCHANALYSE : LA PSYCHANALYSE ET SON INSCRIPTION CAPITALISTE-BOURGEOISE

Développer une interrogation sociale de la psychanalyse présuppose un choix : le choix de ce qu'on pourrait appeler avec Kuhn un paradigme sociologique ou socio-politique, le choix d'une grille de lecture de la réalité sociale. Grille de lecture elle-même particulière, non absolue, relative, grille de lecture qui ne peut prétendre épuiser son objet, en dévoiler enfin la vérité, mais plus modestement en éclairer certains aspects, à l'exclusion d'autres. C'est bien pourquoi il n'est proposé ici qu'« *une* critique socio-politique de la psychanalyse ».

Mais quelle grille de lecture ? Quel paradigme sociologique ? Je l'ai annoncé d'entrée de jeu, dès mon introduction, la critique socio-politique de la psychanalyse que je vais dès à présent entreprendre sera guidée par les options inhérentes à un paradigme marxiste, lui-même déjà tacitement engagé dans les perspectives d'une interrogation sociale de la science qui s'esquissaient dans la première partie. Et lorsque je dis : paradigme marxiste, je vise par là une vision de la société privilégiant l'ordre des rapports sociaux de classes, en particulier l'ordre des rapports sociaux qui s'articule, dans la société capitaliste-bourgeoise, autour de la division entre la bourgeoisie et le prolétariat. Je tenterai ainsi de mettre au jour « l'inscription capitaliste-bourgeoise » de la psychanalyse.

J'y insiste : les analyses développées dans cette seconde partie sont étroitement solidaires du paradigme marxiste qui les oriente. Interroger ce dernier pour lui-même, en faire apparaître les limites, voire même les impasses actuelles, aurait donc aussi pour conséquence directe de remettre en jeu les premières. C'est précisément ce que ma troisième partie commencera d'effectuer. Mais fermons la parenthèse, travaillons dans l'ignorance provisoire de présupposés nécessairement voilés, pour esquisser d'abord les grandes lignes de l'argumentation qui traversera toute cette deuxième partie.

En tant qu'elle est organisée par un paradigme, la psychanalyse découpe un champ, ce qui signifie qu'elle opère un mouvement d'inclusion-exclusion : elle inclut, absorbe, prend avec elle et, dans le même mouvement, elle exclut, écarte, elle déjette, laisse tomber. Quel est donc le champ de travail scientifique de la psychanalyse ? C'est la question que je soulèverai dans un premier chapitre, pour remarquer que dans son opération de découpage ou de délimitation d'un champ de travail, la psychanalyse est directement tributaire de la société capitaliste-bourgeoise. Cela même qu'elle inclut est construit socialement par la société capitaliste-bourgeoise : pour faire court, je qualifierais volontiers ce champ de psycho-familial. Une thèse que j'argumenterai par référence aux travaux de Philippe Ariès, de Deleuze et Guattari et de Gérard Mendel.

Mais la psychanalyse fait davantage, et c'est là qu'intervient sa fonction idéologique propre. Non seulement, elle découpe un champ, non seulement elle inclut-exclut, mais elle réabsorbe ce qu'elle a exclu : elle recode son exclu, son «refoulé» en termes psycho-familiaux. C'est ce que j'essayerai de montrer dans un deuxième chapitre. Je distinguerai à cette occasion deux aspects du recodage analytique. Aspect le plus connu et le plus souvent dénoncé, sur lequel il n'est guère besoin d'insister : les effets idéologiques que produit la psychanalyse lorsqu'elle quitte la situation analytique. Aspect davantage ignoré, même s'il a été mis en évidence par Robert Castel dans *Le psychanalysme* — référence désormais incontournable —: la présence et le recodage psycho-familial de l'exclu de la psychanalyse dans la situation analytique elle-même.

Chapitre I
La production sociale de l'objet de la psychanalyse

La vie individuelle, fantasmatique, inconsciente, infantile, familiale de l'être humain : tel est, en première approximation, l'objet propre de la psychanalyse. Je dis bien «infantile»: ce qui intéresse la psychanalyse, c'est ce qui reste dans l'homme adulte de son enfance; et «familiale»: ce qui s'est joué dans l'enfance s'est joué essentiellement dans l'espace familial restreint, entre l'enfant et ses parents, père et mère.

Or, cet objet-là, qui est l'objet électif de la psychanalyse, avant que d'être délimité, découpé, construit par la psychanalyse dans sa théorie et dans son espace technique ou méthodologique, est d'abord construit dans l'espace social. C'est la société capitaliste-bourgeoise qui fait émerger cet objet.

Trois œuvres, parmi d'autres, l'ont particulièrement mis en évidence : l'œuvre historique de Philippe Ariès, *l'Anti-Œdipe* de Deleuze et Guattari, enfin l'œuvre de Gérard Mendel.

A. Famille moderne bourgeoise et famille ancienne d'après Philippe Ariès

On s'étonnera peut-être que j'évoque ici les travaux de l'historien Philippe Ariès. Certes Ariès n'a pas développé de critique de la psychanalyse. Toutefois son analyse des transformations qu'a connues la famille en Occident au cours des XVIIIe et XIXe siècles me semble du plus haut intérêt pour un questionnement historique de la psychanalyse[1]. C'est ce que je voudrais indiquer très brièvement.

Philippe Ariès contraste deux formes de famille : d'une part la famille moderne, que l'on appellera aussi bourgeoise, dans la mesure où son avènement est lié à l'avènement de la classe bourgeoise comme classe dominante, d'autre part la famille ancienne ou d'Ancien Régime. Deux familles qui se différencient et même s'opposent tant du point de vue de la relation qu'elles entretiennent avec un environnement extérieur que du point de vue de leur fonctionnement interne ou des rapports qu'elles instituent entre leurs membres.

Considérons d'abord la famille moderne bourgeoise. Quant à ses relations avec un environnement extérieur, on peut dire que la famille moderne bourgeoise est une famille fermée, close sur elle-même, coupée d'un environnement extérieur plus large. Par ailleurs, en ce qui concerne son fonctionnement interne, la famille moderne bourgeoise est caractérisée par un régime d'investissements affectifs entre des partenaires bien individualisés. Tout d'abord au sein du couple : la passion amoureuse, et plus tard le bonheur et l'épanouissement sexuel, deviennent des composantes centrales du mariage et de la vie de couple. Mais le même régime d'investissements affectifs traverse aussi la relation entre parents et enfants. D'une part, les enfants sont individualisés comme enfants et séparés des adultes : l'enfance apparaît comme un âge spécifique de la vie, distinct de l'âge adulte. D'autre part, les parents investissent affectivement leurs enfants : l'enfant devient un objet de soins, de préoccupations, de projets, d'espérance.

La famille ancienne se distingue point par point de la famille moderne bourgeoise. La famille ancienne est une famille ouverte. Ouverte sur quoi ? En première instance, ouverte sur la rue, sur le quartier, sur le voisinage. A l'époque où elle prévaut, le véritable lieu d'existence concret des personnes n'est pas la famille close, mais une unité sociale plus large et plus ouverte. Un contraste qui se manifeste concrètement au niveau de l'habitat : si la maison ou l'appartement bourgeois abrite exclusivement le père, la mère et ses enfants, dans une organisation très structurée des âges et des sexes, la maisonnée d'antan abrite une population hétérogène, parents, enfants, certes, mais aussi tantes, oncles, cousins, amis, hôtes de passage, domestiques, apprentis... dans un brassage joyeux et indistinct des âges et des sexes. Quant au régime de fonctionnement intérieur de la famille ancienne, il est à la mesure de l'ouverture dont je viens de parler. La famille ancienne ne connaît pas l'intensité des investissements affectifs qui caractérise la famille moderne bourgeoise. Si la famille ancienne a une fonction économique importante (travail en commun, entraide quotidienne, transmission du patrimoine...), elle n'a pas de fonction affective : on n'attend pas un épanouissement personnel, affectif, sexuel, des relations au sein de la famille. Ce qui se marque au niveau du couple, mais ce qui se marque encore davantage, et de manière frappante, au niveau des relations entre parents et enfants. C'est l'indifférence affective qui domine le rapport entre parents et enfants : les enfants sont négligés — Ariès estime qu'une partie significative de la mortalité infantile de cette époque s'explique par une forme d'infanticide qu'il appelle honteux : non pas volontaire, mais effet de la négligence des parents —, ou bien ils sont placés en nourrice ou abandonnés à des institutions charitables. Autre élément décisif : l'enfance n'apparaît pas comme un âge spécifique de la vie humaine. L'enfant est en quelque sorte un adulte en réduction ou en miniature. De plus, l'enfance est considérablement raccourcie : dès l'âge de 7, 8 ans, les enfants sont intégrés au monde des adultes ; dès ce moment, ils deviennent dès lors déjà véritablement des adultes. Ce qui indique que l'enfance n'est pas une réalité absolue. Certes l'enfance garde une part biologique irréductible : il est vrai que le petit homme naît prématuré et doit se hisser à la faveur d'un processus de maturation jusqu'aux acquisitions humaines fondamentales (la marche, le langage...). Mais sur le fond de cet inévitable biologique, l'humanité peut opérer des choix : soit écourter l'enfance, soit la prolonger. L'enfance est ainsi partiellement l'objet d'une construction socioculturelle.

Or qui ne pressent que ces quelques données brutes, assurément trop sommaires, suffisent déjà à interroger la psychanalyse ? Le contraste que je viens de pratiquer et la prise de distance qu'il permet par rapport à une forme de famille qui est pour chacun d'entre nous comme une sorte d'évidence, nous aide à prendre conscience que la psychanalyse inclut dans son paradigme, au titre de présupposé et d'évidence non questionnée, des éléments qui ne sont concevables que dans un état de société et de civilisation caractérisé par cette forme de famille que j'ai appelée moderne-bourgeoise. N'est-il pas évident pour la psychanalyse qu'il existe une enfance, que cette enfance est d'une importance cruciale pour le devenir de l'adulte, que l'essentiel de ce qui se joue dans l'enfance se joue au sein de la famille, entre papa et maman, dans l'ordre des relations affectives qui se nouent entre l'enfant, son père et sa mère ? Bien plus, ne peut-on pas dès à présent soupçonner que quelque chose comme le complexe d'Œdipe est littéralement impensable dans une société caractérisée par la famille ancienne, qu'il ne devient concevable que dans un contexte sociétaire bourgeois ?

Mais je le répète : Ariès n'a pas eu le souci d'exploiter les résultats de ses recherches dans la perspective d'une interrogation sur les conditions de possibilité historiques de la psychanalyse. Les pistes que je viens d'ouvrir, les questions que je viens de poser, ne donneront lieu à des élaborations plus explicites et plus systématiques que dans les œuvres de Deleuze et Guattari et de Gérard Mendel.

B. L'Œdipe et la machine capitaliste d'après Deleuze et Guattari

L'Anti-Œdipe (1972) aura sans doute eu pour mérite essentiel de développer une critique de la psychanalyse, d'aider à une prise de conscience que la psychanalyse était tout entière transie par un présupposé « familialiste » constitutif même de son paradigme, à savoir que le désir humain se structure dans le débat avec les figures parentales. Privilège accordé à la famille, au triangle œdipien, qui reproduit les conditions d'une formation historique particulière, de ce que Deleuze et Guattari appellent la machine sociale capitaliste. En quel sens ?

Il faut, pour affronter cette question, pénétrer quelque peu dans l'univers conceptuel parfois difficile et obscur de *L'Anti-*

Œdipe. C'est que Deleuze et Guattari proposent aussi, outre la critique, des voies de conceptualisation alternatives.

Le concept de machine est sans doute le plus général que les auteurs introduisent, mais il est aussi indissociablement conjoint au concept de corps ou de corps plein. Car la machine, comme instance de production, fonctionne toujours couplée à une instance d'anti-production, dite corps ou corps plein. Les pièces qui composent toute machine — pièces toujours à la fois productrices et captatrices de flux — ne s'organisent entre elles selon trois types de synthèses — appelées synthèses connectives, disjonctives et conjonctives —, que dans leur rapport au corps plein (qui servira par exemple de surface d'enregistrement du procès de production machinique, ou encore servira, pour le sujet, d'espace de consommation d'intensités pures).

Mais le concept de machine, défini dans sa généralité abstraite, se particularise. Car il y a deux catégories de machines: les machines désirantes et les machines sociales. Entre elles, pas de différence de nature — leurs pièces, de même que les processus fondamentaux qu'elles effectuent dans leur liaison au corps, sont identiques —, mais une différence d'échelle: la machine sociale est un agrégat statistique de machines désirantes; ou encore les machines désirantes sont les éléments moléculaires des grands ensembles molaires que sont les machines sociales.

Mais en quoi les hommes sont-ils impliqués dans les machines? Ils y sont impliqués en tant qu'eux-mêmes et leurs organes — surtout leurs organes — sont «machinés», sont pièces, rouages de machines. Mais la question est pleine d'embûches. Car évoquer les hommes, c'est laisser entendre que la forme des personnes — tel ou tel individu humain identifiable et différenciable — est primitive, alors que cette forme personnelle est aménagée dans la machine sociale, par l'effet qu'exerce la production sociale molaire sur la production machinique moléculaire. C'est que la machine sociale n'a de cesse de coder les flux de désir (à savoir les flux produits dans le fonctionnement machinique moléculaire), ou encore n'a de cesse de réprimer les machines désirantes. Comment s'y prend-elle?

La première machine sociale historique, la machine dite territoriale, jugule, code ou réprime la production désirante par ce qu'il est convenu d'appeler l'organisation de la parenté. Les appellations de parenté rendent discernables les personnes, dès lors qu'elles sont l'objet, sur le corps plein de la machine territoriale (la terre), d'opérations synthétiques, dès lors qu'elles cessent de désigner de pures variations intensives, non limitatives, pour dénommer des états exclusifs, limitatifs. Est-ce à dire que ce que la psychanalyse appelle le complexe d'Œdipe est déjà formé dans la machine territoriale? Non. Car la famille n'est pas encore constituée comme entité distincte isolée, sur laquelle les déterminations du champ social pourraient se rabattre: la famille, à ce stade, est coextensive et adéquate au champ social. Seule la machine capitaliste crée les conditions de l'Œdipe.

Contrairement aux deux machines sociales qui la précèdent historiquement (les machines territoriale et barbare), la machine capitaliste est fondée sur le décodage systématique des flux, sur la suspension du codage, auquel elle substitue par ailleurs une axiomatique abstraite plus impitoyable encore. La machine capitaliste libère les flux, déterritorialise les flux de désir, mais, dans le même geste, leur invente des territorialités factices. Deux effets fondamentaux s'en trouvent produits: l'effet «schizophrénie» et l'effet «Œdipe».

L'effet «schizophrénie» découle en droite ligne du décodage des flux. Car la schizophrénie n'est rien d'autre que la production désirante elle-même, mais libérée des codes sociaux qui l'informent dans les machines territoriale et barbare. Ce n'est dès lors qu'abstraitement ou conceptuellement que l'on est en droit de différencier, avant le capitalisme, une production désirante toujours enchâssée dans la production sociale. La production désirante et ses deux pôles constitutifs (les machines désirantes et le corps plein sans organe) ne sont reconnaissables à l'état pur — comme schizophrénie — que dans les conditions de la machine capitaliste.

Quant à l'effet «Œdipe», il résulte des efforts de reterritorialisation des flux décodés de désir. La famille déconnectée, déliée du champ social, est déléguée par la machine capitaliste, pour opérer, à la faveur d'Œdipe, la répression des machines désirantes.

En réalité, les éléments formels d'Œdipe sont déjà donnés dans les machines sociales antérieures. Ces éléments, au nombre de trois, sont : le représentant du désir (les machines désirantes et les flux qu'elles produisent et captent), la représentation refoulante (les forces sociales de répression), le représentant déplacé du désir (le père, la mère, constitués par les forces sociales comme figures différenciées et donnés dès lors comme interdits). Pour que l'Œdipe soit formé, il faut que le représentant déplacé du désir se donne illusoirement comme représentant du désir, que père et mère se donnent comme les objets du désir, contre lesquels sont dirigés les interdits sociaux.

En d'autres termes, l'Œdipe, que la psychanalyse n'invente pas, mais au piège duquel elle se laisse prendre, est un processus de détournement, de truquage du désir, qui se développe à la faveur de la fermeture capitaliste-bourgeoise de l'espace familial[2]. La réalité première, fondamentale, c'est bien la répression générale du désir, dont papa et maman ne sont en aucune façon des objets primaires. Mais en même temps, dès l'instant où l'espace familial s'est clôturé, dès le moment où il s'est refermé sur le père, la mère et leurs enfants, le désir réprimé est comme tout naturellement invité à surinvestir les figures parentales; il se déplace sur papa et maman qui se donnent dès lors comme les pôles fondamentaux du désir : Papa, Maman, voilà ce que je désire[3]. Illusion, si l'on veut, mais illusion réelle, produite par les dispositifs matériels d'une formation sociale, que la psychanalyse n'aura de cesse de reproduire tout aussi matériellement, à travers son dispositif méthodologique, offrant à Œdipe une nouvelle scène d'expression intensifiée, constituant un « Œdipe d'Œdipe en cabinet » (*Anti-Œdipe*, p. 144).

C. La famille bourgeoise et l'intensification du psycho-familial d'après Gérard Mendel

Il n'est pas dans mon intention de présenter ici dans le détail les perspectives ouvertes par Gérard Mendel et la Sociopsychanalyse, auxquelles la troisième partie de l'ouvrage reviendra. Il reste toutefois que, dans un texte particulièrement clair et suggestif[4], G. Mendel a rattaché les découvertes freudiennes, qui résultent d'une exploration minutieuse du champ psycho-familial, aux transformations socio-économiques, et singulièrement aux transformations de la famille, qui se sont effectuées à la faveur de l'avènement de la société bourgeoise. C'est ce texte, évident par soi-même, que je voudrais longuement citer. Mais non sans l'avoir introduit sur un point. Comme on le verra, les analyses de Mendel sont quelque peu différentes des analyses de Deleuze et Guattari. Ainsi, Mendel ne croit pas que la société capitaliste-bourgeoise ait produit le champ psycho-familial, au sens où celui-ci n'aurait pas eu d'existence avant l'avènement de la société capitaliste-bourgeoise. Il serait plus conforme à la pensée de Mendel de dire que la société capitaliste-bourgeoise a intensifié et purifié le champ psycho-familial au point de rendre celui-ci objet d'une appréhension possible et donc aussi d'une étude scientifique. Plus particulièrement en ce qui concerne le complexe d'Œdipe, Mendel ne pense pas que le complexe d'Œdipe soit le produit d'une société capitaliste-bourgeoise ou, pour employer le langage de Deleuze et Guattari, d'une machine sociale capitaliste. Pour Mendel, le complexe d'Œdipe est une constellation psychique, non pas universelle, non pas liée à un absolu ou à un inévitable anthropologique[5], mais plus généralement caractéristique de toute société qui structure la vie familiale autour de la figure dominante du père, lui-même relais ou porte-parole autoritaire des valeurs et normes sociales — et l'on doit savoir que pour Mendel, cette forme de société, que l'on pourrait pour faire court appeler patriarcale, est en voie de désagrégation. Donc, la société capitaliste ne crée pas l'Œdipe, mais en purifie ou en grossit les composantes, au point de le rendre quasiment manifeste. D'où aussi les découvertes freudiennes. Ecoutons Mendel sur ce point :

> «La forme bourgeoise du conflit œdipien en rapport avec la révolution industrielle capitaliste est *l'une des formes possibles* du conflit œdipien... Il est concevable qu'il fut plus aisé qu'à aucune autre époque de découvrir en cette fin du XIXe siècle l'une des variantes de ce conflit (et ainsi, le conflit œdipien lui-même), variante dont les éléments se trouvaient particulièrement réduits, personnalisés, surinvestis...» (*Le Manifeste Educatif*, pp. 54-55).

Mais reprenons le texte de Mendel par son début. Mendel résume d'abord, dans les termes les plus simples, l'essentiel des découvertes freudiennes touchant le plan psycho-familial :

« On peut dire, en simplifiant exagérément, que Freud a décrit scientifiquement — c'est-à-dire à partir d'un matériel clinique — l'existence de représentations refoulées : ces représentations se trouvaient en rapport avec des désirs sexuels datant de l'enfance et tournés vers les images parentales. Leur force était telle qu'elles avaient tendance à se projeter transférentiellement » (*op. cit.*, p. 52).

Puis Mendel, aussitôt, de ramener ces découvertes à leurs conditions de possibilité historiques :

« Mais pour qu'existent, et soient repérables, sous cette forme psycho-familiale, les processus décrits par Freud, il fallait qu'existent... une « concentration » de la vie familiale en une cellule familiale réduite, et une « accumulation » de la sexualité » (p. 52).

Concentration de la vie familiale en une cellule familiale réduite, c'est bien là ce qui caractérise la famille bourgeoise. Mendel d'ailleurs renvoie aux travaux de Philippe Ariès, tout en situant les coordonnées économiques de la formation de la famille bourgeoise :

« Bien entendu, cette concentration de l'affectivité de l'enfant sur les personnages parentaux s'est produite sous la dépendance des facteurs économiques : le passage d'un mode de production rural et artisanal à la grande industrie imposant une concentration urbaine et une séparation du lieu de travail et de l'habitat » (p. 53).

Deuxième condition soulignée par Mendel : ce qu'il appelle l'« accumulation » de la sexualité.

« Le deuxième phénomène notable est une répression toujours plus vive de la sexualité, infantile et adulte, dans cette société de la fin du XIXe siècle, la société victorienne. Non seulement de la sexualité : mais du jeu, de la fantaisie imaginative, de la fête. Maintenant toute l'énergie doit se concentrer dans le travail, tandis que le Capital doit être accumulé et non pas dépensé » (p. 54).

Et Mendel de conclure dans une formulation d'ensemble qui articule les découvertes freudiennes et leurs conditions historiques de possibilité :

« En somme, le modèle de l'appareil psychique sur lequel Freud est amené à travailler comporte une concentration des affects chez l'enfant sur une famille réduite en nombre et close sur elle-même (Père, Mère, peu de frères et sœurs), une cohabitation longue avec la mère (le père travaillant au-dehors), un refoulement de la sexualité infantile (dont l'énergie surinvestit les représentations parentales), un accent mis sur la maîtrise de soi, la concentration et l'accumulation des affects... L'aboutissement est un sujet très individualisé, très conflictualisé, très centré sur lui-même, peu « socialisé », avec des représentations inconscientes surinvesties et très personnalisées (le Père, la Mère) » (p. 54)[6].

«Ce que nous voulons signifier ici, c'est que les formes socio-économiques ont induit à l'époque de Freud, et pour les patients qu'il étudia en premier, une variante de l'appareil psychique qui devait permettre plus facilement une appréhension de l'appareil psychique dans sa structure conflictuelle même : inconscient et conscient, Ça et Moi, sexualité infantile et sexualité adulte...» (p. 56).

NOTES

[1] Je me référerai à l'ouvrage majeur dans lequel Ariès a analysé ces transformations : *L'enfant et la vie familiale sous l'Ancien Régime* (1973).

[2] On voit bien comment *L'Anti-Œdipe* réabsorbe les analyses historiques d'Ariès, dans un cadre conceptuel plus large mais aussi plus spéculatif, et donc d'une certaine manière plus fragile et plus discutable (de déborder ainsi sans scrupule les matériaux concrets auxquels il puise son inspiration). Que dit en effet *L'Anti-Œdipe*, sinon que le complexe d'Œdipe trouve ses conditions de possibilité dans la formation de la famille moderne bourgeoise : famille close, qui referme les émois, les affects, les désirs sur les personnages du père et de la mère, alors qu'ils pouvaient auparavant s'éclater, s'investir bien au-delà de ce seul espace familial restreint; famille clôturée qui produit le déplacement du désir (réprimé) sur les seules figures s'offrant dès lors à son investissement (le père, la mère).

[3] Reich ne disait rien d'autre lorsqu'il affirmait que le désir d'inceste était surinvesti du fait de la répression générale qui pesait sur la génitalité : «La surévaluation économique et dynamique du désir d'inceste... tire son origine d'un surinvestissement d'intérêt résultant exclusivement de la limitation générale des autres pulsions» (*L'irruption de la morale sexuelle*, 1932, p. 38).

[4] *Le Manifeste Educatif*, 1973, pp. 52-56.

[5] Ce point, à vrai dire, mériterait une discussion, que je ne puis engager ici.

[6] On notera avec intérêt la formule d'un surinvestissement des représentations parentales, qui n'est pas sans évoquer ce que Deleuze et Guattari appellent un processus de déplacement du désir réprimé sur les figures parentales.

Chapitre II
L'opération de recodage psycho-familial

Mais je n'ai pas encore jusqu'ici mis en évidence les implications idéologiques de la psychanalyse. Certes la psychanalyse découpe dans le réel un objet déjà structuré ou construit dans l'espace social. Mais n'est-ce pas là une opération légitime, qui appartient à tout paradigme scientifique ?

Ce qu'il faut voir, c'est que la psychanalyse ne fait pas que cela. Elle ne se contente pas de découper un objet, de circonscrire un champ et par la suite, en quelque sorte, de le labourer, d'en entreprendre l'étude détaillée et approfondie, selon la logique de la science normale. Elle fait plus, elle fait davantage. Non seulement elle inclut-exclut, mais encore elle recode, elle réabsorbe, elle réinterprète ce qu'elle exclut dans les termes mêmes de ce qu'elle inclut. Plus précisément, elle recode ce qu'elle exclut en termes de vie individuelle, fantasmatique, inconsciente, infantile, familiale, bref en termes psycho-familiaux. C'est là, à mon sens, qu'intervient sa fonction idéologique propre. En effet, qu'est-ce que la psychanalyse exclut de son champ ? Elle exclut notamment, et en particulier, tous les rapports sociaux, toute la réalité sociale, économique, politique, idéologique.

« La réalité sociale, elle, dans sa spécificité économique et politique, n'est ni la projection d'un désir infantile, ni une promesse non tenue ou tenue, ni une illusion, ni un fantasme, ni un simple discours... La lutte des classes, la formation de la plus-value, la capitalisation économique ou de pouvoir, le développement de la Technostructure ou de l'Etat monopoliste, n'ont rien à voir ni avec le plan psycho-familial, ni avec des désirs infantiles.

Que peut savoir de cette réalité sociale, dans son aspect spécifique, le psychanalyste dans son champ spécifique d'activité? La réponse est simple: rien» (G. Mendel, *Sociopsychanalyse 3*, 1973, pp. 24-25).

L'opération psychanalytique de recodage de l'exclu dans l'inclus consiste ainsi à interpréter la réalité sociale en général en termes psycho-familiaux. Ce qui implique que la psychanalyse occulte la réalité sociale et donc — pour paraphraser les termes de la première partie de l'ouvrage — qu'elle serve les groupes sociaux qui ont intérêt à ce que cette réalité sociale, en tant que réalité d'exploitation, de domination, de subordination, soit occultée.

Telle est l'idée générale qu'il me faut à présent développer et étayer. Comment la psychanalyse procède-t-elle pour pratiquer son opération de recodage?

Il importe de distinguer deux aspects de l'opération de recodage: un premier aspect qui concerne l'extra-analytique, un second aspect qui intéresse l'intra-analytique.

Qu'entend-on ici par extra-analytique et par intra-analytique? On sait que la pratique psychanalytique met en place une situation spécifique, quasi expérimentale, définie par un certain nombre de coordonnées précises: l'analysé (ou l'analysant, ou le patient...) se couche sur un divan, raconte ce qui lui vient à l'esprit, pratique la méthode des associations libres; l'analyste se tient derrière l'analysé, assis dans un fauteuil, il écoute l'analysé selon la règle de l'attention flottante... J'appellerai ici intra-analytique ce qui se déroule en situation analytique, ou encore ce qui se passe dans les conditions de la cure analytique. Et j'appellerai extra-analytique tout le reste, à savoir la réalité qui se situe en dehors de la situation analytique. Et je distinguerai ainsi deux aspects de l'opération psychanalytique de recodage du social en termes psycho-familiaux: le recodage qui porte sur le social donné dans l'extra-analytique et le recodage qui concerne le social présent dans l'intra-analytique.

A. Le recodage et l'extra-analytique

La critique n'est pas neuve, elle est même banale et sans doute peu décisive. C'est pourquoi je ne m'y attarderai guère.

La psychanalyse, débordant illégitimement les limites de son champ propre, a tendance à interpréter toute réalité quelle qu'elle soit, y compris la réalité sociale et historique, en termes psycho-familiaux. Freud déjà nous en avait donné l'exemple fâcheux lorsque, dans *Malaise dans la Civilisation* (1930), il ramenait l'histoire humaine à l'histoire du conflit éternel entre la pulsion de vie et la pulsion de mort, entre Eros et Thanatos. Par la suite, les exemples se sont multipliés. Se souvient-on encore de *L'Univers Contestationnaire* (1968), dans lequel deux psychanalystes, sous le pseudonyme de Stéfane, tentaient une interprétation psychanalytique des événements de mai 1968, expliquant par là un phénomène socio-historique par les motivations psychologiques de ses acteurs individuels.

Moi-même, en 1977, je m'attachais, sur un cas particulier, à débusquer les dangers et les effets idéologiques possibles de l'approche psychanalytique de phénomènes imbriqués dans le champ social. Plus précisément, je développais une analyse critique de l'ouvrage de Colette Guedeney et Gérard Mendel consacré à l'angoisse atomique[1], dont je me borne ici à rappeler sommairement l'un ou l'autre point.

L'ouvrage de Guedeney et Mendel est le fruit d'une recherche psychanalytique (je veux dire d'une recherche qui utilise la théorie et les concepts psychanalytiques comme outils de travail) sur l'angoisse suscitée par les centrales nucléaires, en particulier pour les personnes qui y sont directement exposées (travailleurs des centrales, populations avoisinantes). Il s'agit bien, précisons-le, d'une recherche qui porte sur de l'extra-analytique : le matériel empirique de référence, sur lequel vont travailler les auteurs, est fait d'interviews, de documents, de témoignages ; il n'est pas recueilli en situation analytique. Or que font les auteurs, sinon interpréter l'angoisse devant les centrales nucléaires en termes psycho-familiaux (et ils ne pouvaient pas faire autrement) ? Les centrales nucléaires, affirment-ils, réactivent des fantasmes archaïques, liés à une phase précoce du développement psychogénétique de l'enfant. Mais on aperçoit aussitôt le danger d'une pareille analyse. Certes, les auteurs, Mendel en particulier, sont prudents : les centrales nucléaires ne sont pas que des fantasmes et il existe de bonnes raisons, sourcées à leur réalité même, de les craindre et de les combattre. Toutefois, une part de l'angoisse qu'elles suscitent n'est pas liée à leur réalité; une part de l'angoisse qu'elles mobilisent s'enracine dans des fantasmes infantiles inactuels, bref est irrationnelle. Dès lors, on imagine aisément l'usage possible, proprement idéologique, d'un travail de ce genre. N'est-ce pas d'ailleurs un argument classique des partisans des centrales nucléaires que d'assimiler les réactions des opposants aux centrales à des réactions dictées par la passion ou par l'émotion? Une lutte politique, un mouvement social, est ainsi réduit aux motivations psychologiques de ses acteurs individuels; bien plus, reconduite à des motivations affectives irrationnelles, la lutte politique est discréditée, invalidée. Du fait même des options inhérentes à son paradigme (privilège accordé au plan fantasmatique infantile, au détriment de la réalité externe actuelle), une recherche scientifique sert de couverture légitimante à une option socio-politique[2].

B. Le recodage et l'intra-analytique

Répétons-le à nouveau, la critique développée jusqu'ici n'est guère décisive. D'ailleurs, la plupart des psychanalystes conviendront aisément que la psychanalyse se trouve en risque de produire des effets idéologiques dès l'instant où elle perd son ancrage dans ce qui constitue son champ électif, à savoir ce qui se trouve produit en situation analytique, ce que j'ai appelé l'intra-analytique. Ils répliqueront donc, croyant ainsi parer à l'objection, en se repliant sur leur domaine purifié d'opérationnalité, là où la réalité sociale externe serait comme annulée, mise hors circuit. C'est pourquoi il est crucial de porter le débat au cœur même du processus intra-analytique.

Avec Mendel, dont il faut signaler le remarquable article «*Psychanalyse et Sociopsychanalyse*»[3], Robert Castel est l'un des seuls à avoir développé une critique socio-politique du dispositif intra-analytique. C'est un véritable pavé dans la mare psychanalytique que lance *Le Psychanalysme* (1973). Œuvre fondamentale, désormais incontournable, bien que largement ignorée, méconnue par les psychanalystes. Du côté des milieux psychanalytiques, en effet, un silence pesant, apeuré, ou alors, réaction rare, une réponse critique, mais confuse, brouillonne, maladroite[4]. Rien d'étonnant: *Le Psychanalysme* est à mon sens quasiment inassimilable par la psychanalyse.

L'ouvrage de Castel, que je suivrai au plus près, me servira donc de fil conducteur dans les pages qui viennent. Je me permettrai toutefois de le compléter et de le prolonger par des considérations davantage issues de Mendel.

L'inconscient social de la psychanalyse (Robert Castel)

Le psychanalysme, nous explique d'entrée de jeu Castel dans son avant-propos, est l'effet idéologique spécifique, immédiat et intrinsèque, produit par la psychanalyse. Certes, psychanalyse et psychanalysme ne se recouvrent pas exactement. La psychanalyse se voit reconnue une dimension «scientifique», ou mieux «techno-scientifique», propre: elle est la pratique et la théorie des effets de l'inconscient. Toutefois, si le psychanalysme n'épuise pas la psychanalyse, il n'est pas non plus purement extrinsèque à la psychanalyse, comme s'il venait se greffer sur elle de manière accidentelle ou contingente, comme si donc, à tout moment, la psychanalyse pouvait s'en purifier. Bien au contraire, entre psychanalyse et psychanalysme, la liaison est consubstantielle. Le psychanalysme est un effet intrinsèque, immédiat, de la psychanalyse et cela précisément, parce que l'effet «psychanalysme» est produit au cœur même du dispositif intra-analytique: «il a d'abord son origine dans le dispositif de la relation duelle» (p. 10). Un effet intrinsèque, immédiat, de nature idéologique, consistant en une méconnaissance du socio-politique, qui n'est pas un simple oubli (comme si la psychanalyse, dans son opération de délimitation paradigmatique, se bornait à exclure le socio-politique de son champ), mais un processus actif d'invalidation (la psychanalyse occultant cela même qui toujours l'habite et la travaille). D'emblée, Castel annonce la couleur: «En tant que telle, la psychanalyse occulte toujours les problèmes socio-politiques» (pp. 13-14).

Tel est l'argument essentiel, que Castel va s'employer à développer tout au long de dix chapitres serrés. Non, la psychanalyse n'est pas révolutionnaire, subversive, contestataire par essence. Non, la psychanalyse n'a pas été récupérée, trahie, déformée, déviée, dans l'après-coup de son inscription sociétaire. Si la psychanalyse a pu ainsi être récupérée, c'est que, d'une certaine manière, elle était déjà récupérable. Il faut en finir avec l'opposition trop simpliste entre un intra-analytique pur, innocent de toute compromission, et un extra-analytique d'où s'introduiraient, mais de l'extérieur, le mauvais grain, l'ivraie, les impuretés idéologiques. Un programme de travail clair en découle : « Il faut donc démontrer qu'il y a *réciprocité*, au sens fort, entre ce qui se passe « au-dedans » du dispositif analytique et ce qui advient « au-dehors » » (p. 35).

Le mouvement général de l'œuvre devient intelligible : il conduira, à l'inverse de ce qui a été pratiqué ici, de l'intra-analytique vers l'extra-analytique. Deux temps forts : les chapitres 2 et 3, consacrés aux enjeux socio-politiques du dispositif de la relation duelle; les chapitres 7 et 8, consacrés à une modalité singulièrement importante de présence extra-analytique de la psychanalyse : la contribution décisive qu'elle apporte à un renouvellement de la psychiatrie, à ce que Castel appellera plus tard un « aggiornamento », une mise à jour de la psychiatrie. Tout le monde connaît désormais les travaux exemplaires que Castel a consacrés depuis lors à la psychiatrie[5] et qu'il inaugure dans *Le psychanalysme*. Mais il ne sera pas question ici de cet aspect des choses : je me concentrerai exclusivement sur les premiers chapitres de l'ouvrage, qui concernent l'intra-analytique.

Le chapitre 2 s'intitule « La convention de la neutralité » : il vérifie l'argument sur un aspect particulier du dispositif analytique, avant même de le généraliser dans le chapitre 3.

« La psychanalyse s'est instituée par un coup de force » (p. 38). Qu'est-ce à dire ? Que la psychanalyse, entendue comme pratique et théorie des effets de l'inconscient, n'existe que parce qu'elle institue un cadre, un dispositif réglé, normé, dont toutes les règles sont justifiées « par le projet d'ouvrir l'accès à l'inconscient, ou du moins à la connaissance théorique et pratique de certains de ses effets» (pp. 39-40). Je dirais, dans mon langage épistémologique, que la situation analytique est une composante cruciale, voire peut-être la composante cruciale, d'un paradigme psychanalytique. La situation analytique aurait le statut d'une situation quasi expérimentale. Je dis : *quasi* expérimentale, car on ne peut en toute rigueur l'assimiler à une situation d'expérimentation au sens où l'entend la psychologie expérimentale. Mais je dis bien néanmoins : quasi *expérimentale*, au sens où elle crée artificiellement — car elle n'a pas d'équivalent dans la vie réelle, ordinaire — les conditions de production purifiée de l'objet de la psychanalyse. Ce que Castel lui-même formule en ces termes : «Les règles de la convention analytique construisent donc *une sorte de laboratoire expérimental* monté pour produire un certain type d'effets» (p. 58)[6].

Or ce point préliminaire est décisif. En effet, il signifie que porter le débat critique au plan de la situation analytique, c'est en même temps le porter au cœur même de la psychanalyse comme démarche scientifique. Si donc il s'avère que des effets idéologiques se trouvent produits à ce niveau, il ne sera plus possible de maintenir l'image d'une science psychanalytique pure de toute idéologie, le mythe d'une idéologisation seconde de la psychanalyse, liée à une récupération sociale externe : c'est l'althussérianisme qui sera à nouveau ébranlé.

Dans son chapitre 2, Castel considère donc une composante particulière du dispositif analytique : la convention de la neutralité. Le psychanalyste doit être neutre, socialement, politiquement, éthiquement, religieusement. C'est là une exigence technique de la cure, appropriée à la production de ses effets spécifiques ; c'est à cette condition seulement que le psychanalyste peut devenir support de fantasmes et que le processus du transfert peut s'enclencher : «La neutralité analytique se présente d'abord comme une exigence d'ordre technique : que le psychanalyste puisse être un support «neutre» de fantasmes. Le déroulement d'un transfert qui obéisse aux règles de la convention analytique repose sur cette condition» (p. 48)[7]. Or cette neutralisation n'en est pas une. La psychanalyse veut chasser le socio-politique dans un mouvement d'exclusion permettant la purification scientifique de son objet, mais en réalité, faisant cela, elle ne chasse pas vraiment le politique, au contraire, elle l'installe au cœur même de son dispositif: elle installe au cœur même de son dispositif une figure du politique, qui est tout simplement la figure de l'apolitisme. En d'autres termes, elle procède à un mouvement voilé de réabsorption de cela même qu'elle prétend exclure. Ecoutons Castel dans ses formulations les plus ramassées :

> «Techniquement parlant, la neutralité analytique est une condition de possibilité du transfert; politiquement parlant, c'est l'incarnation de la politique de l'apolitisme» (p. 50). «La «neutralité» analytique invalide la dimension socio-politique. Elle suppose ou impose l'a-politisme comme le référent politique normal de la situation analytique, son allure de croisière» (p. 53).

> «La «neutralité» politique de l'analyste suppose donc la dimension du social et du politique, mais méconnue, c'est-à-dire présente sous la forme de sa pseudo-absence, l'apolitisme» (p. 54).

En chassant le politique, tout en le reconduisant subrepticement sous la figure de l'apolitisme, la psychanalyse produirait ainsi un effet de démobilisation politique. Castel en formule l'hypothèse :

> «Bien qu'il n'y ait pas, et qu'il ne puisse y avoir, de «statistiques» précises en ce domaine, quelques sondages me permettent d'avancer comme très vraisemblable l'hypothèse suivante: le fait d'être ou d'avoir été en analyse (sauf pour ceux qui ont quitté le divan sur un mouvement de révolte) a beaucoup plus fréquemment pour conséquence une atténuation du radicalisme politique (ou un renforcement du conformisme socio-politique) que l'effet inverse. Il faudrait certes faire une «enquête» sérieuse pour être absolument affirmatif. Je ne demanderais pas mieux, mais tout se passe comme si on se heurtait ici à un tabou (les sujets en analyse d'ailleurs ne sont pas les moins réticents). Est-ce parce qu'il est tellement incongru de poser le problème politique au cœur de la psychanalyse pour des gens qui se bercent de l'illusion de la portée subversive de leur travail, quitte à admettre du bout des lèvres la possibilité de quelques retombées normalisantes au seul niveau de ses usages «récupérés»? Ou parce que l'on recule devant les implications de ce que l'on redoute de découvrir? Nous sommes bien ici en effet au cœur du problème, à ce foyer à partir duquel, quasi indissolublement, une psychanalyse fonctionne «normalement» et produit de l'a-politique comme le boulanger fabrique du pain. Rien ne permet en effet d'affirmer qu'il s'agisse là d'effets parasitaires qui relèveraient d'une mauvaise maîtrise du transfert avec un psychanalyste particulièrement «conformiste» plutôt que de l'aboutissement «logique» d'une analyse conduite d'une manière techniquement irréprochable. Reste alors à alléguer les motivations «pathologiques» de certaines attitudes politiques. Certes, il en existe, mais l'argument est pour le moins politiquement ambigu, d'autant

qu'on aimerait connaître les critères de «normalité» en la matière» (pp. 53-54).

Depuis la publication du *Psychanalysme*, nous disposons à cet égard d'un témoignage plus précis, celui que nous a livré Dominique Frischer dans *Les analysés parlent* (1977). Ouvrage passionnant, fondé sur une enquête auprès d'une soixantaine d'analysés. Une proportion importante d'entre eux avaient été politisés, militants d'une organisation politique ou syndicale. Or que constate Frischer? Que «l'ensemble des analysés dotés d'une conscience politique au moment de l'analyse, fraîchement démobilisés ou encore militants pendant la cure, à la sortie du traitement, se retrouvaient tous, sauf un, intégralement désengagés, c'est-à-dire devenus indifférents à leurs préoccupations sociales d'antan» (p. 383).

Frischer invoque deux hypothèses pour expliquer ce phénomène. D'une part, l'analyse exige un investissement considérable, quasi exclusif, tant au plan psychique que financier: «le sujet, s'il veut faire son analyse «sérieusement» n'a plus la possibilité de conserver un quelconque investissement d'importance égale à l'analyse» (p. 395); de plus, pour payer son analyse, il doit «se découvrir un travail régulier, mieux payé» (pp. 395-396) et par là il doit apprendre à composer avec le système. D'autre part, «il faut aussi penser au rôle déterminant des modèles auxquels les analysés ont eu à s'identifier tout au long du transfert» (p. 396). Sur ce point, Frischer rejoint Castel, dont elle s'inspire visiblement: «Car l'analyste, quelles que soient ses convictions, au nom de la sacro-sainte neutralité analytique, renvoie l'image d'un apolitisme absolu. En effet, pour laisser l'analysé projeter tous ses fantasmes sur le support destiné à cette fonction, pour permettre au processus analytique de se dérouler sans entrave, les analystes refusent de se compromettre dans une quelconque prise de position publique...» (p. 396)[8].

On pourrait dire encore, pour reprendre une formulation plus proche de G. Mendel, que le sujet en analyse est soumis à une intense manipulation, utilisant elle-même des ressorts affectifs puissants (je veux parler du transfert)[9], qui l'amène à reconstruire son destin entier — non seulement son destin infantile, mais aussi son destin d'homme adulte — selon la logique du psycho-familial. Certes, je l'ai dit et redit, les coordonnées de la situation analytique sont propices à la réactivation d'un plan psycho-familial purifié. Il n'en reste pas moins qu'un patient continue de mener une autre vie que celle-là même à laquelle l'analyse lui donne accès: la vie d'un homme adulte engagé, sous diverses modalités, dans une vie sociale. Et il n'est pas possible non plus que cette autre vie ne pénètre pas dans l'analyse: il arrivera aussi au patient, sur le divan, d'évoquer cette autre vie et ce qui peut la constituer, y compris d'éventuels investissements politiques. Or quel message lui transmettra, directement ou plus subtilement, l'analyse? Que là n'est pas l'important, que l'essentiel est ailleurs, «sur une autre scène». Peut-être même ces composantes d'une vie sociale actuelle seront-elles explicitement renvoyées, à la faveur de l'interprétation, à l'ordre des conflits ou des fantasmes infantiles. Il est significatif à cet égard que les analysés autrefois politisés dont nous parle Frischer assimilaient leur engagement politique d'antan à un symptôme névrotique (p. 384). Véritable processus d'inculcation idéologique, sourcé à la violence symbolique qui caractérise le rapport entre analyste et analysé, elle-même condition de possibilité du transfert. Mais on reviendra bientôt sur ce point avec Castel. Concluons d'abord notre propos le plus récent par une citation de Mendel:

> «Mais... le patient mène une «double vie», cette seconde vie s'inscrivant au niveau social, dont il ne peut pas ne pas parler dans la cure et qui sera toujours interprétée, si besoin est d'intervenir, comme un fantasme. Dans la cure, véritablement, la vie réelle «est un songe». A force de voir interpréter durant quatre ans la vie sociale en terme de fantasmes, il peut se produire chez le patient une altération du sens critique de la réalité externe et de la perception critique de sa place dans cette réalité sociale. Qui a l'oreille un peu exercée reconnaît, au son du trébuchet, toujours «celui qui croit au ciel» ou «celui qui est passé par l'analyse». Mince danger d'ailleurs là, peut-il sembler, en regard d'un gain substantiel; pour le véritable exploité social, la blessure de l'exploitation ne se laissera pas oublier. Mais cela est peut-être un peu vite dit si l'on songe que les formes d'exploitation deviennent souvent plus dissimulées» (*Sociopsychanalyse 3*, pp. 25-26).

Comme je l'annonçais, le chapitre 3 du *Psychanalysme* opère une généralisation sous le titre de «L'inconscient social de la psychanalyse». On remarquera assez curieusement que Castel fait appel ici à un concept psychanalytique. Il ne serait pas forcé non plus, d'ailleurs, d'invoquer un «refoulé» social de la psychanalyse. Quant à moi, je préférerais parler d'un processus d'exclusion, doublé aussitôt dans le même temps d'un processus de recodage. Car nous sommes ici au plus près de ce qui est l'objet du paragraphe: ce double mouvement conjoint, contemporain, d'exclusion et de recodage du social. Mais cernons bien ce que Castel veut dire.

Tout d'abord, la situation analytique — c'est-à-dire cette matrice quasi expérimentale mobilisatrice de l'inconscient psycho-familial — n'existe que sous certaines conditions sociales:

> « Le contrat analytique... exige des préréquisits sociaux, politiques, économiques, culturels, faute desquels la relation analytique ne pourrait être tenue, ni tenir sa gageure... Ce sont de toute évidence des données économiques (le rapport payant-payé), culturelles (la participation à un commun langage), socio-politiques (le libre contrat passé entre deux partenaires qui met entre parenthèses la violence et le poids des nécessités immédiates, avec tout ce que cela suppose dans une situation historique pour qu'une telle disponibilité puisse apparaître), qui conditionnent la relation analytique au sens le plus fort du mot. En effet, la simple absence d'un de ces éléments (par exemple l'argent ou une certaine paix civile) la rend purement et simplement impossible » (p. 59).

En d'autres termes, le social, cela même qui tombe hors du champ analytique, bref l'extra-analytique, est présent dans la situation même: « Outre qu'il détermine l'existence ou la non-existence de la situation (conditions objectives de possibilité), cet « extra-analytique » se retrouve dans la relation elle-même » (p. 59). Mais si l'extra-analytique est présent dans l'intra-analytique, il l'est d'une singulière manière. Présent-absent, pourrait-on dire. Présent, mais en même temps nié, occulté: méconnu en tant que tel. Et si la présence-absence qualifie bien le statut de l'inconscient, on comprend qu'il soit possible de parler ici, métaphoriquement, d'un « inconscient » ou d'un « refoulé » social de la psychanalyse. Mais il y a plus, il y a davantage. Non seulement les conditions sociales qui habitent le dispositif intra-analytique sont niées, occultées, méconnues en tant que telles, mais encore elles sont reprises, réinterprétées, réabsorbées intra-analytiquement. C'est ici qu'intervient précisément ce processus que j'appelle de recodage: « ... cet extra-analytique se retrouve dans la relation elle-même, mais profondément réinterprété et doté de significations nouvelles qui sont désormais opératoires dans et pour le dispositif analytique » (p. 59).

Exemple le plus banal, mais aussi le plus simplement démonstratif : l'argent. Exemple auquel Castel se réfère d'entrée de jeu à titre illustratif, avant toute autre systématisation, sans vouloir trop s'y focaliser. Mais enfin, ajoute-t-il, « chacun sait ce que c'est et voit ainsi de quoi je parle » (p. 65). Tout d'abord, l'argent est une condition extra-analytique de fonctionnement de la situation analytique. En d'autres termes, l'argent, comme réalité économique, est présent dans le dispositif intra-analytique. Castel : « ... il faut répéter sans honte quelques évidences grossièrement matérialistes. Premièrement, l'argent en psychanalyse garde un pouvoir économique nu (non symbolisé, non sublimé) qui institue la plupart du temps la psychanalyse en activité de luxe entre partenaires privilégiés » (p. 64). De son côté, Mendel dira que l'argent introduit à l'intérieur de la cure un circuit économico-politique, à propos duquel, ajoute-t-il, « le psychanalyste ne possède aucune compétence particulière et qui échappe donc à son appréhension » (*Sociopsychanalyse 3*, p. 29). Donc : présence de l'argent. Mais présence-absence : on veut dire par là que la psychanalyse n'est pas en mesure de prendre en compte l'argent comme réalité économique (nue), ainsi que l'indiquait à l'instant Mendel. L'argent est donc comme un corps étranger qui habite et conditionne la relation analytique. Bien plus : c'est un corps étranger qui est en quelque sorte réingurgité, en quoi se parachève et s'accomplit l'œuvre d'occultation. Car si le psychanalyste est impuissant à reconnaître la signification économique de l'argent, il est tout à fait à même, par contre, d'en débusquer les corrélats inconscients ou psycho-familiaux. Dans l'école lacanienne, on parlera volontiers de dette symbolique. Ou encore, l'argent sera considéré comme un équivalent anal, et donc les attitudes adoptées par le patient vis-à-vis de l'argent seront renvoyées à ses positions fantasmatiques anales[10] : « le second aspect que revêt l'argent dans la cure renvoie, classiquement dans la théorie analytique, à la phase sadique-anale de maturation du Moi et de la libido : pour l'Inconscient, l'argent est un équivalent des fèces. Et l'analyse des positions du patient quant à l'argent, et des modifications de ces positions, permet techniquement de comprendre, d'interpréter et de réduire les fixations anales du patient » (G. Mendel, *op. cit.*, p. 29). Et sans doute l'argent peut-il être aussi cela. Il n'en reste pas moins que la dimension fantasmatique inconsciente de l'argent vient complètement recouvrir et oblitérer sa dimension socio-économique tout aussi agissante dans le dispositif analytique même.

Après avoir formulé son hypothèse générale d'un inconscient social de la psychanalyse, après l'avoir illustrée par l'exemple de l'argent, Castel tente de dresser, selon ses termes, un premier inventaire provisoire des conditions socio-historiques qui habitent le dispositif analytique (pp. 67-78). Je ne m'attarderai pas sur cet inventaire, dont la cohérence et la systématicité ne me frappent guère, mais plutôt sur un dernier exemple, auquel Castel s'attache tout particulièrement. A travers cet exemple, qui concerne la relation entre analyste et analysé, nous voyons à nouveau jouer les mêmes processus qui ont été sans relâche débusqués tout au long de ce paragraphe. Premier temps: la reconnaissance de la présence au cœur même de la situation analytique d'une composante extra-analytique, à savoir de ce que Castel appelle la relation de service personnalisée. «La structure même de la relation analytique se développe sur la base d'un rapport social caractéristique des sociétés libérales étudié entre autres par Erving Goffman sous la catégorie de relation de service personnalisée. Il s'agit de la relation qui unit un spécialiste qualifié à un client dans une économie de marché» (p. 69). Or cette relation de service personnalisée, dont la situation analytique véhicule bien les aspects majeurs (pp. 70-73), est caractérisée par une dénivellation structurale de pouvoir, qui en est véritablement constitutive[11]. En d'autres termes, la relation entre analyste et analysé est une relation foncièrement inégalitaire, en tant qu'elle confronte un spécialiste compétent et un demandeur démuni[12]. Or — et c'est là le deuxième temps de la démonstration —, cette structure objective d'inégalité, ou de domination, fondée extra-analytiquement dans un rapport social caractéristique des économies libérales, la psychanalyse la recode, la réinterprète, la dote de significations nouvelles désormais opératoires dans et pour le processus analytique. C'est en effet sur le fond de cette dénivellation structurale de pouvoir que devient possible ce qui est au fondement même de la relation analytique en tant que relation productrice de ses effets spécifiques, je veux parler à nouveau du transfert: c'est bien la dénivellation structurale constitutive de la relation de service qui permet la reviviscence dans la situation analytique de certains schémas de relations infantiles inégalitaires, les figures parentales, et singulièrement la figure du père, venant ainsi recouvrir et oblitérer la figure du spécialiste. Ecoutons encore Castel:

> « Une structure comme la relation de service qui a d'abord sa genèse et son sens dans une économie de marché en vient à signifier dans le vocabulaire sublimé d'une économie du désir. Il ne faut pas s'y tromper: c'est bien dans cette économie-là qu'elle fonctionne désormais, produisant des effets de désir (ou d'angoisse, etc.). On oublie simplement en règle générale d'ajouter que la production de tels effets *dans* la relation demeure commandée par cette structure en tant qu'elle trouve ses conditions de possibilité *en dehors* de la relation » (p. 77).

Je crois avoir suffisamment étayé la thèse que je voulais soutenir ici: la situation analytique elle-même, composante cruciale du paradigme psychanalytique, est le lieu d'un processus idéologique de voilement, d'occultation du social, de ce social qui est présent en elle, qui l'habite, mais qu'elle n'est pas en mesure de reconnaître. La psychanalyse est bien productrice d'un effet idéologique immédiat, intrinsèque, ce qui n'empêche nullement qu'elle soit aussi productrice de connaissances scientifiques.

Une question demeure toutefois, que Castel pose à maintes reprises, sans y répondre vraiment, du moins de manière développée. En quoi les conditions socio-historiques qui habitent le dispositif analytique sur le mode d'une présence-absence, et qui concourent en tant que telles à la constitution purifiée et quasi expérimentale de l'objet de la psychanalyse (l'inconscient), marquent-elles de leur empreinte la conception psychanalytique de l'inconscient? En d'autres termes: du fait même de ces conditions, la psychanalyse ne donne-t-elle pas accès à une modalité spécifique, particulière et donc relative, du fonctionnement psychique inconscient? « Qu'est-ce qui, de ces conditions, passe dans l'ordre inconscient? » se demande Castel (p. 66). Et un peu plus loin, il réitère la question sous une autre forme: « Est-ce que cette structure contractuelle n'impose pas une conception unilatérale de l'affect, une représentation tronquée de l'inconscient? » (p. 74).

C'est Gérard Mendel qui me paraît avoir le mieux affronté cette question. Je voudrais donc, pour terminer, évoquer sommairement les principaux éléments d'éclairage que Mendel nous a fournis quant à cette problématique.

Que se passe-t-il durant le temps de la cure analytique? Un sujet, un patient, vit une nouvelle enfance, qui vient non pas gommer ou effacer la première enfance, mais qui vient travailler celle-ci, et éventuellement — si la cure aboutit — en réparer les aléas. Or cette nouvelle enfance, cette néo-enfance, comme dit Mendel, est une néo-enfance socioculturelle, conforme au stéréotype maturatif, structural, de notre culture. Bien plus, elle est une néo-enfance de classe: «L'analyse, si elle fait ainsi revivre une néo-enfance, fait revivre celle-là précisément et nulle autre, qui autrefois fut voulue par l'idéologie et l'éducation bourgeoises»[13]. Plus précisément encore, les conditions techniques de la cure analytique sont propices à la reviviscence de cette enfance individualiste et familialisante dont la culture bourgeoise moderne a stimulé l'émergence et dont les travaux historiques de Philippe Ariès esquissaient les grands traits. Sur ce point, Mendel s'explique dans un texte ramassé qu'il vaut la peine de citer in extenso:

«Entre divan et fauteuil existe une relation d'individu à individu qui recoupe étroitement celle existant entre parents et enfants dans la famille nucléaire bourgeoise: coupure préalable avec tout ce qui est vie de groupe, avec tout ce qui est solidarité avec des pairs, acte, travail, vie libre du corps, jeu; fabrication artisanale d'un Père; formation intrapsychique d'un Surmoi et d'un Idéal du Moi par identification à ce père. - L'analyse ne fonctionne, en réalité, que parce qu'il y a adéquation entre les conditions pratiques de la technique de la «cure», le processus particulier qu'elles entraînent, et l'enfance individualisée et individualisante d'une certaine société. Au point qu'il est très difficile pour des enfants élevés collectivement en kibboutz de faire ultérieurement une analyse[14] ou qu'il est impossible à des Dogons vivant dans des structures collectives, de supporter le type de rapport individuel de l'analyse[15].

En somme, une analyse = être un peu plus bourgeois, et moins névrosé, si l'indication a été bien posée»[16].

Conclusions

Les perspectives qui s'esquissent à travers ce texte de Gérard Mendel me permettent, je crois, de nouer ou de renouer quelques-uns des fils majeurs de la problématique que j'ai tenté d'articuler tout au long de cette deuxième partie.

D'une part, l'Occident moderne, capitaliste-bourgeois, instaure (Deleuze-Guattari) ou intensifie (Mendel) un champ de fonctionnement psychique spécifique, à savoir le champ psycho-familial œdipien. Désormais le registre du désir et de l'inconscient vient se nouer et se structurer, fût-ce illusoirement (Deleuze-Guattari), autour des figures parentales selon cette constellation qu'on appelle classiquement œdipienne. Ce qui n'est en réalité possible historiquement que du fait des transformations qui affectent la structure sociale, y compris la structure familiale (clôture de la famille, émergence de l'enfance), à l'époque capitaliste-bourgeoise (Ariès).

D'autre part, la psychanalyse met en place une situation ou un dispositif d'exploration scientifique du psychisme (ladite situation analytique) dont les coordonnées sont propices à une stimulation intensive et purifiée du champ psycho-familial : le champ psycho-familial œdipien, déjà structuré dans l'espace social-historique, se trouve en quelque sorte redoublé par le dispositif analytique (ce que les psychanalystes instituèrent, disent Deleuze et Guattari, c'est un Œdipe d'Œdipe en cabinet). Coordonnées de la situation analytique, elles-mêmes sociales et historiques, mais méconnues, occultées en tant que telles, et recodées, réinterprétées au bénéfice exclusif d'une reviviscence du champ psycho-familial (Castel). Ainsi la psychanalyse, voilant ses conditions sociales de possibilité opérantes dans l'intra-analytique même, ne donne accès qu'à un plan spécifique, historiquement relatif, des structures psychiques inconscientes, qu'elle va tendre, dans l'ignorance où elle se trouve de son conditionnement, à élargir, à généraliser, recodant en ses termes l'ensemble de la réalité extra-analytique.

NOTES

[1] C. Guedeney et G. Mendel, *L'angoisse atomique et les centrales nucléaires*, Payot, 1973. Mon analyse critique, produite à l'occasion d'un Colloque sur le Débat nucléaire, et publiée sous le titre: «*L'angoisse nucléaire. Réflexions à partir d'une approche sociopsychanalytique*», est reproduite intégralement dans la quatrième partie de cet ouvrage, à titre de complément.

[2] Le sens de mon propos, je tiens à le préciser, n'est pas d'affirmer que la recherche de Guedeney et Mendel se réduit à sa dimension idéologique, comme si elle était de part en part manipulée par une option socio-politique camouflée. Je dis seulement qu'au-delà de son «autonomie relative» et de sa rigueur spécifique, une pareille recherche, du fait même du paradigme qu'elle utilise et des présupposés inhérents à ce dernier (privilège des fantasmes et du plan psycho-familial infantile), est comme «tout naturellement» portée à produire un effet idéologique du type de celui qui a été sommairement défini. Pour les détails, je renvoie à nouveau au texte cité.

[3] Article publié dans *Sociopsychanalyse 3*, 1973, pp. 13-62.

[4] Je citerais en particulier: O. Mannoni, Astolfo et Sancho, dans *La nouvelle revue de psychanalyse*, n° 8, 1973, pp. 7-22, et E. Roudinesco, Introduction à une politique de la psychanalyse, dans *Europe*, mars 1974 (pp. 93-95).

[5] Cf. *L'ordre psychiatrique* (1976), *La société psychiatrique avancée* (1979) et *La gestion des risques* (1981).

[6] Cf. sur ce point M. Legrand, *Situation analytique et situation expérimentale* (1974).

[7] Dans ma thèse de doctorat, je relevais l'anonymat ou l'incognito de l'analyste comme l'une des composantes de la situation analytique. Ce dont je justifiais la nécessité comme suit: «Le principe est de maintenir constante toute variable extrinsèque au discours ou à l'activité mentale du patient, de sorte que toute variation dans le matériel associatif puisse être attribuée à l'influence de variables internes, personnelles ou individuelles. Aussi évite-t-on que la vie personnelle de l'analyste, ses choix éthiques ou politiques par exemple, puissent entrer dans la situation analytique comme un «corps étranger», puissent opérer comme incitants spécifiques: le personnage de l'analyste est de la sorte comme un écran vierge, comme un blanc, habillé dès lors des seuls fantasmes du patient» (M. Legrand, 1972, pp. 155-156).

[8] On pourrait citer en écho G. Mendel: «Croit-on que la réalité sociale de l'analyste, son cadre de vie habituellement bourgeois, son habillement (volontairement neutre, pour cette raison), son prestige social, son intégration dans la société, l'exercice de sa profession sur un mode individuel et libéral, son non-engagement (apparent) dans les luttes sociales — ne sont pas sans influencer assez profondément le patient, poussant à des identifications sur un plan d'adaptation sociale?» (*Sociopsychanalyse 3*, p. 29).

[9] Manipulation d'autant plus efficace et d'autant plus perverse qu'elle est voilée et même activement déniée. Car il est vrai aussi que la psychanalyse se refuse à exercer le moindre contrôle direct et visible sur le patient, pour déposer entre ses mains la responsabilité même du processus d'analyse (ce qui a permis de qualifier le patient, non pas d'analysé, mais d'«analysant») — à

la différence d'autres techniques thérapeutiques qui reposent sur une manipulation explicite du comportement (je veux parler en particulier des techniques behavioristes).

[10] Du fait même du processus analysé ici, le psychanalyste dispose vis-à-vis du patient d'une arme manipulatoire dont la puissance n'égale que la subtilité. Supposons ainsi — et ce n'est pas rare — que, pour des raisons économiques, le psychanalyste décide une augmentation de ses honoraires. Le patient est coincé. Car, qu'il veuille protester, demander des explications, son attitude sera renvoyée à ses positions fantasmatiques inconscientes. D'où, à mon sens, le mérite de Thomas Szasz d'avoir réduit au maximum les ressources manipulatoires du psychanalyste, interdisant, par exemple, à celui-ci d'augmenter arbitrairement ses honoraires en cours d'analyse. On aura beau reprocher à Szasz, de manière dérisoire, d'avoir promu une psychanalyse axée sur l'adaptation sociale (Gentis, 1975, p. 24), il reste qu'il est l'un des rares psychanalystes à avoir affronté, en termes clairs et concrets, la problématique du pouvoir que la situation analytique confère à l'analyste. L'analyste, écrit Szasz, «doit renoncer à la faculté de modifier le traitement; il ne peut réduire les heures, augmenter les honoraires, interrompre ou arrêter le traitement et ainsi de suite... Ces manœuvres tactiques susceptibles d'advenir au cours du jeu thérapeutique peuvent être une arme puissante dans les mains du thérapeute. Donc, si celui-ci veut créer des conditions favorables à l'instruction du patient sur lui-même et sur ses relations avec autrui, ainsi qu'au développement de son autonomie, il doit renoncer à ce qui peut, en réalité, lui servir d'arme contre le patient» (*Ethique de la psychanalyse*, 1975, p. 145). Que nous voilà loin de la pratique de ces psychanalystes, que d'aucuns qualifient peut-être de «révolutionnaires», qui maximisent le pouvoir arbitraire de l'analyste, modifiant à leur gré leurs honoraires (à la hausse) ou la durée des séances (à la baisse).

[11] Thèse que Castel reprendra dans son chapitre sur la «violence symbolique» (en particulier dans les pp. 116-126).

[12] Que l'analyste puisse en même temps se réclamer d'un «non-savoir» — à la différence du thérapeute (behavioriste par exemple) qui se situe en position claire, visible, de scientifique et de technicien —, c'est présisément là la source, ou en tout cas l'indicateur, du pouvoir manipulatoire dont j'ai déjà parlé.

[13] G. Mendel, «La crise de la psychanalyse», dans *Pouvoirs*, 11, p. 94.

[14] Mendel cite ici le témoignage de Bettelheim dans *Les enfants du rêve*.

[15] Mendel commente ailleurs ce point, citant l'œuvre de Parin et Morgenthaler, *Les Blancs pensent trop* (Payot): «Parin et Morgenthaler ont fort bien observé que lorsque le processus analytique commençait à véritablement agir sur les «patients» Dogons, ces derniers ne le toléraient pas. Leur interprétation, certainement correcte, est que les Dogons ne tolèrent pas le contact psychique rapproché, l'intimité psychique, avec *un seul* personnage. Pour notre part, nous ajouterons que le processus analytique induisait ici à une enfance de type occidental que les Dogons n'avaient évidemment jamais connue, et qu'il se produisait alors une angoisse devant l'émergence de cette dimension inconnue, et un conflit intense entre la «naissance» d'une néo-enfance occidentale et l'enfance passée Dogon». Et Mendel d'ajouter en note: «la relation de

l'enfant Dogon se fait avec le groupe des femmes, le groupe des enfants, puis le groupe des hommes. Le Moi Dogon est bien davantage un Moi de groupe qu'un moi individuel. Or, de par les conditions mêmes de son déroulement, dans une relation à deux individus, la cure-type a tendance à enfanter un Moi individuel très individualisé» (*Psychanalyse et Sociopsychanalyse*, p. 18).
[16] G. Mendel, «La crise de la psychanalyse», dans *Pouvoirs*, 11, p. 94.

TROISIEME PARTIE

A LA RECHERCHE D'ALTERNATIVES : LA TENTATIVE SOCIOPSYCHANALYTIQUE

D'UNE REMISE EN JEU

Cette troisième partie s'origine dans une question : que faire aujourd'hui dans le champ psychologique — s'il faut faire quelque chose ? Et s'il faut faire quelque chose encore, quelle pourrait être, dans cela qui est à entreprendre, la part prise par la psychanalyse ?

Mais soulever la question en ces termes, c'est laisser entendre que tout n'a pas été dit dans la deuxième partie, que la problématique, provisoirement figée pour les besoins de l'analyse (choix d'un paradigme marxiste, critique de l'inscription sociale, bourgeoise-capitaliste, de la psychanalyse), doit être reprise, sans que pour autant soient biffés certains résultats, appelés à se réinscrire dans une vision plus complexe et plus dialectique.

A. D'un choix politique : libéralisme ou marxisme ?

Première question à réouvrir ou à ouvrir : la question du choix politique. Question prioritaire, cruciale, s'il est vrai qu'un choix politique particulier commandait, guidait en sous-œuvre l'attitude critique vis-à-vis de la psychanalyse. Je l'ai dit déjà : un choix marxiste. Qu'en est-il aujourd'hui de ce choix, de sa légitimité ? Il est bien temps de consacrer quelque place à cette interrogation. Interrogation certes insuffisante dans les termes où elle sera élaborée. Mais dois-je m'excuser de ne pas être un spécialiste de science politique ? Non sans doute. Ce n'est plus ici le moment de parler en spécialiste, mais en citoyen. Tout au moins dois-je avouer mon incertitude et mon tâtonnement.

Deux choix politiques antagonistes paraissent s'offrir à nous : un choix libéral et un choix marxiste. Comment les définir ? Comment se positionner par rapport à eux ?

Le premier choix, *libéral*, consiste à mettre l'accent sur les valeurs individuelles, en particulier sur les valeurs de liberté, d'autonomie, de responsabilité des personnes individuelles. Ce choix s'accompagne d'une analyse historique : quel est le sens le plus fondamental des transformations historiques qui se sont opérées au cours des deux derniers siècles en Occident, sinon qu'elles ont permis, pour la première fois dans l'histoire, l'émergence des valeurs individuelles[1] ? Enfin, le choix libéral guide une action politique. Il n'est d'action politique juste aujourd'hui qu'au nom des valeurs individuelles. L'action politique la plus radicale aujourd'hui est celle qui traque, dénonce les atteintes aux droits de la personne individuelle, qui lutte pour le respect de ces droits partout où ceux-ci sont bafoués, qui lutte pour leur expansion et leur développement, là où il ne sont pas complètement réalisés, et ils ne le sont nulle part.

Le second choix, *marxiste*, consiste à mettre l'accent sur les rapports de classes, et plus généralement sur les rapports entre groupes sociaux, en vue d'y dénoncer ce qu'ils comportent d'inégalité structurelle, d'exploitation, de domination, de subordination d'une classe ou d'un groupe social par rapport à une autre classe ou un autre groupe social. Au plan historique, ce qui caractérise fondamentalement les transformations qui s'effectuent en Occident pendant les deux derniers siècles, c'est moins l'avènement d'une société de liberté que l'avènement d'une société articulée autour de nouveaux rapports de classe, marqués par l'exploitation économique, la domination politique, la subordination culturelle, à savoir les rapports entre la bourgeoisie et le prolétariat. Enfin, au plan de l'action politique, il n'est d'action politique juste que polarisée, non par les droits abstraits et universels de l'homme, mais par les intérêts collectifs de ceux-là mêmes qui sont exploités, dominés; il n'est d'action politique juste que dans la participation à la lutte collective des groupes dominés en vue de leur libération.

Comment se situer par rapport à ces deux choix? Dans l'état d'inquiétude historique que nous vivons aujourd'hui, ce sont sans doute moins des certitudes que je puis exprimer que des doutes ou des interrogations. Mes remarques seront donc nécessairement contrastées.

1. A un certain niveau, le choix marxiste reste pour moi absolument incontournable. Il est crucial, décisif, à mon sens, de toujours prendre en compte, dans sa radicalité, un point de vue d'analyse de classes et de groupes sociaux. Le choix marxiste doit également être pris au sérieux en tant qu'il démystifie le point de vue libéral, en en dévoilant la dimension idéologique masquante et légitimante. Il est vrai que l'idéologie humaniste des droits de l'homme et du citoyen a été promue historiquement par la classe bourgeoise en vue de légitimer et voiler sa propre domination. Et pareille analyse démystificatrice reste toujours pertinente aujourd'hui: le discours abstrait sur les libertés risque toujours d'occulter des rapports de domination structurelle.

2. Mais un choix marxiste doit être aussitôt assorti d'un doute, plus d'une inquiétude liée aux avatars historiques du marxisme. Certes il est hors de question d'adhérer à la thèse — dont lesdits nouveaux philosophes se sont fait récemment les propagateurs — d'un enchaînement ou d'un engendrement linéaire et mécanique qui conduirait par une sorte de nécessité de Marx à Lénine, de Lénine à Staline et de Staline au Goulag ou au Cambodge. Mais sans doute faut-il se garder de deux erreurs inverses: d'une part faire du Goulag ou du Cambodge une conséquence nécessaire, inévitable du marxisme; d'autre part dire: «je lutte en Belgique (ou en France) dans un contexte sociétaire précis; Goulag, Cambodge, connais pas». Si le marxisme n'engendre pas le Cambodge par une sorte de nécessité, le Cambodge est aussi, d'une certaine façon, un visage historique particulier du marxisme, en tout cas une conjoncture historique

dans laquelle le marxisme s'est trouvé engagé ou mis en jeu. Et parler de pure et simple dénaturation du marxisme est trop court. Il ne faut pas là — c'est d'ailleurs un enseignement du marxisme lui-même — être idéaliste, poser un marxisme bon et pur existant dans le ciel des idées. Il n'est pas de marxisme en dehors de son investissement historique multiforme dans des pratiques sociales. Si le marxisme peut être, dans certains contextes historiques, un instrument de lutte pour une libération collective des groupes dominés, il peut être aussi, dans d'autres contextes historiques, une idéologie justificatrice de certaines formes d'oppression collective. Et il est vrai que des épisodes historiques récents, et même moins récents, offrent quelque raison de désespérer du marxisme, et la tentation est grande, et compréhensible, de se rabattre sur les droits de l'homme comme sur une position de lutte minimale[2].

3. N'importe-t-il pas de raffiner l'analyse quant à la problématique d'une idéologie libérale mystifiante et justificatrice d'une oppression sociale, à savoir de l'oppression bourgeoise? Ce qui se passe en Occident entre le XVe-XVIe siècle et le XXe siècle, ce n'est pas la simple perpétuation de rapports d'oppression de classes. Nous n'assistons pas à une pure et simple substitution d'acteurs sociaux à l'intérieur de rapports d'oppression inchangés. Comme si les prolétaires étaient venus occuper la place des serfs, et les bourgeois la place des seigneurs. Et comme si s'était formée dans le même mouvement une idéologie de la liberté, superstructurelle, illusoire, mystifiante, venant recouvrir et occulter les rapports d'oppression du prolétariat par la bourgeoisie. En réalité, les transformations historiques qui voient l'avènement de l'Occident moderne, certes préservent des rapports d'oppression, mais en même temps les transforment. La bourgeoisie n'opprime pas le prolétariat de la même façon que le seigneur opprimait le serf. Et peut-être est-ce à la faveur de cette mutation des rapports d'oppression qu'émerge la liberté, non seulement comme thème superstructurel illusoire, mystifiant, mais comme forme de *réalité*. Ne devrait-on pas affirmer que le capitalisme libère effectivement, d'une certaine manière, les individualités[3]? N'est-il pas temps de se confronter à un paradoxe, et de le penser: le paradoxe d'un système d'oppression collectif (le capitalisme) qui ne vit que de la libération

(d'une certaine libération) des individus et de ceux-là mêmes qu'il opprime ?

Bien des variations seraient possibles sur ce thème. Bornons-nous à en produire une seule. Le processus d'émancipation bourgeoise n'est pas seulement processus d'émancipation ou de libération de la bourgeoisie par rapport à la noblesse, il est aussi, d'une certaine manière, processus d'émancipation de la classe travailleuse, processus d'affranchissement des serfs et des artisans par rapport à l'assujetissement féodal. Certes, les travailleurs affranchis de l'assujetissement féodal sont tout aussitôt pris et enchaînés dans un nouveau système d'assujetissement : le serf exploité par le seigneur devient un prolétaire exploité par le capitaliste. Mais précisément s'agit-il du même système d'assujetissement ? Non. La tutelle féodale fait place au contrat capitaliste. Le serf se trouve engagé vis-à-vis du seigneur dans un rapport de dépendance personnelle que le capitalisme vient briser. En effet, le capitaliste a besoin d'une main-d'œuvre mobile qu'il ne s'attache pas personnellement[4] ; il a besoin d'une main-d'œuvre réduite à sa seule force de travail nue, qu'il puisse acheter, engager et licencier, selon les conditions du marché. Le prolétaire est-il libre désormais ? Non, dans la mesure où il n'est pas libre de vendre ou non sa force de travail. Oui, dans ce sens précis où il n'est pas pris dans un système d'allégeance personnelle vis-à-vis d'un maître, qui traverserait ou transirait toute son existence. En quelque sorte, à côté ou au-delà de son identité de travailleur (travailleur nu, abstrait, aliéné), s'ouvre l'espace de son identité subjective, personnelle[5]. Un espace libéré que va bientôt baliser la psychologie[6].

4. Nous débouchons ainsi sur une question : que faire avec l'exigence individuelle ? Faut-il dénoncer l'exigence individuelle comme une production idéologique bourgeoise ou capitaliste à dépasser ? Ou faut-il saluer dans le capitalisme le moment indépassable d'émergence ou d'avènement de l'individualité ? Marxisme ou libéralisme ? J'aimerais pour ma part, chercher une troisième voie. Assumer l'exigence individuelle — qui ne peut plus désormais être négligée sous peine de verser dans la « barbarie » — dans sa radicalité et donc aussi reconnaître au capitalisme le mérite d'en avoir activé l'émergence. Mais dénoncer

les formes particulières dans lesquelles le capitalisme a aussitôt enfermé l'individualité en même temps qu'il la libérait, singulièrement la forme d'une vie privée déconnectée du travail social, dont la famille est le théâtre privilégié. Bref, une troisième voie qui s'accommoderait aussi peu de l'étouffement des personnalités individuelles au bénéfice des seules structures collectives — un étouffement qu'a mis en œuvre le mouvement communiste, marxiste-léniniste — que de leur fonctionnement exclusif dans ces formes «bourgeoises-capitalistes» de l'individualité que j'ai appelées «psycho-familiales». Une troisième voie dont le thème politique de l'autogestion serait l'indicateur[7].

B. A la recherche d'une alternative psychologique

Si ce dernier choix politique est juste, alors il paraît clair qu'une psychologie, mais une psychologie renouvelée, y a sa place comme instrument de changement social. Une psychologie, s'il est vrai que la psychologie est par excellence accordée à cette dimension individuelle et subjective désormais incontournable. Mais une psychologie renouvelée: une psychologie, théorique et pratique, qui ouvre l'espace du fonctionnement individuel à de nouvelles formes non psycho-familiales, qui élabore la théorie de celles-ci, mais bien plus travaille à leur niveau dans un projet pratique qui contribue d'une certaine façon à les promouvoir. Car la personnalité qu'appelle une vie sociale autogérée, comme cette vie sociale autogérée elle-même, restent encore largement en friche[8]: cette personnalité est aujourd'hui à créer, mais à partir de ce qui, dans les individus, souffre des formes psycho-familiales et à partir des explorations tâtonnantes des individus et des groupes dont la souffrance incite à chercher autre chose[9].

Car ce projet, nombreux sont ceux, dans le champ psychologique, qui aujourd'hui le cherchent, venant d'horizons variés, œuvrant, parfois en ordre dispersé, dans des secteurs différents. Certains viennent de la dynamique de groupes, qu'ils ont radicalisée pour l'ouvrir au politique et y réinsérer enfin le bio-pulsionnel[10]. D'autres viennent de la psychiatrie, qu'ils ont cherché à transformer en l'articulant sur le champ social et les luttes de classe[11]. D'autres encore viennent du politique pour déboucher aujourd'hui sur le psychologique[12]. D'autres enfin viennent de la psychanalyse. Et si c'est de ces derniers — de Félix Guattari et de Gérard Mendel en particulier[13] — que je suis moi-même tributaire dans les analyses menées ici, ayant choisi d'aborder la problématique à partir de la psychanalyse, il fallait signaler aussi que d'autres apports, auxquels je consacrerai d'autres travaux, auraient mérité d'être pris en considération.

Revenons donc à la psychanalyse. Car réouvrir le débat politique général, c'est réouvrir du même coup le débat sur la psychanalyse. Ce qui ne signifie pas que la deuxième partie de cet ouvrage ne nous aura rien apporté. Car jusqu'ici, dans ses pratiques dominantes, la psychanalyse a bien pris essentiellement en compte, stimulé, reproduit l'individualité dans ses formes bourgeoises. La psychanalyse, en tant que telle, dans ses orientations dominantes, y compris dans son orientation lacanienne faussement alternative[14], ne nous offre pas l'alternative que nous cherchons. Mais lorsqu'on a dit cela, a-t-on tout dit? Suffit-il, comme je l'ai fait en réassumant une critique marxiste traditionnelle, de dénoncer la psychanalyse comme «idéologie réactionnaire»? Le dépassement nécessaire de la psychanalyse conduit-il à sa destruction pure et simple ou à sa reprise critique? La psychanalyse ne nous apprend-elle pas quelque chose de l'individualité, qui dépasse ses seules formes bourgeoises? Comme j'en ai fait l'hypothèse autrefois en me référant à Kuhn[15], le paradigme psychologique nouveau ne devra-t-il pas accorder quelque chose à la psychanalyse?

Malgré l'incertitude relative dans laquelle je demeure, malgré l'intérêt d'œuvres qui ont effectué le premier choix[16] — jeter les bases d'une nouvelle psychologie qui ne rabatte pas les formes de l'individualité sur le psycho-familial infantile, qui reconnaisse l'originalité de la personnalité adulte confrontée à son destin social, mais en tournant résolument le dos à la psychanalyse, en en récusant ou en en ignorant l'apport possible —, c'est le pari d'une réappropriation critique de la psychanalyse que j'accomplirai ici, suivant en cela les options de la Sociopsychanalyse de Gérard Mendel.

C. La tentative sociopsychanalytique

La troisième partie de cet ouvrage sera consacrée à la Sociopsychanalyse. Pourquoi ? Précisément parce que la Sociopsychanalyse s'inscrit de manière exemplaire dans les perspectives que je viens d'esquisser.

J'ai rencontré l'œuvre de Gérard Mendel sur le tard. Je m'en étais sciemment écarté sous l'effet d'une méfiance sourcée à des craintes qui devaient s'avérer tout à fait injustifiées. J'assimilais en effet *La Révolte contre le père* et les œuvres qui avaient pu en dériver à ces tentatives de récupération psychologisante qui avaient fleuri à la suite des événements de mai 68. *La révolte contre le père* avait été publiée en 1968 dans la Petite Bibliothèque Payot, en même temps que *L'univers contestationnaire* de Stéfane, et une sorte d'association fantasmatique entre les deux œuvres s'était comme instaurée dans mon esprit. Il fallut donc attendre 1978 pour que j'aborde enfin, un peu par hasard, la lecture directe de Mendel. Ce fut d'emblée une révélation. Mon premier contact avec Mendel, je le pris à travers *Sociopsychanalyse 3*. Quel étonnement ! Mes préjugés étaient désarmés. Je découvrais en effet dans la contribution signée de Mendel, «Psychanalyse et Sociopsychanalyse», une critique de la psychanalyse, certes plus ramassée, mais tout aussi fine et pénétrante que les critiques véhiculées par Castel et Deleuze et Guattari. Je pris donc sur le champ la décision d'entreprendre une étude systématique de l'œuvre de Mendel, que je menais en séminaire avec un groupe d'étudiants de l'Université de Louvain dans le courant de l'année 1979. La même année, j'apprenais l'existence d'un groupe de Sociopsychanalyse à Namur auquel j'adhérais aussitôt. Depuis lors, je participe à la vie du mouvement sociopsychanalytique.

Mais quittons là le terrain d'une histoire personnelle. Quel est donc l'intérêt de la Sociopsychanalyse ? Si je voulais renouer les quelques fils qui ont tissé la démarche de cet ouvrage — en particulier le fil épistémologique et le fil socio-politique —, je dirais sans doute que la Sociopsychanalyse jette les bases d'un paradigme scientifique qui à la fois réassume certains apports de la psychanalyse, mais prend en charge aussi cela même que la psychanalyse néglige, voire réduit et occulte, cette part de la personnalité humaine qui est irréductible au psycho-familial infantile. Au fond, la Sociopsychanalyse remplit les promesses de ce que moi-même dès 1974 j'appelais de mes vœux en réponse à ce que je croyais diagnostiquer comme une crise de la psychanalyse, dans la logique de *La structure des révolutions scientifiques* de Kuhn [17] : un paradigme qui accorde quelque chose au contenu de la psychanalyse, mais qui en même temps thématise ce que celle-ci occulte et pourtant qui l'habite et la travaille à son insu; et de plus, un paradigme qui dépasse le pur niveau spéculatif dans lequel me paraissait s'épuiser *L'Anti-Œdipe*, pour se développer «en liaison avec certains formes de pratique instrumentale» [18], bref un paradigme qui accède ainsi au niveau scientifique. D'une certaine manière, la Sociopsychanalyse est bien cela, nous verrons en quel sens précis. Mais il faut aussi prendre garde: si elle est cela, elle ne l'est pas sur le mode de l'ambition totalitaire. Je veux dire qu'elle ne se propose pas comme ce paradigme plus englobant qui réabsorberait (et supprimerait à la fois) et le tout de la psychanalyse et le tout des sciences sociales. Elle est plus modeste: elle veut simplement ouvrir à une connaissance plus précise, et mettre en état de fonctionnement purifié à la faveur d'une situation quasi expérimentale, un champ limité, à savoir le champ institutionnel, au sein duquel interagissent et les personnalités individuelles (y compris ce qui en elles demeure d'un passé psycho-familial infantile) et des rapports sociaux objectifs. Ce faisant, elle œuvre sur ce terrain dont je parlais, elle apporte sa contribution propre, particulière, limitée, mais combien précieuse, à ce projet d'un développement, d'une promotion «ici et maintenant» d'une forme de vie sociale, collective renouvelée, fondée sur un partage égalitaire mais conflictuel du pouvoir, mais d'une forme de vie collective qui, loin d'étouffer les personnalités individuelles, loin de les sacrifier à la cause ou à l'objectif commun, les libère, les révèle, en intensifie le vécu dans une part d'elles-mêmes trop laissée pour compte par le capitalisme. Réconciliation vivante, en acte, des valeurs socialistes et des valeurs libérales. Bref, la Sociopsychanalyse est un lieu d'expérimentation autogestionnaire, non seulement à travers ses modalités d'intervention technique, mais surtout et plus encore à travers ses propres formes d'organisation. Comme j'aime à le dire à mes amis, venez assister, venez participer au Colloque qui réunit chaque année les groupes de Sociopsychanalyse, vous y vivrez une expérience humaine, sociale et subjective, unique, vous éprouverez sur le vif combien un fonctionnement collectif et une expression individuelle, loin d'être antagonistes, peuvent venir confluer, s'épauler, se renforcer, se stimuler. La Sociopsychanalyse, non pas certes à l'échelle d'une nation, ni même d'une organisation, mais plus modestement à l'échelle réduite de son fonctionnement interne, résout la quadrature du cercle socialiste : elle lève, dans la pratique et le vécu, l'opposition entre liberté et égalité, bien plus elle les stimule l'une et l'autre, l'une par l'autre. Là se trouve sans doute l'essentiel pour l'avenir d'une autre société, pour l'anticipation d'un nouveau projet politique, au-delà de ce qui peut désigner la Sociopsychanalyse comme nouveau paradigme scientifique[19].

Mais que trouvera-t-on plus précisément dans cette troisième partie ? Comme je l'ai dit, j'ai entrepris en 1979 une lecture systématique des grandes œuvres de Gérard Mendel. Je me suis engagé dans le détail d'une œuvre riche et touffue, parfois redondante, mais toujours créatrice, toujours soucieuse d'approfondissement critique à travers la reprise inlassable des mêmes thèmes. J'ai tenté de cerner les mouvements de cette œuvre, ses déplacements, ses retours en arrière, ses avancées, parfois ses difficultés et ses contradictions. Travail qui, à ma connaissance, n'avait jamais été accompli. Travail dont les résultats, s'ils sont provisoires et toujours en appel d'approfondissement, m'ont paru dignes d'être livrés tels quels, dans leur état originel, sous forme de notes de lecture. Je les présente ici dans un deuxième chapitre intitulé : «Parcours critique à travers l'œuvre de Gérard Mendel».

Toutefois, il m'a paru important de faire précéder cette présentation détaillée de l'œuvre de Mendel, parfois quelque peu décousue — du fait même de son intention de suivre les méandres tortueux d'une œuvre complexe — d'un exposé d'ensemble, ramassé, synthétique et systématique, des perspectives, à la fois théoriques et pratiques, ouvertes par la Sociopsychanalyse. Un premier chapitre y sera consacré, autosuffisant et donc susceptible d'être lu pour lui-même, les lecteurs intéressés à poursuivre leur enquête pouvant trouver à leur gré des compléments, soit d'ensemble, soit sur tel ou tel point, dans le deuxième chapitre[20].

NOTES

[1] C'est ainsi que la formation de la famille «moderne bourgeoise», dont j'ai énoncé avec Ariès les caractéristiques générales, a pu être l'objet d'une lecture libérale, sa naissance s'inscrivant dans la perspective d'une progressive libération de l'individu par rapport aux contraintes communautaires (cfr E. Shorter, *La naissance de la famille moderne*, 1977). Dans la même ligne, Th. Szasz saluera la psychanalyse, elle-même liée au système économique capitaliste (et précisément *parce que* liée au système économique capitaliste), comme «un exemple du combat humain mené par la morale de l'individualisme et de l'autonomie personnelle» *(Ethique de la psychanalyse,* p. 27).
[2] Il est clair que pour moi les récents événements de Pologne ont été un catalyseur puissant de la critique du marxisme, dans la mesure où plus que d'autres ils m'ont touché personnellement, par le biais des liens qui m'attachent affectivement à ce pays.
[3] E. Fromm compte parmi ceux qui nous permettraient d'étayer cette thèse. Qu'il suffise de cette seule citation extraite de *La peur de la liberté* (1963): «*Le capitalisme libère l'individu.* Il le délivre de l'uniformisation du système corporatif; il lui permet de tenter sa chance par ses propres moyens. L'homme devient le maître de son destin, à ses risques et périls — mais aussi à son profit. L'effort individuel peut le conduire au succès et à l'indépendance économique. L'argent est devenu le grand égalisateur qui efface la naissance et la caste» (je souligne, p. 56).
[4] Un autre thème qui mériterait d'être pris en considération dans ce contexte serait celui de la mobilité sociale. On commet sur ce terrain une double erreur: d'une part nier ou occulter les rapports de domination de classes sous la couverture de la mobilité sociale; d'autre part, ne pas prendre la mesure de l'importance du phénomène *capitaliste* de la mobilité sociale (car c'est le capitalisme qui libère la mobilité sociale et s'en nourrit en permanence), au nom des rapports structurels de classes.
[5] D'après A. Gorz (*Adieux au prolétariat,* 1980), nous assisterions aujourd'hui au point d'aboutissement du processus. L'aspiration ouvrière fondamentale serait celle d'un développement maximal de zones de liberté, d'autonomie, en dehors d'un travail perçu comme globalement aliénant.

⁶ Les considérations émises dans ces derniers paragraphes doivent beaucoup à des échanges avec mon ami Robert Franck, dont les importants travaux sur les «significations sociales des pratiques psychologiques» ont commencé d'être publiés dans *Perspectives* (avril 1983).
⁷ Je partage à cet égard le pari de Rosanvallon (*L'âge de l'autogestion*, 1976), à savoir que le thème de l'autogestion pourrait être le tremplin d'une alternative politique globale, au-delà du libéralisme et du socialisme marxiste.
⁸ Il me paraît significatif que les tentatives d'expérimentation autogestionnaire rencontrent toujours aussi sur leur chemin des problèmes, voire des obstacles et des écueils, de nature psychologique. Problèmes ou obstacles qu'elles doivent prendre en charge et élaborer à leur niveau proprement psychologique ou interrelationnel, si elles ne veulent pas mourir de leur belle mort. C'est en tout cas ce que me semblent indiquer les recherches passionnantes du Centre d'études sociologiques (M.O. Marty, R. Sainsaulieu, P.E. Tixier, 1978), dont *Le Monde dimanche* a rendu compte (10 janvier 1982, p. IV) sous la plume de Muriel Ray.
⁹ Je veux faire allusion aux malaises croissants vécus, éprouvés jusque dans leur chair, par les individus des civilisations industrielles avancées, dont la vie individuelle a été enfermée et intensifiée dans la serre chaude de la famille et de ses investissements affectivo-sexuels. Nœuds, impasses psycho-familiales producteurs de malaises et de symptômes subjectifs, que les thérapeutes de tous poils — psychanalystes entre autres, mais aussi thérapeutes familiaux ou adeptes du mouvement du potentiel humain — parviennent parfois à réparer au coup par coup, mais qu'ils sont impuissants à transcender radicalement, n'offrant sans doute en alternative qu'un meilleur fonctionnement psycho-familial.
¹⁰ Comme on peut s'y attendre, je citerais ici Georges Lapassade, mais aussi Max Pagès. L'œuvre récente de ce dernier, en particulier *Le travail amoureux*, (1977), me paraît tout à fait exemplaire dans sa tentative, d'une part d'inauguration d'un nouveau style qui associe et intègre le témoignage existentiel et le discours théorique, bref qui enracine la pensée dans le vécu, d'autre part d'ouverture d'un espace théorético-pratique nouveau à la confluence de Marx et de Rogers, Freud et Reich.
¹¹ Je pense en particulier à des œuvres peu connues dans le monde francophone, produites en Italie dans le contexte du mouvement qu'on a appelé de «psychiatrie alternative» ou de «nouvelle psychiatrie» — celui-là même qui a abouti par son alliance avec les forces politiques et syndicales à la récente loi qui prescrit la suppression des hôpitaux psychiatriques —, telles les œuvres de Giovanni Jervis (1975, 1977), de Carlo Manuali (1980) et de Sergio Piro (1971).
¹² Je vise essentiellement Cornelius Castoriadis, dont l'apport à la réflexion politique, notamment à travers sa participation à *Socialisme et Barbarie*, est considérable, mais qui a fini aussi par rencontrer la psychanalyse. A cet égard, sa tentative pour jeter les fondements d'une théorie de la «fabrication sociale» de l'individu ou encore de la socialisation de la psyché individuelle appellerait une attention particulière (cfr en particulier le chapitre VI de *L'institution imaginaire de la société*, 1975).

[13] Il faudrait certes mentionner ici les noms de deux grands artisans du freudo-marxisme, je veux parler de Wilhem Reich et d'Erich Fromm.

[14] Dans un article publié en espagnol et jusqu'ici inédit en français («A propos de Jacques Lacan: Positions d'un psychologue critique», 1978), j'ai tenté de démystifier la vertu soi-disant révolutionnaire prêtée parfois à la psychanalyse lacanienne. Cet article est reproduit intégralement, agrémenté d'une post-face, dans la Partie «Prolongements» de ce volume.

[15] M. Legrand, *Hypothèses pour une histoire de la psychanalyse*, 1975 (cfr pp. 206-207).

[16] Je pense en particulier à l'œuvre de Lucien Sève, *Marxisme et théorie de la personnalité*, de même qu'au courant de la psychologie critique allemande animé par Klaus Holzkamp, qui cherchent tous deux à renouveler la psychologie sur une base marxiste.

[17] Plus précisément, j'analysais comme une anomalie (au sens de Kuhn) à laquelle se heurterait la psychanalyse, l'allongement démesuré de la cure psychananalytique, son échec avéré à produire un effet thérapeutique clair; et je croyais y voir un effet, une sorte de retour de ce que la psychanalyse avait exclu, refoulé dans son effort pour purifier son champ, je veux parler de la réalité sociale. D'où la nécessité postulée, pour surmonter la crise, de former un paradigme qui arrive à intégrer, à thématiser cet exclu (M. Legrand, *Hypothèses pour une histoire de la psychanalyse*, 1975, pp. 201-207).

[18] M. Legrand, *Hypothèses pour une histoire de la psychanalyse*, p. 207.

[19] Que cette tentative sociopsychanalytique appelle aussi la discussion et le questionnement critique, c'est ce que révéleront mon exposé de détail, ainsi que les conclusions finales de cette troisième partie.

[20] Ce premier chapitre reprend quasi intégralement le contenu d'un article intitulé «L'intervention sociopsychanalytique» et publié dans les *Cahiers du CFIP* (Bruxelles, avril 1981, pp. 17-34).

Chapitre I
Perspectives de la Sociopsychanalyse

Je voudrais d'abord fournir quelques points de repère liminaires qui devraient permettre d'identifier la Sociopsychanalyse (SP)[1].

Comme on le sait sans doute, la SP est née des travaux du psychanalyste français Gérard Mendel. En 1968, Mendel inaugure, avec *La révolte contre le père*, la publication d'une œuvre théorique qui allait désormais s'enrichir au fil des années jusqu'à totaliser aujourd'hui une dizaine d'ouvrages[2]. En 1971, Mendel s'associe avec quelques amis pour fonder à Paris un groupe qui s'appellera bientôt groupe «Desgenettes». Le premier groupe de SP était né et il devait être à l'origine d'un travail collectif considérable. Les résultats de ce travail ont été publiés à partir de 1972 dans la série «*Sociopsychanalyse*» de la Petite Bibliothèque Payot, dont huit numéros ont vu le jour à l'heure qu'il est[3]. Par la suite, d'autres groupes de SP devaient se former en France et hors de France. Il en existe aujourd'hui une dizaine, dont l'un en Belgique, à Namur. La SP aurait dû devenir ainsi progressivement l'œuvre collective des groupes SP, et non plus seulement le produit du travail du seul Gérard Mendel ou du seul groupe Desgenettes. S'il n'en a pas été de la sorte, c'est que, hors du groupe Desgenettes, aucun groupe SP n'est vraiment arrivé jusqu'ici à se stabiliser, à durer, et dès lors à faire œuvre réellement innovatrice. Si l'on peut espérer que l'avenir démentira le présent, il faut bien toutefois se rendre à l'évidence du moment: la théorie SP tout autant que sa méthodologie d'intervention sont dus pour l'essentiel à Gérard Mendel et au groupe Desgenettes. Ce sont donc les apports de ces derniers qui nourriront l'exposé qui suit.

A. Quelques perspectives théoriques de la Sociopsychanalyse

La SP s'efforce de jeter un pont entre phénomènes sociaux et phénomènes psychologiques. Au plan social, elle élit l'Institution comme son objet privilégié, et elle choisit de l'analyser en termes de pouvoir. Au plan psychologique, elle réassume certains apports de la psychanalyse, tout en en situant les limites. Enfin, au plan proprement socio-psychologique ou socio-psychanalytique, elle tente une articulation entre les mécanismes sociaux et institutionnels de pouvoir et les structures psychiques qui caractérisent les personnalités individuelles. Mais reprenons schématiquement ces trois points.

1. *Institution et pouvoir*

En première approximation, on pourrait définir l'Institution comme tout ensemble d'individus attelés à une tâche commune. On vise aussi sous ce terme ce que l'on appelle plus couramment des établissements ou des organisations: une école, une usine, un hôpital...

L'analyse SP de l'Institution s'organise autour de trois thèmes principaux: l'actepouvoir institutionnel, la division du travail et les classes institutionnelles, l'extorsion d'une plus-value de pouvoir.

L'actepouvoir institutionnel. Qu'est-ce que le pouvoir, sinon d'abord le pouvoir de faire, la capacité d'être à la source d'actes qui transforment la réalité extérieure ? Inversement, tout acte est pouvoir en tant qu'il transforme l'environnement : il est actepouvoir. L'Institution produit ainsi un acte global — par exemple, organiser des stages, fabriquer des voitures, soigner des malades... — qui est lui-même actepouvoir.

La division du travail et les classes institutionnelles. L'Institution fonctionne selon un régime de division du travail : l'actepouvoir global d'une institution est divisé en actes partiels dont seule l'interaction ou l'intégration produit l'acte global. En d'autres termes, le collectif institutionnel se décompose en groupes responsables des divers actes partiels ou spécifiques accomplis au sein de l'Institution. On appelle ces groupes des groupes homogènes ou plus fréquemment des classes institutionnelles. Il pourra s'agir, par exemple, au sein d'une école, de la direction, des professeurs et des élèves.

La plus-value de pouvoir. Si le pouvoir est d'abord pouvoir *de* l'acte — actepouvoir —, il est aussi pouvoir *sur* l'acte, capacité non seulement de le poser, mais aussi de le maîtriser ou de le contrôler. Or les deux sont souvent loin d'aller de pair. Ainsi, si les travailleurs d'une chaîne de montage participent de manière essentielle à l'actepouvoir institutionnel et par là exercent donc le pouvoir qui est attaché à leur acte spécifique (pouvoir *de* l'acte), ils sont par ailleurs spoliés de tout pouvoir *sur* leur acte : ils n'ont aucune prise sur la conception, l'organisation, la mise en œuvre de leur acte. De manière générale, dans l'Institution, une ou plusieurs classes institutionnelles sont dépossédées de la maîtrise de leur acte spécifique par une ou plusieurs autres classes institutionnelles qui captent ou extorquent ainsi ce que l'on appelle une plus-value de pouvoir[4].

2. *Le psychisme individuel : apports et limites de la psychanalyse*

La SP tout à la fois reprend certains apports de la psychanalyse, en situe les limites et tente de les dépasser.

Apports de la psychanalyse

La psychanalyse nous offre tout d'abord un cadre de référence général qui nous aide à penser le psychisme individuel. La SP adhère à une vision dynamique du psychisme humain articulée autour des grands concepts théoriques de la psychanalyse, qu'il s'agisse des concepts topiques (l'inconscient, le moi...), énergétiques (la pulsion...) ou dynamiques (les divers mécanismes d'élaboration de l'inconscient, le refoulement, la projection...).

De plus, la psychanalyse nous donne des connaissances fondamentales quant à la genèse d'une personnalité individuelle qui se structure précocement en deux étapes fondamentales. Dans une première phase, le bébé, immature, sans prise active sur son environnement, fonctionne selon un régime archaïque d'effusion du Moi, appelé régime du Moi-Tout et dominé par le seul fantasme. Dans une seconde phase, à mesure que se développe un processus de maturation neuromotrice, s'installe un régime de fonctionnement articulé autour de l'acte : le Moi-acte se constitue, émerge du monde du fantasme, prend conscience de lui-même comme source de pouvoir et de la réalité comme lieu de résistance et de transformation.

Limites de la psychanalyse

Tout irremplaçable qu'elle soit, la psychanalyse doit être enclose dans ses limites. Limites qu'elle a malheureusement tendance à transgresser, en quoi elle exerce une fonction idéologique[5]. Ces limites, elle les transgresse d'abord lorsqu'elle prétend expliquer les phénomènes sociaux et historiques, oubliant que son champ est exclusivement celui du psychisme individuel. Mais elle les transgresse aussi, de manière moins évidente mais tout aussi cruciale, lorsqu'elle prétend expliquer le tout de la personnalité humaine individuelle. Or la psychanalyse n'a élucidé que la personnalité infantile. N'y aurait-il donc pas une spécificité de l'âge adulte au niveau psychique ?

Dépassement de la psychanalyse

Les structures du Moi-Tout archaïque, les structures du Moi-acte, les seules que la psychanalyse ait mises en évidence et qui se mettent en place au cours de l'enfance, n'épuisent pas les structures du fonctionnement psychique humain. Il faut ouvrir à l'étude les structures du Moi du politique, ce qui dans la personnalité se produit d'original et de spécifique au contact de la réalité sociale et institutionnelle et de ses contradictions.

Champ neuf, à peine défriché, pour l'approche duquel Mendel nous propose de premiers concepts provisoires, nécessairement fragiles : porté par une pulsion d'exigence de pouvoir de classe, organisé par le schème de l'égalité dans le conflit, lieu d'un plaisir spécifique, le Moi du politique « se développe en relation avec la perception-conscience de la réalité institutionnelle, du rôle de l'Acte professionnel individuel, de l'existence d'une classe de travailleurs semblables à soi, de l'appartenance à cette classe quant à la problématique du pouvoir institutionnel» (*Sociopsychanalyse 2*, pp. 14-15).

3. *L'articulation sociopsychanalytique*

Il faut éviter toute espèce de réductionnisme simplificateur. Le fait social a son autonomie, il est irréductible à toute logique psychologique, en particulier dans ce que le marxisme nous en a révélé. Mais de même le fait psychologique a sa spécificité. Il y aurait comme un noyau anthropogène spécifique (N.A.S.) qui obéirait au régime de l'inévitable[6]: on veut dire en particulier que les êtres humains, à quelque époque historique ou à quelque société qu'ils appartiennent, connaissent toujours, inévitablement, un développement en deux temps. Ainsi, rien, aucune transformation sociale, ne pourra jamais faire qu'un être humain ne vive pas précocement selon le régime du Moi-Tout archaïque.

Toutefois, les structures psychiques sont aussi, pour une part importante, modulées socio-historiquement. Là s'ouvre une voie pour l'articulation sociopsychanalytique. Comme Reich l'avait déjà indiqué, toute société, à un moment historique donné, façonne les psychismes individuels de manière à permettre sa propre reproduction. C'est ainsi que Mendel met en évidence, tout au long de son œuvre, un schème psychique qui aurait joué un rôle historique considérable: le schème paternel autoritaire. Un schème qui trouverait ses fondements psycho-affectifs «inévitables» dans la crainte éprouvée par l'enfant de perdre l'amour des adultes qui le prennent en charge, elle-même noyau fondateur de la culpabilité[7]. Mais un schème qui serait aussi, au-delà même de son inévitable infantile, manipulé, exploité, pérennisé, cristallisé dans les personnalités individuelles, de manière à recouvrir et légitimer des rapports inégalitaires de pouvoir: l'individu conditionné dès son plus jeune âge à l'autorité est tout prêt à s'inscrire à l'âge adulte dans les rapports de domination qui structurent la vie sociale[8]. Un schème, enfin, qui serait entré, dans la période historique récente, dans une phase de crise et de déstructuration[9]: c'est dans cette faille des schèmes autoritaires paternels que devient concevable aujourd'hui une reconquête du pouvoir social par les groupes qui en sont dépossédés.

Mais effectuons un dernier retour sur l'Institution. Celle-ci constitue en effet un micro-milieu à l'intérieur duquel les mécanismes d'articulation sociopsychanalytique fonctionnent de manière plus perceptible. D'une part, comme nous le savons, l'Institution est structurée par des rapports de pouvoir objectifs, irréductibles à toute logique psychologique. Mais d'autre part, les individus qui la composent ont été conditionnés à l'autorité, façonnés par des schèmes autoritaires infantiles, dits aussi psycho-familiaux. Des schèmes que les classes institutionnelles dominantes vont mobiliser pour voiler et perpétuer leur pouvoir. Un peu comme si elles faisaient passer le message : non, nous ne sommes pas des travailleurs adultes engagés dans des actes-pouvoirs et des rapports de domination; nous ne sommes qu'une grande famille dont notre patron est le père. La prégnance, pour l'essentiel inconsciente, de ces schèmes autoritaires s'observe par exemple dans la culpabilité qui s'empare invariablement des membres d'une classe institutionnelle lorsqu'ils effectuent collectivement un mouvement de reconquête de leur pouvoir aliéné, cette tentative étant vécue psychiquement comme une agression contre le père. C'est ce processus d'exacerbation des schèmes autoritaires, là où une accession au politique (à la conscience du pouvoir institutionnel) aurait été possible, que la SP désigne lorsqu'elle parle d'une régression du politique au psycho-familial[10].

B. Les groupes SP

La pratique SP — pour l'essentiel, l'intervention SP — est une pratique collective : le groupe SP en est le support fondamental. C'est pourquoi il importe de dire un mot des groupes SP, de leur organisation et de leur mode de fonctionnement.

1. L'intergroupes SP

On appelle « intergroupes SP » la structure qui rassemble les divers groupes SP. Sa caractéristique principale — assez singulière, il faut le dire — est d'être non hiérarchique. Chaque groupe qui participe à l'intergroupes SP, est entièrement autonome et maître de lui-même: il détermine comme il l'entend ses objectifs, ses critères de recrutement, ses modalités de fonctionnement... et n'a aucun compte à rendre auprès d'une direction qui aurait pour charge d'accréditer des candidatures ou de vérifier l'orthodoxie d'une pratique. Pour reprendre une formule qui a fait florès dans certains cercles psychanalytiques, mais qui trouve ici sa juste application: «le groupe SP ne s'autorise que de lui-même».

Deux éléments fondamentaux définissent les modalités d'échange entre les groupes SP: le Bulletin et le Colloque. Il s'agit là, si l'on veut, de deux contraintes (non hiérarchiques) auxquelles doit se soumettre un groupe s'il tient à se revendiquer de la SP, mais, insistons-y, de deux contraintes qui ne sont pas imposées par la volonté autoritaire d'une quelconque direction et qui sont donc susceptibles à tout moment d'être remises en question par n'importe quel groupe et éventuellement modifiées.

Tous les mois et demi environ, chaque groupe est invité à rédiger un texte et à l'adresser au groupe qui a pris, pour l'année en cours, la responsabilité du Bulletin. Ce dernier groupe reçoit ainsi, à la date fixée, les contributions des divers groupes, les rassemble au fur et à mesure de leur arrivée, les agrafe et les renvoie à chacun des groupes.

Tous les ans, les groupes SP se réunissent en Colloque. Celui-ci se déroule selon des règles précises (mais à nouveau, toujours révisables), qui ont pour signification d'assurer, d'une part la prééminence du collectif sur l'individuel (ce sont les groupes qui s'expriment, prennent la parole, et non les individus), d'autre part une stricte égalité entre les groupes (aucun groupe n'exerce un pouvoir privilégié sur le Colloque). Une demi-journée type se présente comme suit: un groupe s'exprime pendant trois quarts d'heure environ devant l'ensemble des autres groupes réunis; les divers groupes se réunissent ensuite séparément, en intragroupe, pendant une demi-heure à une heure; puis l'intergroupes se recompose à nouveau, chaque groupe disposant d'une plage de temps égale, une dizaine de minutes environ, pour exposer ses positions collectives: un modérateur désigné par le Colloque a charge de distribuer la parole et de faire respecter les temps de parole; enfin, le groupe qui a pris la responsabilité de la communication initiale bénéficie d'un temps de réponse.

On le voit, l'intergroupes SP s'efforce de fonctionner sur un mode qu'on pourrait qualifier d'«autogestionnaire». La volonté est bien d'incarner en son sein ce pour quoi il lutte, l'objectif qu'il poursuit au plan d'une transformation socio-politique générale. Est-ce dire que les pratiques effectives correspondent aux principes proclamés? En première instance, je dirais: pour l'essentiel, oui. Certes, ce serait mystificateur que d'affirmer que des phénomènes «autoritaires» sont totalement absents des interactions entre les groupes SP. Ainsi, des mouvements de cet ordre sont toujours observables à l'occasion des Colloques, venant se cristalliser autour du groupe Desgenettes. Toutefois, les règles de fonctionnement formelles, scrupuleusement respectées, permettent toujours de désamorcer et de limiter le développement de ces phénomènes d'autorité[11].

2. L'intragroupe SP

L'essentiel de l'activité SP se déroule à l'intérieur du groupe SP. Qui fait partie d'un groupe SP? Comment fonctionne le groupe SP? Que fait le groupe SP?

Qui fait partie d'un groupe SP? On pourrait répondre — mais ce serait assurément en partie illusoire: n'importe qui. Néanmoins, si je dis: «n'importe qui», c'est de nouveau pour marquer un contraste avec la pratique courante des Associations professionnelles de psychologues ou de psychosociologues. Aucune formation technique préalable n'est exigée. Concrètement parlant, il n'existe pas de curriculum de formation sociopsychanalytique. Nous pensons que toute personne adulte quelle qu'elle soit a une compétence de base toujours déjà donnée de par sa participation à la vie sociale et institutionnelle. Cela dit, il serait illusoire de penser que n'importe qui fait partie des groupes SP. Tout d'abord, chaque groupe définit ses propres critères de recrutement et, dans la pratique, il arrive que des candidatures soient refusées. Ensuite — j'évoque ici un horizon sociologique plus général —, il est vrai que jusqu'à présent les membres des groupes SP se sont recrutés dans un milieu social déterminé, et plus encore dans certaines professions déterminées : la plupart des membres des groupes SP appartiennent aux professions de la santé, de l'éducation et du travail social (psychiatres, psychologues, sociologues, enseignants, éducateurs, étudiants universitaires, travailleurs sociaux...).

Comment fonctionne le groupe SP ? Comme on le soupçonne, il n'existe pas de sociopsychanalystes professionnels. Les membres des groupes SP gagnent leur vie par ailleurs : leur activité est bénévole et non lucrative [12]. Ils se réunissent donc après journée, le soir ou le week-end, environ une fois tous les quinze jours.

Comme l'intergroupes, le groupe SP s'efforce de fonctionner sans structure hiérarchique [13]. Il n'existe pas de leader institutionnel. Chaque membre a un pouvoir égal sur les orientations du groupe, sur les décisions qui engagent celui-ci. Il s'agit là d'une composante qui est partie essentielle de la culture du groupe, de son univers de valeurs, et qui vaut comme règle, avec ce que cela suppose de contrainte. Je veux dire que l'engagement de chaque individualité dans le travail collectif correspond à une exigence par rapport à laquelle tout écart sera mal vécu : l'absence régulière d'un membre, un retrait du travail collectif, des silences répétés viendront poser problème. De même, le groupe sera particulièrement sensible à toute tentative de prise de pouvoir individuelle [14]. Ce qui ne veut pas dire que les personnalités individuelles soient brimées, écrasées, étouffées. Tout au contraire : si elles doivent se soumettre à certaines règles, elles trouvent aussi, à l'intérieur de l'espace défini par ces règles non hiérarchiques, de quoi se libérer et s'épanouir dans leur individualité même.

Enfin, que fait le groupe SP ? Le groupe SP se donne comme tâche fondamentale de pratiquer l'intervention SP, qui est en quelque sorte son acte spécifique.

C. L'intervention sociopsychanalytique

Au terme d'un certain nombre de tâtonnements, d'essais et d'erreurs, dont les premiers numéros de «*Sociopsychanalyse*» rendent compte, le groupe Desgenettes a mis au point une méthodologie d'intervention qu'on appelle classiquement l'intervention-type, de la même manière qu'on parle en psychanalyse de cure-type. Ce sont les composantes principales de cette intervention-type que je voudrais d'abord présenter, avant de prendre, dans un second temps, une distance critique. Je précise donc bien que lorsque je parle ci-dessous d'intervention SP, il faut entendre «intervention-type».

1. *L'intervention-type*

L'intervention SP trouve son point de départ dans une demande adressée par une classe institutionnelle — c'est-à-dire, rappelons-le, par un groupe homogène de travailleurs d'une institution — à un groupe SP. Cette demande est analysée par le groupe. Des contacts préliminaires sont pris, des échanges ou des négociations se développent. Eventuellement, un membre du groupe est délégué pour prendre un contact direct avec la classe. Au cours de cette phase, une attention particulière est portée à l'organigramme de l'institution.

Les négociations entreprises peuvent ainsi déboucher sur un contrat d'intervention. Ce contrat doit être aussi précis que possible. Il porte sur un certain nombre de points, parmi lesquels: le nombre et la durée des séances, les modalités de la rétribution du groupe par la classe, la possibilité pour le groupe d'enregistrer les séances au magnétophone, de même que la possibilité pour le groupe d'utiliser le matériel recueilli à des fins de publication scientifique, tout en préservant un strict anonymat. En ce qui concerne la rétribution, les règles sont les suivantes: le groupe demande, par principe, une rétribution lorsque les personnes qui composent la classe sont elles-mêmes rémunérées pour le travail institutionnel qui sera en question dans l'intervention. Dans ce cas, la rétribution tourne généralement autour de 800 à 1.000 F belges par heure (somme payée par la classe et donc répartie entre les diverses personnes qui la composent). De toute manière, le groupe tient compte, au cours des négociations, des possibilités financières de la classe : l'argent ne peut être un obstacle à l'intervention (rappelons encore que la pratique SP n'est pas lucrative : les sommes versées au groupe lui servent simplement à couvrir ses frais). Par ailleurs, la classe peut prélever la somme sur un budget de formation qui lui serait alloué et dont elle-même dispose librement. Autre situation : le travail qui est en question dans l'intervention n'est pas un travail rémunéré (par exemple, le groupe qui demande l'intervention est un groupe de militants d'un parti ou d'un syndicat). Dans ce dernier cas, aucune rétribution n'est demandée par le groupe.

Les modalités du contrat étant ainsi précisées, l'intervention peut alors se dérouler. De manière générale, l'intervention se développe en 10 à 15 séances d'environ deux heures réparties sur plusieurs mois. A chaque séance, un membre du groupe — et un seul — se déplace et rencontre la classe. Toutefois, plusieurs membres du groupe — quatre environ — vont se succéder à tour de rôle auprès de la classe au fil des séances : on parle d'intervenants successifs pour désigner ce phénomène. Pourquoi ce principe ? Parce qu'il s'agit d'instituer une relation entre la classe et le groupe. L'intervention SP confronte deux collectifs, elle se déroule entre la classe et le groupe, et la succession des intervenants vient en quelque sorte attester la présence du groupe auprès de la classe (même si le groupe en son entier ne sera jamais confronté à la classe). C'est aussi l'une des raisons pour lesquelles chaque séance est l'objet d'un enregistrement intégral : par le biais de cet enregistrement, le groupe pourra prendre connaissance du matériel. Ainsi, entre deux séances de l'intervention, le groupe se réunit, écoute l'enregistrement de la séance qui vient d'avoir lieu, procède collectivement à l'analyse de celle-ci et prépare la séance qui va avoir lieu (de cette manière, l'intervenant suivant est muni de toutes les informations qui lui permettront de prendre en charge la prochaine séance). Et bien entendu, la classe sait cela : l'enregistreur qui accompagne l'intervenant vient donc aussi représenter le groupe auprès de la classe.

Bien sûr, on peut s'interroger sur la signification de la relation qui s'institue ainsi entre la classe et le groupe. Aux dires de

Mendel, il y avait là comme un postulat de départ : « l'analyse d'un groupe ne pouvait être faite qu'au sein d'un autre groupe » (*Sociopsychanalyse 4*, p. 20). Mais encore fallait-il que ce postulat révèle dans la pratique toutes ses implications. A cet égard, on observe de la part du groupe Desgenettes, à mesure que sa pratique s'enrichit, une thématisation progressive des processus qui se développent entre la classe et le groupe [15]. Entre la classe et le groupe, se développeraient des phénomènes dits de projection-contraprojection. D'une part, la classe fantasme le groupe, elle le fantasme notamment comme un collectif qui fonctionnerait sur le mode du politique [16], ce qui n'est rien d'autre qu'une manière pour elle de déplacer sur le groupe, et donc de travestir, son propre désir d'un fonctionnement sur le mode du politique (position projective de la classe sur le groupe). D'autre part et inversement, au fil de l'intervention, la classe suscite elle aussi des fantasmes, des résonances, des mouvements au sein du groupe (position contraprojective du groupe sur la classe). Or ces résonances de l'intervention au sein du groupe seraient une des voies d'accès privilégiées à la compréhension de ce qui se passe dans la classe : « Notre principal outil de connaissance de ce qui se passe durant l'intervention, c'est l'étude de ce qui se passe parallèlement dans notre propre groupe » (G. Mendel, *Propos sur l'intervention sociopsychanalytique*, mai 1979). Notons que parmi les mouvements caractéristiques qui peuvent se produire au sein du groupe au cours d'une intervention, il en est un qui a été l'objet d'une attention particulière : je veux parler des phénomènes de clivage intragroupe. Il arrive de temps à autre que le groupe se clive : le groupe se divise en deux blocs autour de positions diamétralement opposées. En général, ce phénomène serait révélateur de processus qui se déroulent dans la classe : son analyse permettrait donc de progresser dans la voie d'une élucidation des mouvements qui affectent la classe [17].

Mais essayons de considérer plus précisément ce qui se passe durant l'intervention. Comme je l'ai dit, les membres d'une classe institutionnelle se réunissent régulièrement entre eux en présence d'un intervenant qui représente le groupe SP. Que font les membres de la classe ? Que fait l'intervenant ? Et au bout du compte, quel est l'effet espéré et/ou obtenu par l'intermédiaire de pareil dispositif ?

Les membres de la classe parlent. De quoi parlent-ils ? Ils parlent des problèmes qu'ils ont en commun en tant que membres d'une classe institutionnelle travaillant dans une institution en interaction avec d'autres classes institutionnelles. La SP croit fermement à la vertu intrinsèque d'un pareil dispositif, qu'il se mette en place spontanément, en dehors de toute intervention SP, ou qu'il s'institue par le truchement de l'intervention : permettre aux membres d'une classe institutionnelle de se réunir seuls, en l'absence d'autres classes institutionnelles, active ou stimule inévitablement le niveau de ce que la SP appelle le politique institutionnel[18]. En d'autres termes, dans les conditions instituées par le dispositif SP, les membres de la classe vont inévitablement se confronter à des questions qui concernent leur actepouvoir, telles : Que faisons-nous ensemble dans cette institution ? De quel pouvoir ou de quelle maîtrise sur notre acte disposons-nous ? Quelles sont les possibilités qui nous sont offertes pour recouvrer ou récupérer cette maîtrise si elle nous est, fût-ce partiellement, ôtée ?

On pourrait donc dire que le ressort fondamental de l'intervention se trouve dans le dispositif lui-même, dont le groupe, représenté par l'intervenant, serait simplement le garant. En quelque sorte, l'intervenant aurait à être là sous la forme d'une présence-absence : présent comme catalyseur d'un dispositif, mais en même temps absent, laissant opérer le dispositif lui-même, seule source d'efficace. Il reste toutefois qu'il arrivera aussi à l'intervenant de prendre la parole. Essentiellement pour interpréter. Pour interpréter quoi ? Jamais des phénomènes individuels qui concerneraient la psychologie particulière de l'un ou l'autre des membres de la classe, mais toujours des mouvements collectifs qui concernent la classe dans son ensemble. Et cela au départ des obstacles que rencontre la classe. Car si le dispositif a une vertu d'activation politique, il serait faux de penser qu'il va miraculeusement et d'emblée permettre à la classe d'accéder à la claire conscience du politique institutionnel. Tout aussi inévitablement, des obstacles, des freins, des blocages se manifesteront. Et c'est peut-être à propos de ces obstacles ou de ces blocages — dont le groupe, rappelons-le, vit la résonance en son propre sein — que le groupe peut le plus adéquatement informer la classe à la lumière de l'expérience qu'il a accumulée. Parmi les blocages auxquels le groupe sera particulièrement sensible du fait même de son cadre de référence théorique, figurent sans contexte ceux qui peuvent résulter de l'interférence des schèmes autoritaires psycho-familiaux — en quoi la psychanalyse demeure un outil fondamental de compréhension. C'est ainsi que l'intervenant pointera, sous forme d'interprétation, l'émergence de la culpabilité qui apparaît lorsque la classe engage un mouvement pour recouvrer du pouvoir sur son acte.

Enfin, dernière question: quel est le but de l'intervention? Ou encore: quel est l'effet que l'on peut en attendre? Même si l'on ne peut pas exclure des effets individuels de maturation de la personnalité (ou du «Moi du politique»), le but visé est essentiellement celui d'une prise de conscience par la classe de son pouvoir de classe là où il s'exerce: dans l'institution. Dans cette mesure, on peut espérer aussi que la classe, dépassant certains conditionnements autoritaires, plus consciente de la solidarité qui lie ses membres, s'organise sur un mode plus collectif et engage une démarche en vue d'une reconquête de son pouvoir. L'autogestion, à savoir un fonctionnement institutionnel fondé sur un partage égalitaire du pouvoir entre les collectifs producteurs, est bien l'horizon politique sur le fond duquel se détache l'intervention SP. Dans son entreprise scientifique même, théorique et pratique, la SP n'est pas neutre, mais solidaire d'une option socio-politique.

2. *Problèmes et limites de l'intervention-type*

Avant de terminer, il m'importe d'émettre quelques remarques qui portent moins sur la théorie SP — dont la richesse et l'originalité ne font pour moi aucun doute, même si elle appelle des approfondissements et des enrichissements [19] — que sur la pratique et l'intervention SP.

Comme nous venons de le voir, la pratique SP s'est structurée autour d'une intervention-type, qui constitue aujourd'hui une sorte de guide normatif de l'action SP, et cela suite aux travaux du seul groupe Desgenettes. La question qui se trouve posée aujourd'hui au sein des groupes SP, est celle de l'exemplarité de cette intervention-type. L'intervention-type est-elle bien la plus congéniale, voire même la seule congéniale, au projet SP?

Bien sûr, il est difficile de répondre a priori à la question : la réponse ne pourra être apportée que par la pratique des groupes SP qui chercheront à inventer de nouvelles formes d'action, différentes de ce qu'a été jusqu'à aujourd'hui la pratique SP. Toutefois, il me paraît possible dès à présent de soulever quelques problèmes, nourris par les interrogations, mais aussi par les ébauches de pratiques, qui émergent ici ou là au sein des groupes SP.

Une première remarque, c'est que la méthode-type impose des conditions relativement restrictives qui limitent souvent les possibilités d'intervention. On comprend dès lors, dans la mesure où l'acte d'intervention est crucial pour l'existence même du groupe SP (la tradition SP veut qu'un groupe n'existe et ne se constitue que dans l'acte d'intervention), que certains groupes acceptent de mener des interventions qui s'écartent des prescriptions de la méthode-type. Au demeurant, le groupe Desgenettes lui-même a assoupli certaines modalités de l'intervention-type. C'est ainsi qu'il pratique parfois une intervention dite de « week-ends successifs », lorsque des impératifs géographiques empêchent un déplacement régulier auprès de la classe : dans ce cas, les séances sont condensées au cours de deux à trois week-ends étalés sur plusieurs mois. Mais il ne s'agit là encore, il faut le dire, que d'une variante timide de la méthode-type. Allons plus loin. Une des conditions les plus restrictives de la méthode-type impose de ne travailler qu'avec une seule classe institutionnelle, elle-même homogène — pure, oserait-on dire. Jusqu'à quel point cette condition est-elle absolument impérative ? Récemment, le groupe Desgenettes a tenté une intervention sur plusieurs classes de la même institution, sans toutefois oser les rassembler : divers membres du groupe travaillaient séparément avec les diverses classes. Dans la même direction, mais franchissant un pas supplémentaire, le groupe de Namur a instauré une situation qui amenait les diverses classes d'une institution de formation à se confronter entre elles. De son côté, dans une perspective quelque peu différente — qui concerne davantage le critère d'homogénéité de la classe —, le groupe de Pau a mené une intervention avec une équipe multidisciplinaire. Autant d'expressions encore inchoatives d'un mouvement de recherche innovatrice.

Mais je voudrais radicaliser quelque peu mon propos, pour marquer davantage et plus franchement les limites de la méthode-type. Je défends la thèse selon laquelle la méthode d'intervention SP a été calquée sur les principes de la cure psychanalytique. L'héritage psychanalytique de la SP, lié notamment à l'appartenance psychanalytique de Gérard Mendel, serait ainsi bien plus profond (et bien plus lourd) qu'il n'y paraît. Certes, à bien des égards, l'intervention SP est très différente d'une cure psychanalytique: «Les différences avec la méthode psychanalytique sont nettes: rapport de collectif à collectif (du collectif demandeur avec le groupe SP et avec les autres collectifs de l'Institution); collectif demandeur inséré socialement; matériel demandé concernant le travail et l'Institution; présence de la logique institutionnelle et sociale, etc...»[20]. Mais serait-ce dire, comme aime à le répéter G. Mendel, que l'intervention SP n'a aucun point commun avec la cure psychanalytique? Nullement. Il est assez évident à mon sens que les règles de la méthode analytique ont été transposées de la relation analyste-analysant à la relation groupe SP-classe institutionnelle[21]. Soulignons l'un ou l'autre aspect de cette transposition. Comme je l'ai déjà dit, la classe est invitée à parler: transposition de la règle analytique fondamentale de l'association libre d'un matériel fantasmatique individuel à un matériel collectif institutionnel. La parole est ainsi privilégiée au détriment de l'agir. Quant au groupe et à l'intervenant SP, il assume une position de neutralité: extérieur à l'institution, non impliqué en elle, il ne prend pas parti; pas plus que le psychanalyste ne propose une norme de fonctionnement psychique, il ne propose un modèle de fonctionnement institutionnel. Par là, il pourra devenir le support des fantasmes de la classe: rappelons comment, petit à petit, des processus de projection et contraprojection, analogues aux processus de transfert et contre-transfert de la cure analytique, ont été reconnus comme des ressorts dynamiques fondamentaux de l'intervention SP.

Or prendre conscience de cette homologie trop occultée entre le fonctionnement de la cure psychanalytique et le fonctionnement de l'intervention SP, c'est prendre conscience de certaines limites peut-être dépassables de l'actuelle pratique SP. Effectuant récemment, dans un autre contexte, une enquête à propos des pratiques de groupes qui se développent ici ou là dans les Centres PMS[22], j'ai été personnellement frappé de ce que l'une de ces pratiques s'inscrivait de manière claire dans les perspectives de la SP: il s'agissait d'un travail avec un groupe d'élèves d'une école technique et professionnelle (donc avec un groupe institutionnel homogène), en vue d'un renforcement de leur conscience de classe et de leur pouvoir au sein de l'école[23]. Selon moi, il s'agit là d'une pratique congéniale à la SP (même si elle ne se définit pas nominalement comme pratique SP), aussi congéniale à la SP que la méthode-type, bien qu'elle s'en distingue sur deux points:

1. Cette pratique ne s'épuisait pas dans la discussion verbale, mais était orientée vers l'action concrète (par exemple, comment faire aboutir une revendication touchant la propreté des installations sanitaires?)[24].
2. Le psychologue qui développait cette pratique n'adoptait pas une position de neutralité, mais prenait parti, s'engageait du côté des élèves.

Ces dernières remarques m'incitent à élargir encore davantage le débat. La SP, suivant à nouveau en cela la psychanalyse, a eu tendance à se constituer dans les formes d'un savoir technoscientifique. Qu'on le veuille ou non — et malgré ses particularités remarquables, que j'ai soulignées —, le groupe SP est aussi un groupe d'experts, dépositaires d'un savoir et d'une technologie visant l'appropriation et la cumulation des connaissances[25]. Car l'un des aspects les plus frappants de l'intervention SP est bien précisément celui-là: par plusieurs des dispositions qui la règlent (en particulier, l'enregistrement intégral des séances, donnant lieu à une réécoute et à une analyse au sein du groupe SP), elle est associée à un objectif d'appropriation des connaissances par le groupe SP[26], davantage qu'à un objectif pragmatique de transformation institutionnelle[27]. Mais ne débouchons-nous pas ainsi sur une alternative? La pratique SP doit-elle à tout prix vouloir se modeler d'après une technologie exemplaire et scientifiquement légitime, qu'il s'agisse de la méthode-type ou de toute autre méthode? Ne devrait-elle pas être libérée de tout carcan technique trop précis, pour adapter son action, de manière souple et en vue d'objectifs concrets de changement social et institutionnel, à une multiplicité de contextes et de situations [28] ?

NOTES

[1] Ainsi qu'il est d'usage, j'utiliserai désormais l'abréviation «SP» en lieu et place de «Sociopsychanalyse» ou «sociopsychanalytique».
[2] Je renvoie sur ce point à la bibliographie complète de Gérard Mendel, qui figure en note 1 du deuxième chapitre (pp. 222-223).
[3] Les deux derniers numéros, *La misère politique actuelle* (1978) et *Pratiques d'un pouvoir plus collectif aujourd'hui* (1980), constituent autant d'introductions particulièrement didactiques à la SP.
[4] Les principaux concepts de l'approche SP de l'Institution ont été développés par Gérard Mendel dans Théorie de la plus-value de pouvoir et pratique de sa désoccultation, dans *Sociopsychanalyse 2*, 1972, pp. 11-127. Il faut signaler en outre que G. Mendel s'est toujours aussi efforcé de resituer l'Institution et les phénomènes de pouvoir qui la structurent à l'intérieur du contexte de la société globale. C'est en ce point qu'il a rencontré le marxisme et s'est expliqué avec lui. Son œuvre la plus avancée sur ce terrain est sans contexte *Pour une autre société* (1975).
[5] Dans Psychanalyse et Sociopsychanalyse (*Sociopsychanalyse 3*, 1973, pp. 13-62), un texte moins connu mais tout aussi pénétrant que *Le Psychanalysme* de Robert Castel (1973) et *l'Anti-Œdipe* de Deleuze et Guattari (1972), Mendel a remarquablement débusqué cette fonction idéologique de la psychanalyse.
[6] C'est dans *La crise de générations* (1969) que Mendel forge le concept de noyau anthropogène spécifique.
[7] L'analyse du phénomène Autorité et de ses racines psycho-affectives est développée dans *Pour décoloniser l'enfant* (1971).
[8] Le recouvrement et la légitimation des structures de pouvoir par les schèmes autoritaires sont analysés dans *Le Manifeste éducatif* (1973).
[9] Ce thème est particulièrement développé dans *La crise de générations*.
[10] Cfr G. Mendel, La régression du politique au psycho-familial, dans *Sociopsychanalyse 1*, 1972, pp. 11-63.
[11] La question demeure néanmoins ouverte de savoir si le groupe Desgenettes n'exerce pas une autorité sur l'intergroupes SP. Non pas que le groupe Desgenettes adopte des attitudes autoritaires de contrôle des autres groupes, mais que ces derniers ressentent ou vivent le groupe Desgenettes comme une autorité, comme un modèle sur lequel ils devraient calquer leurs pratiques. Ce qui

ne peut manquer d'engendrer parfois des mouvements d'agressivité vis-à-vis du groupe Desgenettes.

[12] La plupart des groupes fonctionnent en ASBL (selon la terminologie belge : Association sans but lucratif). Le nombre de membres varie généralement entre 3 et 10 personnes.

[13] Pour plus de détails sur le fonctionnement concret d'un groupe SP, cfr *Sociopsychanalyse 8*, 1980, pp. 162 et sv.

[14] Comme on le voit, rien n'est plus réglé et normé que le fonctionnement SP. Ce qui correspond à une conviction implicite de la SP : l'alternative aux structures institutionnelles hiérarchiques n'est pas dans le spontanéisme libertaire, toujours propice à l'instauration de nouvelles formes d'autorité, plus séductrices et manipulatoires que visiblement coercitives.

[15] L'article de G. Mendel «Qui est l'intervenant?» *(Sociopsychanalyse 4*, 1974, pp. 11-66) est crucial à cet égard.

[16] Par fonctionnement politique, on peut entendre la prise en charge collective et égalitaire par un groupe de son actepouvoir.

[17] Cfr sur ce point, G. Mendel, Note préliminaire sur les clivages complémentaires, *Sociopsychanalyse 6*, 1976, pp. 185-196.

[18] D'où aussi la critique par la SP des méthodes d'intervention institutionnelle qui mélangent les classes institutionnelles.

[19] Dans un article récent, écrit en collaboration avec J. Nizet : Les pratiques de groupe en PMS : des pratiques progressistes? (et édité dans *La psychologie dans l'école*, 1983), j'ai moi-même tenté d'affiner la théorie SP en mettant en évidence l'existence d'un schème que j'ai appelé de séduction manipulatoire, distinct du schème autoritaire et susceptible lui aussi de voiler et légitimer des rapports inégalitaires de pouvoir.

[20] G. Mendel, La crise de la psychanalyse, dans *Pouvoirs 11*, 1979, p. 101.

[21] Cette transposition est particulièrement évidente si l'on considère les premières formulations des règles de l'intervention-type dans *Sociopsychanalyse 2*, 1972, pp. 21-22.

[22] Centres PMS, ou Psycho-Médico-Sociaux : c'est là le nom donné en Belgique aux établissements de psychologie scolaire.

[23] Cfr le texte déjà cité : *Les pratiques de groupe en PMS : des pratiques progressistes?*

[24] Par là, cette pratique collait à la culture des classes populaires, que la SP, en privilégiant le seul registre de la parole, n'a pas réussi jusqu'à présent à rencontrer. Ecoutons l'instigateur de cette pratique : «Ce sont des élèves qui sont capables de parler, mais qui ne théorisent pas du tout. C'est-à-dire que pour eux, les seules personnes qui ont du crédit sont celles qui font quelque chose et non celles qui parlent, les personnes et aussi les institutions. Donc, un conseil d'élèves où on ne fait que parler, n'a aucun crédit. Ça a de l'importance et ils sont efficaces, et ils y viennent pour autant qu'on fasse certains trucs. J'ai perçu cela assez vite et je me suis dit qu'il fallait que chaque réunion débouche sur quelque chose».

[25] Comme la situation analytique, l'intervention SP instaure un dispositif de prélèvement non réciprocable du savoir (cfr R. Castel, *Le psychanalysme*, pp. 116-127).

[26] On remarquera que l'analyse de l'intervention est toujours faite par le groupe seul, alors que l'acte d'intervention est le produit de deux collectifs, la classe et le groupe. Comment justifier sociopsychanalytiquement que le groupe prélève unilatéralement un matériel pour s'en approprier l'analyse? Pourquoi l'analyse ne serait-elle pas faite aussi — à la faveur d'un processus de négociation normé — par la classe? Les pratiques développées sur ce plan par le mouvement tourainien pourraient servir ici de référence (cfr A. Touraine, *La voix et le regard*, 1978).

[27] A une question qui lui était posée dans le cadre d'une intervention au cours de Michel Bonami («Mais quel était donc votre but dans cette intervention?»), Mendel répondit en substance, et significativement: «Nous n'en avions aucun, sinon celui d'*étudier* un cas de figure».

[28] Ces dernières remarques doivent beaucoup aux discussions actuellement en cours au sein du groupe de Namur, ainsi qu'à des conversations avec Michel Bonami.

Chapitre II
Parcours critique à travers l'œuvre de Gérard Mendel[1]

LA REVOLTE CONTRE LE PERE (1968)

Le projet de Mendel est de jeter un pont entre les structures psychiques individuelles et les structures sociales. Or pareil projet suppose : 1. une vision du psychisme ; 2. une vision de la société ; 3. une articulation entre le psychisme et la société, que l'on pourrait appeler articulation socio-psychologique ou socio-psychanalytique. Comment Mendel se situe-t-il ici à ces trois niveaux ?

1. Vision du psychisme

Mendel est psychanalyste, et il croit à la valeur de la psychanalyse comme science. La psychanalyse a un champ de travail propre, relativement autonome, et, travaillant dans ce champ, elle produit des connaissances universellement valables. Mendel ne variera guère sur ce point, même s'il y introduira des nuances, voire des infléchissements. Bien plus, l'œuvre de Mendel comportera de bout en bout une dimension anthropologique, visant à fonder le champ psychanalytique comme champ spécifiquement humain, lié d'une certaine façon à une « nature humaine ».

Quoi qu'il en soit, Mendel reprend à son compte le corps des connaissances psychanalytiques touchant les structures psychiques, auquel il veillera lui-même à apporter une contribution propre. Sur ce plan, on relèvera le rôle que joue le concept d'imago, et plus encore le rôle que jouent dans la structuration des imagos les personnages familiaux de la mère et du père, qui eux-mêmes renvoient à des structures psychiques distinctes et interviennent à des moments précis du développement de celles-ci : la mère au début, source d'un bonheur paradisiaque (la mère bonne) mais aussi menace de mort, de destruction, d'annihilation (la mère mauvaise); le père ensuite comme facteur de médiation, de progression, permettant d'échapper à la menace maternelle, porteur des valeurs humanistes de rationalité, justice, liberté...

Mais jusqu'à quel point cette vision des choses ne véhicule-t-elle pas des représentations idéologiques qui universalisent et légitiment un état socioculturel précis (corrélatif d'une forme de rapports entre les sexes) ? Peut-on projeter sur l'humanité en général des structures psychiques mises au jour par la psychanalyse à l'occasion de l'exploration de la vie fantasmatique d'hommes occidentaux bourgeois ? Touche-t-on des structures psychiques universelles ? Peut-on les connecter univoquement avec la mère d'une part, le père d'autre part ? Par ailleurs, le développement psychique est toujours établi du point de vue du garçon. Qu'en est-il de la fille ?

2. *Vision de la société*

Il est question d'institutions socioculturelles (par quoi on désigne globalement tous les produits sociaux de l'humanité, économiques, politiques et culturels), de pouvoir social (*Pouvoir social*), d'un rôle autonome de la technologie (qui s'emballe sur elle-même...).

N'avons-nous pas affaire là à une vision sociale prémarxiste ? La société est un pôle massif, monolithique qui s'impose globalement aux individus. Aucun conflit au sein de cette société. Pas de classes sociales, ni de luttes des classes. Par ailleurs, la technologie connaît un développement autonome. Mais la technologie n'existe-t-elle pas toujours dans des rapports sociaux, même si elle a une spécificité ?

3. Articulation socio-psychanalytique

Trois termes (les individus, l'âme collective, à savoir les structures psychiques communes aux individus d'une société donnée, les institutions socioculturelles ou le Pouvoir social) sont articulés à la faveur de trois propositions :
- l'âme collective se reflète dans les institutions socioculturelles ;
- les institutions socioculturelles exercent un effet en retour sur l'âme collective ;
- les institutions socioculturelles transmettent l'acquis inconscient.

On peut se demander si Mendel ne psychologise pas les faits sociaux et historiques. Il est révélateur que l'histoire de l'humanité reproduise l'ordre de développement des structures psychiques individuelles. On a l'impression que l'histoire humaine, la création des formes socioculturelles, obéit à la même dynamique que la dynamique psychique individuelle. Ainsi la révolution néolithique est le produit d'une dynamique psychique (dont le lieu est une «âme» collective), de la même manière que l'appel au père, comme protection contre la mère, est le produit d'une dynamique psychique (dont le lieu est la «psyché» individuelle) (première proposition). Certes, une fois créée, l'institution socioculturelle exerce un effet en retour sur les «psychés» individuelles, elle transmet l'acquis inconscient de génération en génération, elle façonne le psychisme individuel en l'élevant au niveau de l'âme collective du temps (troisième proposition). Reste ouverte enfin, la possibilité que les institutions socioculturelles évoluent et se transforment selon une dynamique autonome et retentissent alors sur l'âme collective (deuxième proposition). Le seul exemple qui nous est donné est celui de la technique, qui s'emballe dans un mouvement «fou», et qui, par sa substance psychique (technique = toute-puissance = image maternelle), retentit sur l'âme collective, qui à son tour, si l'humanité ne veut pas courir à sa perte, est sommée d'inventer, de créer de nouvelles formes socioculturelles (on est revenu à la première proposition).

LA CRISE DE GENERATIONS (1969)

Il ne me semble pas que *La crise de générations* marque une évolution sensible par rapport à *La révolte contre le père*. La problématique socio-psychologique me paraît fondamentalement posée dans les mêmes termes.

Quant au rapport entre l'histoire sociale des hommes et la psyché individuelle, nous sommes confrontés à deux positions extrêmes.

La première: une position marxiste «althussérienne». L'histoire obéit à un ordre autonome de déterminations sociales (la lutte des classes est le moteur de l'histoire). Quant aux formes de l'individualité, elles sont les produits des rapports sociaux[2]. Pour illustrer cette dernière thèse, on pourrait évoquer Marcuse[3]: les structures psychiques mises en avant par la psychanalyse (le refoulement, le conflit...) sont le produit d'une organisation socio-historique déterminée (elle-même liée à un état de pénurie économique dépassable).

La seconde: une position purement psychologisante. L'histoire et les formes socio-historiques sont le produit de structures psychiques individuelles.

Or Mendel veut se situer entre ces deux extrêmes. D'une part, il admet que le devenir social obéit (partiellement) à des facteurs socio-économiques autonomes (il cite comme exemple le pouvoir de la technique). Mais il refuse que l'évolution humaine et des civilisations soit due uniquement à des facteurs socio-économiques: y interviendrait aussi quelque chose d'une nature humaine non sociale (cfr p. 21).

Ainsi, dans *La crise de générations*, il forge le concept de «noyau anthropogène spécifique» (N.A.S.) défini comme «cette part de l'homme qui, en son essence sinon en ses modalités, n'est pas déterminée par l'environnement socio-historique» (p. 18). C'est au nom de ce noyau qu'il récusera la thèse de Marcuse: le conflit psychique, le refoulement font partie d'un noyau anthropogène spécifique (N.A.S.).

Précisons encore que les processus qui se développent au sein de ce N.A.S. obéissent au régime de l'inévitable (concept forgé à partir de la p. 44). Ainsi, Mendel soutiendra que l'horreur de l'inceste est inévitable: elle n'est pas innée (rien dans la constitution biologique héritée de l'homme ne prescrit cette horreur de l'inceste), mais elle n'est pas non plus produit socioculturel: elle est inévitable en vertu des dynamismes propres du N.A.S. En quoi le tabou de l'inceste est un produit socioculturel du N.A.S. (p. 51).

Il reste qu'à partir de là un certain jeu est permis. Que va-t-on accorder au N.A.S.? Va-t-on le gonfler démesurément? Va-t-on le limiter strictement? Va-t-on ou non en majorer les effets socio-historiques?

Sur ces points, les positions de Mendel sont mouvantes. Dans le § 3 de sa deuxième partie, il précise le contenu du N.A.S., qu'il fonde en dernière instance dans des caractéristiques biologiques de l'espèce humaine (de l'ordre de la discordance sensori-motrice...). Il construit un développement du psychisme humain, qui met en place des structures de plus en plus complexes (cfr les tableaux des pp. 72-73). Mais en même temps, il limite le champ du N.A.S. Ce champ n'est absolu qu'au niveau de la toute première structure (la structure du Moi-Tout: p. 71). A mesure que l'on progresse, l'influence de l'environnement socio-historique s'accentue jusqu'à devenir prédominant (ainsi au niveau de la puberté, de l'Œdipe secondaire, ce qui prépare les thèses sur la crise de générations). Ce qui veut donc dire que Mendel laisse une large place à l'influence des facteurs sociaux sur le façonnement de la psyché individuelle. Ainsi, par exemple, dès la phase du Pré-Moi (encore avant 6 mois), les phénomènes relevant du N.A.S., s'ils sont indépendants dans leur essence de la socio-histoire, peuvent déjà être modelés par la socio-histoire (distinction entre essence et modalités, pp. 60-61 et pp. 71-74): «Que voulons-nous signifier par là? Simplement que selon les civilisations les modalités des premières relations entre la mère et l'enfant varient. Par exemple, la mère peut nourrir l'enfant «à la demande» ou lui accorder seulement un nombre limité et invariable de tétées par 24 heures. Ainsi, parallèlement aux premières frustrations, les qualités de l'image introjectée varieront, mais de toute manière une image introjectée agressive se constituera» (p. 61, note 1).

Reste à savoir d'où viennent les institutions socioculturelles et quelle part on va accorder à une dynamique psychique dans leur émergence et leur formation. Sur ce point, guère d'évolution par rapport à *La révolte contre le père*. Nous notons même des formulations qui poussent à bout la psychologisation et attribuent au N.A.S. « la création des cultures et des civilisations » (p. 37).

Par ailleurs, l'explication de la crise de générations est conforme à la dynamique postulée par *La révolte contre le père*. Le schéma est le suivant :

1. Le principe d'une évolution sociale autonome est reconnu : le pouvoir autonome de la technique entraîne la dissolution des institutions traditionnelles fondées sur le principe d'autorité[4].

2. Il en découle — retentissement de l'évolution sociale sur les structures psychiques individuelles — une difficulté pour les adolescents quant à la résolution de l'Œdipe secondaire. Car « à l'âge pubertaire, le Père avec lequel se déroule ou devrait se dérouler le conflit œdipien est, sur un plan profond, l'addition amalgamée tout d'abord de l'image du Père intériorisée lors du 1er conflit œdipien à 3, 5 ans, ensuite du Père familial actuel, et enfin de celle du Pouvoir social » (pp. 157-158). Or (thèse 1) le Pouvoir social se dissout du fait de la technique dont la quasi toute-puissance est appréhendée comme d'essence maternelle (p. 161). En ce cas, « il devient très difficile de dépasser le conflit œdipien » (p. 142).

3. Nous assistons donc, du fait d'une évolution sociale, à une crise de « l'âme collective ». Pour la surmonter, il faudra aider « à la naissance d'une formation psychique tendant à remplir la fonction antérieurement dévolue au Père social » (p. 235), ce qui devra s'accompagner de la création de nouvelles formes socioculturelles (un appel est adressé à la co-éducation, pp. 202-203, p. 235, thème qui sera repris et amplifié dans *Pour décoloniser l'enfant*).

Mais on voit que la vision de la société et l'essai d'articulation socio-psychologique n'ont pas fondamentalement changé depuis

La révolte contre le père.

Une dernière remarque. On lira avec fruit la conclusion de l'ouvrage (pp. 204-249), qui donne une synthèse d'ensemble des perspectives mendéliennes à ce moment. J'y note une certaine prise de distance par rapport à l'identification «valeurs de nature» — «valeurs maternelles»: «Ce qui ne signifie nullement que la mère, la mère objective, réelle, la progénitrice, soit la responsable de l'existence de ces valeurs «de nature». C'est un des tragiques aspects... de la condition féminine que ce soit sur la femme, la Mère, que le tout jeune enfant va projeter son inéluctable agressivité archaïque. Et désormais inconsciemment pour lui sa mère — et, par extension, toute femme, la Femme, l'Eternel Féminin — sera la représentante du bonheur total... ou du mal absolu» (pp. 218-219).

POUR DECOLONISER L'ENFANT (1971)

Dans cette œuvre, certaines choses commencent à bouger. Reprenons les trois points que nous avons déjà distingués.

1. Vision du psychisme

Mendel prolonge et précise sa prise de distance critique vis-à-vis de l'identification «valeurs de nature» — mère et «valeurs humanistes» — père. Sur ce point, on lira les pp. 115-116; 165-167; 169; 173; 190-191; 193. Si les structures de l'archaïsme et les structures de l'acte sont inévitables, il n'est pas inévitable que la mère ou le père en soient les représentants: ce dernier élément résulte d'un choix de société. C'est la société qui contraint la femme à «endosser» l'archaïsme, et cela en dernière instance parce que la mère est le premier objet s'occupant de l'enfant (p. 169), ce qui est une donnée socioculturelle et non naturelle (mais cela, Mendel ne le dit pas explicitement).

2. Vision de la société

C'est sur ce point que les nouveautés sont les plus frappantes. On sent qu'un certain langage marxiste commence à pénétrer l'univers conceptuel de Mendel. Le problème est de savoir jusqu'à quel point, à ce stade, il l'intègre à sa théorie.

Quels sont ces signes d'un langage marxiste? La société n'est plus constituée par un bloc sans failles d'Institutions socioculturelles identiques au Pouvoir social. «Par société, nous entendons ce qui a toujours existé: la direction d'une majorité de petits par une minorité de Grands» (p. 8). Mendel parlera même de la grande illusion qui consisterait à croire à l'existence d'une autorité globale s'exerçant de la société sur l'individu, cette vision camouflant le pouvoir d'une minorité sur la grande masse (pp. 71-72). Par ailleurs, il parlera régulièrement de formes d'exploitation, de rapports de production. Il dira que l'histoire humaine est liée à des variations dans les rapports de production, elles-mêmes liées au développement des forces productives. Le terme de «classe sociale» est aussi fortement présent (même s'il en fait un usage particulier, pour désigner les jeunes et les enfants comme formant une classe sociale).

Bref, indiscutablement, introduction d'un vocabulaire marxiste. Le problème étant de savoir en quoi cela change profondément sa vision socio-psychanalytique.

3. *Articulation socio-psychanalytique*

Mendel maintient indiscutablement son idée d'«inévitable» anthropologique. Mais il donne un rôle important à la société dans la modulation et la structuration du psychisme. L'aspect le plus intéressant de cette œuvre à ce niveau, concerne la liaison entre les fondements psycho-affectifs de l'autorité et leur exploitation par la société (par une société) qui les pérennise, les utilise en vue de maintenir ses propres structures d'exploitation. On lira avec profit le paragraphe 4 de la première partie et le paragraphe 1 de la deuxième partie. Les fondements psycho-affectifs de l'autorité sont donnés dans l'inévitable anthropologique, dans l'inégalité de l'enfant par rapport à l'adulte, dans sa dépendance vis-à-vis de lui: il en découle la crainte d'être abandonné, la peur d'un retrait d'amour. Celle-ci est inévitable, mais à partir de là s'exerce un choix de l'adulte, qui est socioculturel: utiliser, manipuler la peur de l'enfant pour installer en lui un conditionnement à l'autorité (p. 52, p. 64).

C'est le choix qui a été accompli jusqu'ici par l'humanité dans son histoire. «Le phénomène-Autorité n'est ainsi, pour nous, que la séquelle mentale de l'inégalité de force de l'enfant par rapport à l'adulte, inégalité exploitée et pérennisée à l'aide d'un conditionnement fondé avant tout sur la menace d'un retrait d'amour en cas de non-soumission» (p. 68; cfr aussi pp. 80-81). Or cette inculcation précoce de la soumission, produit socio-culturel, joue un rôle social: elle prépare les individus à fonctionner dans une société organisée par des rapports d'exploitation d'une majorité par une minorité. L'autorité est à la fois le produit et le reproducteur d'une société d'exploitation (p. 7, p. 17, p. 72, p. 84)[5]. Ce qui justifie une double lutte coordonnée en vue du changement social: une lutte contre les rapports de production d'exploitation, mais aussi une lutte contre les ancrages psychologiques de ces rapports d'exploitation (p. 17, p. 72)[6]. Ce qui suppose une révolution pédagogique.

Toutefois, un problème naît lorsqu'on met en rapport cette thèse avec l'histoire de l'humanité. Au début était l'Autorité, dit Mendel (cfr p. 76 et sv.: § 2, 2e partie): les sociétés «primitives» sont les plus autoritaires. Pourquoi? La thèse énoncée ci-dessus est difficilement opératoire. Car on ne peut parler de rapports d'exploitation dans les sociétés primitives[7]. D'où Mendel doit se rabattre sur ses thèses les plus psychologisantes (l'homologie entre l'histoire des sociétés humaines et le développement ontogénétique des structures psychiques). Nous en tenons pour indice la page 78.

Mendel se demande si «l'humanité «primitive» subit absolument l'Autorité parce qu'elle n'aurait pas échappé à la Mère archaïque ou bien parce qu'elle se trouverait constamment aux prises avec une Nature imprévisible vis-à-vis de laquelle elle, l'humanité, se découvre à peu près impuissante».

On voit que Mendel pointe ici le seul élément qui permettrait de raccrocher l'autorité maximale des sociétés «primitives» et l'infrastructure économique au sens marxiste, à savoir la dépendance des sociétés «primitives» vis-à-vis de la nature, ou la faiblesse de leurs forces productives, elle-même discutée au niveau ethnologique[8].

Or, Mendel répond: «Nous penchons pour le premier terme de l'alternative». C'est parce que les hommes primitifs vivent selon le régime psychique de l'image maternelle archaïque qu'ils vivent dans un état de dépendance vis-à-vis de la nature: «l'individu et le groupe adoptent vis-à-vis du milieu extérieur, de la Nature en général, la même attitude psycho-affective qui était celle du nourrisson avec l'objet maternel».

Mendel continuera dans la suite à se débattre avec le même problème. A la page 80, il adopte une position apparemment contradictoire avec la première, lorsqu'il écrit: «L'allégement de l'Autorité absolue de la Mère archaïque intérieure inconsciente fut une conséquence de la libération progressive par rapport à la réalité extérieure».

A la page 82, il soulève à nouveau la même question: «Pourquoi l'Autorité nous paraît-elle avoir été maxima entre adultes et enfants en ces débuts mythiques de l'humanité...?» Et il répond: «dans les sociétés «primitives»... les adultes sont soumis absolument à l'Autorité ... Ainsi soumis, les adultes ne peuvent eux-mêmes qu'induire le même type de relation entre eux et leurs enfants». Mais cette réponse n'accède pas au niveau sociologique. Car précisément: pourquoi les adultes sont-ils absolument soumis à l'autorité? Mendel invoque bien le pouvoir d'une minorité d'hommes (sorciers, chefs, anciens) sur la majorité. Mais encore faut-il savoir en quoi consiste sociologiquement cette autorité des chefs.

Ceci pour le début de l'histoire de l'humanité. En ce qui concerne la suite, Mendel affirme que l'histoire de l'humanité coïncide avec un progressif déconditionnement à l'autorité. Pourquoi? La réponse de principe est celle-ci: des variations dans les rapports de production, solidaires de changements au niveau des forces productives, entraîneraient un déconditionnement progressif à l'autorité dans le monde des adultes, qui s'accompagnerait d'un relâchement du rapport autoritaire entre les adultes et les enfants (pp. 84-85, p. 101, p. 133). Mais cela devrait être montré. Quelles sont ces variations dans les rapports de production? Quels sont ces changements au niveau des forces productives? En quoi ces variations ou ces changements se répercutent-ils sur les rapports d'autorité? Or il me semble que Mendel n'élabore guère ces questions. Simplement, il évoque le lien féodal (p. 94) et le lien bourgeois (pp. 96-97), qui attestent un relâchement du caractère absolu de l'autorité.

Enfin, Mendel réintégrera dans sa vision historique ses analyses de *La crise de générations* (p. 101 et sv.): le pouvoir autonome de la technique, la dissolution consécutive des autorités traditionnelles, qui atteint de plein fouet, de manière directe, les enfants et adolescents, par ailleurs en voie de constitution comme classe sociale, d'où l'enjeu particulier de la lutte des jeunes.

L'ANTHROPOLOGIE DIFFERENTIELLE (1972)

Cet ouvrage, volumineux et touffu, a été publié en 1972 (donc après *Pour décoloniser l'enfant*), mais commencé en 1969. Il me semble que la problématique sociopsychanalytique qui y est développée n'est pas marquée par les modifications intervenues avec *Pour décoloniser l'enfant*. A titre d'hypothèse, je dirais donc qu'il fait partie de l'œuvre du premier Mendel (comprenant le bloc : *La révolte contre le père, La crise de générations, L'anthropologie différentielle*). Je note toutefois à nouveau des remarques critiques très précises concernant l'identification Fantasme-Mère et Acte-Père, qui conduisent déjà à une critique de la psychanalyse : « Traditionnellement, dans les sociétés occidentales, il allait de soi que ce rôle de médiateur, de tiers, fût tenu par le Père. La théorie freudienne ne fait d'ailleurs sur ce point qu'entériner l'idéologie ambiante » (pp. 6-7). Ou encore : la mère n'est porteuse d'archaïsme « que par l'effet d'un arbitraire culturel qui majore les conséquences de ce fait aujourd'hui culturel[9] que c'est encore davantage la femme qui donne le biberon ou change les couches du petit homme » (p. 11). Par ailleurs, le développement psychologique de la fille ne paraît toujours pas davantage pris en considération.

Cela dit, je m'attarderai essentiellement à l'articulation sociopsychologique, pour remarquer d'abord que les schémas d'explication de la dynamique historique ne sont pas profondément modifiés (cf. la révolution néolithique, p. 9 et p. 11; le rôle de l'outil, p. 30; l'appel à une innovation socioculturelle, p. 31), mais pour en venir surtout aux idées fondamentales de l'ouvrage.

L'idée fondamentale de l'ouvrage, c'est que les structures psychiques individuelles sont façonnées par la socio-culture. Des sociétés ou civilisations distinctes promeuvent des structures psychiques différentes, sur la base d'un «inévitable». «L'organisation psychique, c'est le produit problématique de l'inévitable (et pourtant nullement inné) au niveau psychique et des influences diverses de la socio-culture» (p. 8) (Notons que les choix socio-culturels touchant les structures psychiques se prennent très tôt, dès les premiers jours de la vie, p. 9).

Cette conscience de la diversité psychique de l'humanité amène Mendel à dénoncer l'ethnocentrisme, l'anhistoricisme, le fixisme de Freud (p. 8). Il reste toutefois que les concepts psychanalytiques paraissent pertinents pour rendre compte de cette diversité psychique de l'humanité, qui s'organise autour de quelques grandes structures en nombre limité (p. 9). Mendel reprend donc à son compte les structures psychiques mises en évidence par la psychanalyse, tout en les historisant (on notera le rôle joué dans *L'anthropologie différentielle* par les concepts «libidinaux» de la psychanalyse, qui sont l'objet d'élaborations particulièrement fines: corps érogène orodiffus, corps érogène fonctionnant selon un régime anal de détachement des parties, extension de la notion de masturbation...).

Que penser de cette démarche? Il est très important à mon sens de montrer comment des civilisations différentes instaurent des structures psychiques individuelles spécifiques. Toutefois, est-il suffisant de ressaisir la diversité des sociétés humaines en termes des structures psychiques qu'elles instaurent? N'est-ce pas laisser entendre qu'une civilisation se définit dans sa spécificité par le contenu de ses structures psychologiques, par sa «substance» psychique, son «âme collective»? En ce sens, il est dangereux de définir une civilisation comme «hystérique», «obsessionnelle» ou «paranoïaque». Une société ne peut être qualifiée comme telle d'hystérique, l'hystérie ne désignant légitimement qu'une forme de fonctionnement ou de structuration psychique individuelle (même si celle-ci est commune aux membres d'une société). Une société doit être analysée d'abord à un niveau proprement sociologique, en termes de rapports sociaux, irréductibles à des structures psychiques (ce que commençait de faire *Pour décoloniser l'enfant*, en parlant de rapports de production, de structures d'exploitation...). De là, il devient possible alors d'expliquer pourquoi telle société (caractérisée par telle forme de rapports sociaux) privilégie telle forme de structuration psychique (éventuellement qualifiée d'hystérique). C'est précisément ce modèle que commençait de mettre en place *Pour décoloniser l'enfant*, montrant comment des rapports sociaux (de domination) structuraient les individus selon un schème autoritaire, en travaillant sur une base anthropologique non créée par le socioculturel (cf. les fondements psycho-affectifs de l'autorité).

SOCIOPSYCHANALYSE 1 ET 2 (1972)

S'il est difficile de parler de coupure dans l'œuvre de Mendel (au sens où il changerait totalement de problématique: il reprend toujours les acquis de ses œuvres antérieures, pour les inscrire dans une vision élargie), on doit dire en tout cas qu'à un moment donné, quelque chose de neuf émerge. Ce moment, je le situe dans *Sociopsychanalyse (SP) 1 et 2*[10].

Reprenons les trois points déjà différenciés.

1. Vision du psychisme

En gros, Mendel réassume ses analyses antérieures, tout en les simplifiant et les épurant; mais de plus, il les élargit.

a) Réassomption-simplification-épuration

Dans *SP 2*, pp. 96-99 (surtout p. 99), Mendel rappelle sa théorie des principes de fonctionnement mental: fonctionnement selon le Moi-Tout, le fantasme (principe de plaisir), la toute-puissance de l'Archaïsme, d'une part, fonctionnement selon le Moi-Acte (principe de réalité individuel), qui est aussi fonctionnement selon le principe psycho-familial, d'autre part.

Notons qu'il ne parle plus guère de ces deux grandes structures psychiques en termes d'imago maternelle ou d'imago paternelle. Sans doute la critique qu'il a développée de l'association « Archaïsme-mère » et « Acte-père » a-t-elle porté ses fruits. Et même s'il maintient sa thèse d'une régression vers l'Archaïsme (qu'il avait appelée jusqu'alors: régression vers les imagos maternelles archaïques) favorisée par la société actuelle, il la reformule : c'est moins le pouvoir autonome de la technique qui est en cause au niveau social que la perte de pouvoir des individus sur leur Acte : « Tout se passe actuellement comme si, au niveau institutionnel, le caractère permettant de différencier Acte et Fantasme n'existait plus » (*SP 2*, p. 119), d'où régression vers l'archaïsme, vers la toute-puissance fantasmatique du Moi-Tout.

b) *Elargissement*

C'est ici qu'apparaît la nouveauté indiscutable. Mendel pose l'existence d'un troisième principe de fonctionnement mental, que la psychanalyse n'a pas jusqu'ici mis en évidence, ce qui s'expliquerait par les conditions socio-historiques dans lesquelles s'est formée la psychanalyse : Freud a théorisé l'appareil psychique tel qu'il se donnait dans les conditions de son temps (ce que Mendel fera apparaître davantage dans ses écrits ultérieurs, dans *SP 3* et dans *Le manifeste éducatif*) ; or ce troisième principe de fonctionnement mental est seulement en train d'émerger aujourd'hui, ou plus justement est en appel d'émergence.

Comment qualifier ce troisième principe de fonctionnement mental ? D'entrée de jeu, dans *SP 1*, Mendel parle d'une « dimension spécifique de l'esprit humain », assimilée à un « Moi social » (p. 14). Toutefois, bientôt s'impose la terminologie qui reste en vigueur, celle d'un « Moi du politique » (*SP 2*, p. 99).

Le champ est tout neuf, il n'a jamais été théorisé jusqu'ici. Le problème est donc de forger petit à petit les concepts qui vont permettre de comprendre et d'élucider ce champ (la méthode d'intervention sociopsychanalytique, qui a pour caractère de stimuler le Moi du politique, devant aider à son approche scientifique). D'où inévitablement, comme en tout moment d'émergence d'un champ scientifique neuf, les premiers concepts proposés seront fragiles, insuffisants, problématiques.

Que nous dit Mendel du Moi du politique ? (Je dois supposer ici les analyses sociologiques développées dans le point 2).

Comment le Moi du politique émerge-t-il ? Dans quel contexte ? Il émerge chez l'adulte, dans le contexte du politique (c'est précisément parce que le politique connaît un développement particulier dans la société actuelle qu'il devient possible de reconnaître le Moi du politique) : « Le Moi du politique... se développe en relation avec la perception-conscience de la réalité institutionnelle, du rôle de l'Acte professionnel individuel, de l'existence d'une classe de travailleurs semblables à soi, de l'appartenance à cette classe quant à la problématique du pouvoir institutionnel... » (*SP 2*, pp. 14-15).

Le problème restant ouvert de savoir comment des individus adultes vivant en institution peuvent à tel ou tel moment d'une conjoncture existentielle et collective faire le saut vers le Moi du politique, alors que les schèmes psycho-familiaux sont tellement prégnants et font obstacle à la perception du politique. Mendel ne nous donne pas de véritable réponse lorsqu'il écrit à propos d'une classe institutionnelle : « Pourquoi se met-elle à inventer... le plan du politique ? Tout simplement parce que la perception critique des effets de son activité et de la situation réelle présente dans l'Institution la pousse à réaliser quelle est la réalité actuelle... » (*SP 2*, p. 35).

Mendel dira aussi : le Moi du politique est structuré par une pulsion propre, « la pulsion d'exigence de pouvoir de classe » (*SP 2*, pp. 14-15), qui s'éveille au départ de la perception-conscience de la réalité institutionnelle...

Encore trois notes attribuées par Mendel au Moi du politique :

- le Moi du politique est un Moi collectif : il ne se développe qu'au sein d'une classe, avec d'autres (« sur le plan du pouvoir social institutionnel, il n'est pas d'identité individuelle concevable », *SP 2*, p. 28);

- le schème qui organise le rapport à autrui au niveau du Moi du politique est le schème de l'égalité dans le conflit assumé (aussi bien dans la classe qu'entre les classes), alors que le schème des structures psychiques antérieures est celui de l'inégalité;

- l'exercice de l'Acte qui est propre au Moi du politique s'accompagne d'un plaisir spécifique, « trouvé en particulier dans une relation d'égalité au sein de sa classe et de classe à classe » (*SP 2*, p. 15).

Je clôturerai ce point par une question. On peut se demander en effet s'il n'existe pas un certain nombre de concepts psychologiques qui sont pertinents pour parler de la réalité psychique en général (celle-ci étant nécessairement individuelle : c'est quand même toujours un individu qui vit selon le régime du «Moi» du politique, même s'il vit dans un collectif; il est significatif que Mendel parle toujours du «Moi» — Moi-Tout, Moi-Acte, Moi du politique), des concepts qui transcendent les principes de fonctionnement spécifiques, et qui seraient d'origine psychanalytique.

Ainsi, quel que soit son mode de fonctionnement, la vie psychique serait toujours structurée par des pulsions, auxquelles serait associé du plaisir. N'est-il pas significatif que Mendel écrive : «le Moi du politique représente une forme d'investissement de l'énergie pulsionnelle...», ou encore : le Moi du politique, «un ensemble spécifique de représentations, d'investissements, de défenses et de sublimations» (*SP 2*, p. 14)? La vie psychique de l'homme n'est-elle pas l'objet de mécanismes très généraux, qui ont nom, par exemple, de régression, sublimation, projection, le Moi du politique lui-même et la pulsion qui l'organise pouvant être l'objet de défenses, régression, occultation, travestissement, projection... : le Moi du politique «donne lieu à tout autant d'occultations, d'aliénations, de dénégations, de projections, et d'agis pulsionnels agressifs ou sexuels, de résistances à la prise de conscience, que dans le domaine du psychique tel que nous a appris à le reconnaître la Psychanalyse» (*SP 1*, p. 63)? Autre concept très général, toujours en jeu au niveau psychique : le narcissisme. C'est ainsi que Mendel montrera comment l'accession au Moi du politique représente un destin du narcissisme (*SP 1*, p. 27; p. 37, note 1; p. 63).

D'où le dépassement ou le débordement par Mendel de la psychanalyse devrait être nuancé : la théorisation du Moi du politique (non aperçu par la psychanalyse) s'effectue à l'aide de concepts psychanalytiques.

2. Vision de la société

a) Mendel et le marxisme

Au stade où nous nous trouvons, la vision sociale de Mendel est non marxiste, voire même antimarxiste. Qu'est-ce qu'une vision marxiste de la société ? C'est une vision articulée sur la lutte des classes, celles-ci étant définies d'après un critère économique (déterminant en dernière instance), à savoir le critère d'une propriété ou d'une non-propriété des moyens de production : le dynamisme fondamental, la contradiction principale des sociétés capitalistes, c'est la lutte ou le conflit entre bourgeoisie et prolétariat.

Mendel prend clairement parti contre cette vision de la société. Bien sûr, il ne nie pas l'existence d'une bourgeoisie et d'un prolétariat, pas plus qu'il ne nie l'existence de rapports d'exploitation entre ces deux classes (mécanisme d'extorsion de plus-value économique). Mais il dit nettement : ce dynamisme n'est pas (ou n'est plus) le dynamisme fondamental de la société dans laquelle nous vivons. On lira sur ce point les pp. 46-50 de *SP 1*, et les pp. 124-126 de *SP 2*. Ainsi il écrit à propos de la vision marxiste : « La rigidité d'une telle conception quasi manichéenne qui rend compte si imparfaitement de la complexité des sociétés modernes... » (*SP 1*, p. 46). Citons encore : « La société globale s'organisait dans les sociétés dites primitives selon les structures de parenté ; à l'époque du développement industriel, elle s'est réorganisée selon la place de chacun dans l'appareil de production, en classes sociales... On peut se demander si au niveau de la société globale l'un ou l'autre schéma... sont encore opératoires (*SP 2*, pp. 124-125). Et un peu plus loin, il répondra : « A des sociétés organisées selon les structures de parenté ou d'après les classes sociales, succéderaient les sociétés dont l'armature serait constituée par les Institutions, la vie institutionnelle... » (*SP 2*, p. 126).

Ce qui pourrait laisser le doute, c'est l'usage que fait Mendel de la notion de « classe » et de « lutte de classes ». Car le champ du politique, c'est le champ de la « lutte de classes ». Encore faut-il savoir quelle définition Mendel donne à la notion de « classe ». Mendel se dit bien tributaire de Marx et Engels (*SP 1*, p. 14). Mais en même temps, il donne à la notion de « classe » un sens plus extensif qu'il n'est d'usage dans la théorie marxiste (*SP 1*, p. 12). Il est temps de venir à la vision sociale de Mendel.

b) *La vision sociale de Mendel*

Disons d'abord qu'en gros la vision de Mendel se structure autour du pouvoir et de l'Etat plutôt qu'autour de la production et de l'exploitation économique. Mais précisons.

Les unités de base de la vie sociale, ce sont les Institutions. Une institution, c'est, par exemple, une usine, une école, un hôpital...[11] Qu'est-ce qui caractérise l'institution?

L'institution se caractérise par son Acte global, ce qu'elle fait ou produit (au sens le plus général), sa finalité (fabriquer des voitures, former, soigner...).

De plus, elle s'organise selon le principe d'une division du travail. Une institution comprend plusieurs «classes» («bien concrètes, perceptibles, palpables», *SP 2*, p. 125), dites classes institutionnelles, définies par leur Acte spécifique, par la contribution spécifique qu'elles apportent à l'Acte global ou à la finalité de l'institution. Une classe, c'est donc d'abord un groupe fonctionnel homogène, correspondant à un niveau précis de la division du travail (par exemple, dans une école, les enseignés, les enseignants, la direction).

Mais ces classes constitutives d'une institution sont en conflit, en lutte. Nous rencontrons ainsi le champ du politique, qui est le champ de la lutte de classes institutionnelle. L'enjeu de cette lutte, c'est le pouvoir. Qu'est-ce que le pouvoir?

Il faut bien voir que Mendel désigne par pouvoir deux choses distinctes, qui sont liées, mais ne se recouvrent pas exactement. Le pouvoir, c'est à la fois le pouvoir *de* l'Acte et le pouvoir *sur* l'Acte.

Le pouvoir de l'Acte: «un certain quantum de pouvoir est lié à tout Acte, découle de cet Acte. Aussi inévitablement l'Acte est producteur de pouvoir social...» (*SP 2*, p. 99). Le pouvoir de l'Acte, c'est l'effet de l'Acte en tant qu'il modifie l'environnement social (par exemple, à l'Acte des ouvriers qui travaillent dans une usine de voitures, est attaché un pouvoir: leur Acte contribue à fabriquer des voitures, qui vont modifier l'environnement social).

Le pouvoir sur l'Acte: c'est le contrôle ou la maîtrise que la classe institutionnelle a sur son Acte, par ailleurs producteur de pouvoir social, c'est la maîtrise sur le pouvoir de l'Acte. C'est précisément ici qu'intervient la lutte de classes institutionnelle. Car invariablement, dans toutes les institutions de notre société, certaines classes institutionnelles sont dépossédées du pouvoir de leur Acte. Ainsi, les ouvriers de notre usine produisent du pouvoir par leur Acte, mais ils n'ont aucune maîtrise sur ce pouvoir, qui leur est enlevé[12]. Mendel forge ainsi le concept de plus-value de pouvoir, par analogie avec le concept de plus-value économique. La plus-value de pouvoir, c'est le pouvoir qui est enlevé à une classe institutionnelle pour être capté par une autre, qui par là grossit, renforce son pouvoir. La lutte de classes institutionnelle, c'est donc fondamentalement une lutte de pouvoir: «Plus généralement, nous définissons les classes sociales, à tous les niveaux, selon les différences dans la possession du pouvoir» (*SP 1*, p. 60).

Or, notre société évolue de plus en plus vers une capitalisation croissante de plus-value de pouvoir, que ce soit au sein de chaque institution, ou au sein de la société globale.

Plus une institution se développe, plus elle produit de pouvoir social, plus augmente la plus-value de pouvoir capitalisé vers le haut, plus s'accroît la paupérisation des classes institutionnelles de la «base» en pouvoir social.

Au niveau de la société globale, l'Etat et les appareils centraux renforcent de plus en plus leur pouvoir, par captation d'une partie de la masse de pouvoir social créé, en vue de nourrir le développement de sa bureaucratie et de son pouvoir policier (*SP 2*, p. 121)[13].

D'où la contradiction sociale fondamentale de notre temps: «Capitalisation démesurée en pouvoir d'une part, appauvrissement fondamental et touchant aux racines mêmes de l'être d'autre part: là nous paraît se situer la contradiction la plus importante interne au système social actuel» (*SP 2*, p. 126).

Quelle est dès lors la lutte politique à engager?

Au niveau de chaque institution, les classes institutionnelles «non possédantes» doivent engager la lutte pour le recouvrement du pouvoir dont elles sont spoliées: constitution d'un tissu politique à la base (*SP 1*, p. 48).

Au niveau de la société globale (et de *la* politique), les perspectives sont plus floues. Ainsi Mendel parle du regroupement de classes institutionnelles dans des superclasses (par exemple, regroupement des lycéens de différents lycées) (*SP 1*, p. 50). Assez significativement, il ne mise pas sur une action des partis politiques de gauche, ce qui est cohérent avec son non-marxisme. On pourrait se demander toutefois si au niveau de la société globale, certains conflits sociaux ne portent pas à l'état exemplaire la contradiction sociale fondamentale. Dans les perspectives mendéliennes, la lutte des jeunes ne doit-elle pas être reconnue comme cette lutte qui, par excellence, pourrait ouvrir l'avenir d'une autre société[14]?

3. *Articulation socio-psychanalytique*

Il faut d'abord prendre acte des positions antipsychologisantes de Mendel. Celles-ci sont affirmées avec netteté et force. «Le fait social a sa spécificité» (*SP 1*, p. 14). En particulier, les phénomènes de pouvoir obéissent à une logique autonome, non psychique: c'est un «fait réel, objectif, que dans nos sociétés certains individus possèdent le pouvoir et que d'autres ne le possèdent pas» (*SP 1*, p. 52). D'où la dénonciation, par Mendel, des démarches psychosociologiques ou psychanalytiques qui expliquent le social par le psychologique.

Il reste que des interférences existent entre les processus sociaux et les structures psychiques. Lesquelles? Dans quelle mesure les processus sociaux influencent-ils les structures psychiques ou/et inversement? Il ne me semble pas que Mendel traite de manière systématique cette question. Ainsi, je ne pense pas qu'il soulève la question: quelles sont les conditions sociales qui rendent possible aujourd'hui l'avènement du Moi du politique? L'importance croissante prise par la vie institutionnelle et la division du travail? La paupérisation croissante des individus en pouvoir social, qui engendre une mutilation anthropologique de plus en plus intolérable (non suffisante à elle seule à susciter l'avènement du Moi du politique, puisque s'exprimant habituellement en symptômes de malaise, tels l'angoisse ou la dépression, ou donnant lieu à des symptômes de régression archaïque, alcoolisme, drogue...)? L'affaiblissement relatif des schèmes psycho-familiaux, rendant possible la perception-conscience de la réalité institutionnelle? Sans doute, tout cela à la fois.

Le seul mécanisme que Mendel met clairement en évidence, c'est que le phénomène social de captation de plus-value de pouvoir (dont la croissance obéit à une logique sociale autonome dont le fondement n'est pas explicite: pourquoi ce gigantisme croissant des institutions? Pourquoi ce renforcement du pouvoir d'Etat?) est occulté par les schèmes psycho-familiaux intériorisés par les individus. Les schèmes psycho-familiaux (vivre son patron comme son père ou son institution comme une grande famille) contribuent à voiler les rapports de pouvoir: ce qu'il en demeure — car ils sont aussi en crise — représente donc l'un des obstacles principaux à l'avènement du Moi du politique.

Nous rencontrons ainsi le dernier apport de *SP 1* et *2*. Quels sont les obstacles qui empêchent des individus appartenant à une classe institutionnelle d'accéder au Moi du politique, de construire une conscience de classe, d'engager la lutte pour le recouvrement du pouvoir social institutionnel de leur Acte? Deux types d'obstacles sont à différencier: des obstacles sociaux objectifs, des obstacles psychologiques. Des obstacles sociaux objectifs: le pouvoir est un fait réel et objectif, et il dispose des moyens (y compris la force et la coercition, si nécessaire) pour imposer sa volonté. Des obstacles psychologiques, qui méritent d'être pris en considération lorsqu'il existe un écart entre le pouvoir qu'une classe prend effectivement et le pouvoir qu'elle pourrait prendre (comme s'il existait un pouvoir à l'état flottant que la classe n'exploite pas). C'est précisément dans ce cas que la méthode d'intervention sociopsychanalytique est indiquée: là où, étant donné les conditions institutionnelles objectives, un recouvrement de pouvoir est possible. Dans le contexte de l'intervention sociopsychanalytique (qui crée les conditions «quasi expérimentales» d'émergence de la pulsion d'exigence de pouvoir: travail avec un groupe homogène), émergent les résistances psycho-familiales au recouvrement de pouvoir[15], par exemple sous la forme d'une culpabilité: le pouvoir = l'autorité = les parents, d'où «se hausser à la dimension du politique, essayer de vivre dans cette dimension, est dès lors toujours vécu par le sujet comme une agression contre l'Autorité — c'est-à-dire, dans son Inconscient, une agression contre les parents — *et réveille sa peur d'abandon» (SP 1*, p. 54). Le but de la méthode sociopsychanalytique est précisément de désocculter ce qui, émanant du psycho-familial, fait obstacle à l'accession au politique.

SOCIOPSYCHANALYSE 3 (1973)

Psychanalyse et Sociopsychanalyse

Texte très important, l'un des meilleurs de Mendel, et en général le meilleur texte que je connaisse (avec *Le psychanalysme* de R. Castel) sur les rapports entre psychanalyse et société.

Je n'insiste pas sur ce texte, dans la mesure où il a déjà fécondé certaines des analyses de notre deuxième partie. Je me contente d'en reformuler les principaux thèmes: délimitation du champ analytique, stimulé par les conditions techniques de la cure-type; relativité socio-historique de ce champ; définition du contenu d'une «idéologie» psychanalytique, liée à la pratique psychanalytique, tendant à occulter le champ social, à la fois lorsqu'elle fonctionne hors de la cure et dans la cure (le champ social étant aussi présent dans la cure); délimitation d'un champ de travail scientifique original: le Moi du politique (cf. *SP 1* et *2*).

La métabolisation du pouvoir social institutionnel et l'insoutenable fantasme de mauvais parents

Ce texte poursuit l'analyse de phénomènes qui se situent à la jointure entre le plan psycho-familial et le plan du politique, sur la base du matériel recueilli à l'occasion d'une intervention sociopsychanalytique. Il met en évidence l'interaction entre des fantasmes psycho-familiaux liés à l'activité enseignante (fantasmes de bons et de mauvais parents) et la captation de plus-value de pouvoir: le pouvoir social institutionnel (P.S.I.) capté par la classe des instructeurs sur la classe des stagiaires peut être métabolisé sur le mode psycho-familial, en investissant un schème psycho-familial (le fantasme de mauvais parents).

Autre particularité du texte: Mendel essaie d'introduire des éléments de quantification. Supposons que le P.S.I. produit par les deux classes (instructeurs et stagiaires) ait une valeur de 20. Si l'institution fonctionnait sur le mode politique autogestionnaire, chaque classe disposerait de la moitié du pouvoir (10/10) et l'investirait sur le mode du pouvoir du politique. Dans la situation où nous sommes, deux phénomènes se déroulent: d'une part, la classe des instructeurs capte une plus-value de pouvoir, estimée à 5 (15/5); d'autre part, chaque classe investit une partie de son pouvoir sur le mode du pouvoir du politique, et en métabolise l'autre partie sur le mode du pouvoir du psycho-familial (le rapport entre pouvoir du politique et pouvoir du psycho-familial est appelé par Mendel: «Composition fonctionnelle du P.S.I.»). Ainsi, pour la classe des instructeurs: le pouvoir qu'elle produit (valeur 10) se répartit selon le rapport 5/5; de plus, la plus-value de pouvoir qu'elle extorque (valeur 5) est entièrement métabolisée en psycho-familial (fantasme de mauvais parents) (cf. p. 113 et sv., ainsi que le tableau p. 120).

LE MANIFESTE EDUCATIF (1973)

Je me concentrerai sur la première partie de l'ouvrage, écrite par Mendel et intitulée «Quand la jeunesse devient une classe idéologique» (pp. 11-128).

Le Manifeste Educatif reprend les thèmes de *Pour décoloniser l'enfant* (problèmes de la jeunesse et de l'autorité, en particulier), eux-mêmes enrichis par les apports de *SP 1, 2* et *3* (problèmes du pouvoir). Mendel essaie de mieux articuler ces thèmes avec la doctrine marxiste, en prenant comme fil conducteur de sa théorisation, le concept d'idéologie (qui est au centre de toute cette première partie). En effet, Mendel dit ici adhérer au marxisme («Pour la théorie classique marxiste — à laquelle nous adhérons...», p. 108), tout en précisant que si le marxisme a justement théorisé les phénomènes de luttes de classes et d'exploitation économique, il a négligé d'autres phénomènes (les phénomènes relevant de l'autorité et de l'idéologie autoritaire), à partir desquels il s'agit de l'enrichir.

Notre question: comment s'opère l'articulation entre les thèmes marxistes et les thèmes mendéliens? Cette articulation représente-t-elle un progrès significatif?

Pour y répondre, j'essayerai d'enchaîner de manière cohérente les concepts et thèses de Mendel.

1. *Le concept d'idéologie*

Le concept d'idéologie, fil conducteur, dont Mendel donne la définition suivante: «Par idéologie, nous entendons, dans le sens qui fut donné par Marx et Engels, l'«idéel», en tant qu'il est déterminé par le «matériel», par l'existence sociale et économique du sujet» (p. 16), ou encore «idéologie: un système idéel produit par les circonstances matérielles de l'existence sociale des individus» (p. 27).

2. *Le champ spécifique du marxisme et l'idéologie bourgeoise dominante*

Le champ spécifique du marxisme: les modes de production, donnant lieu, dans une société capitaliste, à une exploitation de la classe ouvrière (extorsion de plus-value).

L'idéologie bourgeoise dominante: elle est produite par les rapports de production capitalistes, qui constituent sa base matérielle: elle tend à présenter comme naturelle l'exploitation économique de la classe ouvrière. Face à cette idéologie, peut se former une idéologie des dominés ou des exploités.

3. *L'autorité et son autonomie (relative)*

Les phénomènes d'autorité ont une autonomie (relative) par rapport aux modes et aux rapports de production («le problème de l'Autorité... ne se trouvait pas exclusivement déterminé par le mode de production», p. 50). Leur lieu de formation, ce ne sont pas les rapports de production, mais les rapports de reproduction (c'est-à-dire les rapports qui se nouent entre enfants et adultes). Au sein de ces rapports de reproduction, se joue en effet un «phénomène-Autorité *basal*» (p. 81), lié à la culpabilité, à la peur de perdre l'objet d'amour (cf. les racines psycho-affectives de l'autorité dégagées dans *Pour décoloniser l'enfant*).

4. *L'idéologie autoritaire*

Ce qui est neuf par rapport à *Pour décoloniser l'enfant*, c'est le thème d'une idéologie autoritaire. Mais en quel sens est-on en droit de parler d'une idéologie autoritaire?

Tout d'abord, comme toute idéologie, l'idéologie autoritaire se forme à partir d'une base matérielle, à savoir les rapports de reproduction (Mendel insiste fortement sur la «matérialité» des rapports de reproduction: p. 17, p. 43, p. 80): «nous pensons que ne sont pas seulement producteurs de phénomènes idéologiques mystifiants les modes et rapports de production, mais également *les rapports de reproduction humains*» (p. 17). «Pour nous, les phénomènes idéologiques ne sont pas exclusivement déterminés par le mode ou les rapports de production, mais par l'existence sociale concrète tout entière. Et cette existence sociale inclut à notre sens *les rapports de reproduction* qui engagent chez l'homme certaines particularités d'origine biologique... Dans ces particularités biologiques réside la base concrète d'une autre idéologie: l'idéologie autoritaire fondée sur la culpabilité, la peur de perdre l'objet d'amour...» (pp. 80-81).

De plus, comme toute idéologie, l'idéologie autoritaire tend à masquer, et par là à légitimer. Que voile-t-elle? C'est peut-être ici l'un des points de flottement de la pensée de Mendel. Mais disons en première instance que l'idéologie autoritaire voile les rapports de pouvoir ou de domination: «Le pouvoir des dominants devient masqué quand il a ainsi pris la forme de l'Autorité» (p. 30). Et Mendel d'ajouter en note: «C'est une des raisons pour lesquelles nous nous croyons autorisé à utiliser le terme d'idéologie (l'idéologie autoritaire): le sujet qui est soumis à l'Autorité d'un Grand n'est conscient ni de ce qui le contraint intérieurement à se soumettre, ni du pouvoir social qui lui est ainsi dérobé par cette infantilisation aliénante». Autre formulation générale: l'autorité, élément qui vient doubler les relations de pouvoir et les voile en les faisant paraître comme «naturelles», «sacrées», intransgressibles (p. 93; cf. aussi p. 32 et p. 44).

5. *Forme basale et forme secondaire de l'idéologie autoritaire*

Mendel distingue une forme basale de l'Autorité et de l'idéologie autoritaire, liée aux phénomènes «inévitables» de frustration-agressivité-culpabilité, liée à la peur de perdre l'objet d'amour, et une forme secondaire, socio-historiquement variable selon la nature du milieu reproducteur (famille). C'est ainsi que dans la famille restreinte, nucléaire, qui se développe à partir du XVIIe siècle (référence aux travaux de Ph. Ariès), l'autorité prend la forme du psycho-familial[16]. Or la forme de la famille est un produit du mode de production. D'où le mode de production (champ du marxisme) conditionne les formes de l'autorité et de l'idéologie autoritaire (mais partiellement, puisque la forme basale de l'Autorité échapperait à ce conditionnement) (cf. pp. 50-56 et pp. 81-83).

6. *L'intrication entre «idéologie autoritaire» et «idéologie dominante»*

L'idéologie autoritaire et l'idéologie dominante nouent un rapport d'intrication, dans la mesure où la seconde se moule ou se coule dans la première: «L'enfant une fois ainsi conditionné profondément à l'idéologie autoritaire, l'idéologie sociale dominante se coulera facilement dans le moule précédemment forgé, les deux idéologies s'intégrant de manière indémêlable» (p. 31). L'idéologie autoritaire devient «la base sur laquelle se développeront toutes les exploitations économiques de l'homme par l'homme et les idéologies sociales dominantes chargées de voiler cette exploitation» (p. 44). «Quand le propriétaire de l'usine est vécu inconsciemment comme le Père..., il devient bien difficile de prendre conscience des phénomènes d'exploitation...» (p. 84).

7. La désintrication actuelle entre idéologie autoritaire et idéologie sociale dominante

L'autorité et l'idéologie autoritaire sont aujourd'hui en crise. Pourquoi? Mendel se réfère ici à ses travaux antérieurs (pp. 45, 46, 94; cf. les vues développées dans *La crise de générations*: le développement technologique, le règne du principe d'efficacité...). D'où une désintrication entre idéologie autoritaire et idéologie sociale dominante: la seconde ne bénéficie plus de l'apport de la première. Conséquence ultime: la crise de l'Autorité «met à nu la domination idéologique» (p. 94; cf. aussi pp. 79-80).

Avant de passer au dernier point, il faut formuler l'une ou l'autre remarque.

Tout d'abord, est-il juste de distinguer une forme primaire et une forme secondaire de l'autorité? Si quelque chose est primaire (ou «inévitable»), ne sont-ce pas les racines ou la source de l'autorité (la peur de l'abandon...), mais non l'autorité elle-même comme exploitation par l'adulte de ces racines? En quoi l'autorité est alors de part en part sociale, même si elle s'appuie sur des fondements psycho-affectifs asociaux non créés par le fait social (cf. pp. 81 et 83).

Par ailleurs, des difficultés de lecture et de compréhension me paraissent liées à une insuffisance de différenciations conceptuelles. On observe en particulier un flottement qui touche les termes de «pouvoir», «domination», «exploitation». Que se passe-t-il en fait? D'une part, Mendel, adhérant au marxisme, veut développer une articulation avec le marxisme (en cela il prolonge ce qui était déjà posé dans *Pour décoloniser l'enfant*: le conditionnement à l'autorité s'inscrit dans une société organisée par des rapports d'exploitation). Mais d'autre part, après *SP 1* et *2*, il ne peut plus éviter le problème du pouvoir et le lien de celui-ci avec l'autorité (rappelons la thèse de *SP 1* et *2*: les schèmes psycho-familiaux, c'est-à-dire une forme de schème autoritaire, voilent les phénomènes de captation de plus-value de pouvoir, c'est-à-dire le champ du politique). Avec *Le manifeste éducatif*, il se produirait une sorte de recouvrement des deux perspectives, qui évacue la distinction posée dans *SP 1* et *2* entre rapports d'exploitation et rapports de pouvoir: l'autorité voile indifféremment des rapports de pouvoir ou des rapports d'exploitation. On lira dans cette perspective les pp. 79-80 et 94.

Le même effort de conciliation avec le marxisme va amener Mendel à forger un concept inadéquat: le concept de classe idéologique.

8. *La jeunesse: classe idéologique?*

Dans *Pour décoloniser l'enfant*, Mendel a assimilé la jeunesse à une «classe sociale». Or, la jeunesse n'est pas une classe sociale au sens marxiste; elle ne se forme pas dans l'économique, dans le processus de production. Devrait-on alors renoncer à l'idée qu'elle constitue un groupe significatif, possédant une identité en voie de constitution? Non. Elle n'est pas une «classe sociale» au sens strict. Mais elle est tout de même une classe. Elle sera une classe idéologique. Or ce dernier concept n'a pas de sens, eu égard aux présupposés conceptuels que s'est donnés Mendel. En effet, une classe idéologique serait une classe qui se définirait d'abord (voire exclusivement) par sa position dans l'idéologique. Or l'idéologie, nous le savons, est, par définition, le produit d'une existence sociale, de conditions matérielles d'existence. En conséquence, si la jeunesse se caractérise bien par une conscience propre, par une idéologie propre, qui se forme en elle, elle se caractérise d'abord par les conditions de son existence sociale, qui rendent possible la formation de cette idéologie.

En fait, si Mendel s'était situé franchement sur les positions de *SP 1* et *2*, il n'aurait pas forgé le concept de classe idéologique, il n'aurait eu aucune peine à affirmer: «la jeunesse est une classe sociale». Car il est d'autres éléments déterminants de l'existence sociale des hommes que l'élément économique (ce qu'il hésite à poser ici, étant donné son adhésion affichée au marxisme) : les phénomènes de pouvoir et de répartition de pouvoir. La jeunesse est une classe sociale, parce qu'elle est dépossédée de pouvoir. De plus, sur la base de cet élément crucial de son existence sociale, et dans la mesure où elle est atteinte de plein fouet par la crise de l'autorité, elle est en état plus qu'aucune autre de prendre conscience des rapports de pouvoir (mis à nu) qui l'affectent et qui articulent la société dans son ensemble (en elle se forme une idéologie anti-autoritaire).

SOCIOPSYCHANALYSE 4 (1974)

Qui est l'intervenant?

A un moment donné, se forma, autour de Mendel, un premier groupe SP (Groupe «Desgenettes»; date de naissance: octobre 1971), pratiquant des interventions SP (première intervention: février-mars 1972). Par la suite, d'autres groupes SP se formèrent.

Ce qu'on voit apparaître à partir de *SP 4*, c'est l'évocation de problèmes liés au fonctionnement des groupes SP (antérieurement, les textes publiés dans les numéros de SP étaient surtout axés sur l'«objet» de l'analyse, sur les classes institutionnelles, et moins sur les «sujets» de l'analyse, l'intervenant et le groupe SP).

Ce qui est d'abord interrogé par Mendel, c'est un problème interne au groupe SP (pp. 20-39), en particulier sa position dans le groupe. Position difficile, Mendel apparaissant inévitablement comme le «Père» fondateur de la SP et du groupe. D'où le risque pour le groupe de vivre selon le psycho-familial, plutôt que selon le politique (tendance du groupe à se dessaisir du pouvoir de son acte au bénéfice de Mendel vécu comme père: demande adressée à Mendel de théoriser la première intervention SP; tendance de Mendel lui-même à investir certains schèmes psycho-familiaux: peur que les membres du groupe ne le quittent).

Ce qui est interrogé ensuite, c'est le rapport classe-groupe SP. Mendel se rend compte que la classe en analyse projette un fantasme sur le groupe SP: le désir inconscient (fantasme collectif) de nouer une relation sur le mode du politique avec le groupe, ou encore le fantasme que les relations internes au groupe SP (incluant l'intervenant) sont de l'ordre du politique. Ce fantasme (qui est une expression travestie par projection sur le groupe de la pulsion d'exigence de pouvoir de classe) est en fait le support de l'intervention. Mais à cette position projective de la classe, correspond une position contraprojective du groupe vis-à-vis de la classe, dont l'analyse, effectuée par le groupe, donne accès à la compréhension des positions projectives inconscientes de la classe.

On observe ainsi combien l'intervention psychanalytique est le modèle sur lequel s'est structurée l'intervention SP. D'une part, les règles fondamentales de l'intervention SP sont un décalque des règles fondamentales de la psychanalyse (cf. *SP 2*, pp. 21-22). D'autre part, ce qui se passe dans *SP 4*, c'est la mise en évidence dans l'intervention SP de processus comparables aux processus de transfert-contre-transfert. On peut donc se demander dans quelle mesure l'intervention SP n'emporte pas aussi certaines des ambiguïtés de la relation analytique comme relation de pouvoir (cf. les analyses de Castel).

Sociopsychanalyse dans une institution psychanalytique

Ce texte raconte l'intervention effectuée avec un groupe de lycéens appartenant à une école fondée sur un modèle psychanalytique.

Deux remarques méritent d'être formulées à son propos. D'une part il nous offre des éléments pour une réflexion sur les institutions «psychanalytiques», définies comme lieux de parole ou de libération de la parole, mais occultant peut-être par là certains rapports de pouvoir (ou instituant de nouvelles formes de pouvoir). D'autre part, il faut relever une des grandes ambiguïtés de cette intervention, qui n'était pas demandée par les lycéens. Ce point est débattu par le groupe SP (pp. 111-112).

SOCIOPSYCHANALYSE 5 (1975)

La sociopsychanalyse institutionnelle: Pour qui? Pour quoi?

Le débat continue à propos du fonctionnement des groupes SP. Il se déplace du fonctionnement intragroupe du groupe Desgenettes (G.D.) vers le fonctionnement intergroupes. Mendel relève entre le G.D. et les autres groupes SP, les mêmes problèmes qui s'étaient posés au sein du G.D. entre lui-même et les autres membres du groupe : impact de vécus psycho-familiaux, sentiment de rivalité, passages à l'acte institutionnels agressifs, repli sur soi, désir de fonder tout seul la Sociopsychanalyse... Mendel pose que toute intensification des projections, des fantasmes, voire le passage à l'acte, par rapport au G.D. ou à lui-même est réactionnelle à des difficultés actuelles rencontrées par le groupe (p. 21). Ce débat incite aussi Mendel à réfléchir sur le statut des groupes SP: forment-ils une institution? Quel est leur Actepouvoir? (cf. pp. 20-21). Par ailleurs, Mendel revient sur le problème de la délimitation du champ d'analyse et d'intervention SP, qu'il s'efforce de situer par rapport à la société globale (la problématique est proche de *Pour une autre société*, texte contemporain de *SP 5*).

POUR UNE AUTRE SOCIETE (1975)

Cet ouvrage est une explication directe avec Marx et avec la théorie marxiste du mode de production capitaliste. Mendel aborde ainsi de front les phénomènes économiques et les institutions productives. Il s'efforce de réinscrire les phénomènes de pouvoir et de captation de plus-value de pouvoir dans la base économico-sociale du mode de production capitaliste.

Ouvrage difficile, qui ne se déroule pas linéairement, traversé de thèmes répétitifs, repris de chapitre en chapitre et pas toujours suffisamment explicités ou argumentés. Aussi vais-je tenter de resituer ces thèmes dans une suite cohérente.

1. Conditions de formation du mode de production capitaliste (MPC)

« Le MPC ne naît pas à partir de rien. Il est né à partir de deux réalités : l'existence d'un premier capital *non produit par le MPC* et l'existence d'un début notable de domination politique de la classe bourgeoise et de développement de l'Etat » (p. 103).

D'une part, la classe bourgeoise, capitaliste, se forme avant le prolétariat (dans la lutte des classes, elle a une longueur d'avance sur le prolétariat), comme classe marchande (capitalisme marchand), et cela à l'époque médiévale : elle accumule ainsi un premier capital (accumulation primitive), qui pourra être injecté dans la production (capitalisme industriel) et rendre possible le mode de production capitaliste. En ce sens, la classe capitaliste préexiste au mode de production capitaliste.

D'autre part, la classe bourgeoise entre en collusion avec l'Etat monarchique, elle prend possession du pouvoir d'Etat et par là décide les mesures politiques contribuant à la constitution du prolétariat dont elle a besoin pour développer son mode de production (arrachement des paysans à la terre, apparition d'une masse de gens n'ayant d'autre choix pour subsister que de vendre leur force de travail) (cf. pp. 115-117).

2. Le mode de production capitaliste (d'après Marx)

Mendel reprend à son compte la théorie marxiste du mode de production capitaliste (notons que l'essentiel des thèses de l'ouvrage est schématisé dans le tableau de la p. 182, auquel on peut constamment se référer). Dans la production capitaliste, un cycle A - M - A' s'accomplit. Le capital achète des marchandises (A → M) : de la matière première et des outils de travail (capital constant) et de la force de travail (capital variable), le travailleur étant réduit à n'être qu'une force de travail achetée sur un marché, et contrairement à ce que Mendel dit (p. 113), payée intégralement à sa valeur. L'ensemble de ces trois composantes (matière, outils, force de travail) constituent les forces productives. Le capital consomme la marchandise qu'il a achetée, il combine les forces productives dans un procès de production, qui aboutit à des marchandises dotées d'une valeur d'échange qui sera réalisée au moment de la vente sur le marché (M → A'). Or les valeurs produites dépassent les valeurs engagées ou investies (A' > A). D'où vient cette plus-value ? De l'exploitation des travailleurs transformés en forces de travail : seule une partie de la valeur produite par le travail est retournée aux travailleurs sous forme de salaire (car la valeur produite par la force de travail dépasse la valeur de cette force de travail, c'est-à-dire le coût de son entretien : la force de travail produit plus de valeur qu'elle n'en coûte).

La base économico-sociale du MPC, dira toujours à nouveau Mendel, c'est qu'une partie du travail n'est pas payée (il vaudrait mieux dire : une partie de la valeur produite par le travail...). La plus-value ainsi dégagée peut être réinjectée dans le cycle du capital et alimenter la reproduction élargie du capital.

3. Le cycle mendélien

Mendel accepte tout à fait les thèses marxistes classiques qui viennent d'être énoncées. Mais il estime qu'autre chose se passe dans le capitalisme, qu'un autre cycle se développe, qui a son originalité, même s'il s'articule avec le premier, et qui intéresse le champ du pouvoir social.

a) Les marchandises produites par l'institution productive sont non seulement porte-valeur, mais aussi porte-pouvoir. Du pouvoir se coagule dans la marchandise, du pouvoir qui va se réaliser, se libérer au moment où la valeur d'usage de la marchandise sera consommée (de même que la valeur d'échange se réalise au moment de l'achat de la marchandise).

Cette thèse assez énigmatique ne peut se comprendre qu'à la lumière de *SP 1* et *2* et du concept de pouvoir et d'Actepouvoir qui y est défini. Tout Acte est pouvoir (pouvoir de l'Acte) en tant qu'il modifie l'environnement social. L'Acte des travailleurs d'une institution productive est pouvoir, dans la mesure où ce qui résulte de leur Acte (c'est-à-dire les marchandises qu'ils produisent) a pour effet de modifier l'environnement social. Leur pouvoir est ainsi transmis à la marchandise et va se libérer lorsque cette dernière sera consommée (c'est à ce moment seulement que la marchandise peut modifier l'environnement social).

b) L'institution productive produit donc du pouvoir. Mais ce pouvoir est ôté, est enlevé aux travailleurs. Elle n'est pas seulement le lieu du vol de valeur (plus-value), elle est le lieu d'un vol de pouvoir. Les travailleurs dépossédés de ce qu'ils produisent, sont, dans le même mouvement, dépossédés de la valeur qu'ils produisent (captation de plus-value économique) et dépossédés du pouvoir qu'ils produisent (captation de plus-value de pouvoir). Ils n'ont aucune maîtrise, aucun pouvoir sur leur Acte et le produit de leur Acte. Une absence de maîtrise qui va en s'accroissant avec la division et l'émiettement du travail. Il en résulte une véritable mutilation anthropologique des travailleurs. Une mutilation par absence de pouvoir, liée à l'écart grandissant entre l'Acte (le geste parcellisé du travailleur à la chaîne) et le pouvoir de l'Acte (le produit fini et son trajet, son effet social), qui va s'exprimer en symptômes de malaise social, comme l'absentéisme, le turn-over, les baisses de productivité (pp. 160-161). Ces symptômes sont de véritables expressions de la lutte de classes, et dans la mesure où ils se manifestent d'autant plus qu'un pays est capitalistement développé, ils confirment d'une certaine façon que la lutte de classes s'intensifie avec le développement du capitalisme. Toutefois, ce sont «des effets non volontaires d'une lutte de classes non consciente» (p. 160). Ils ne sont pas porteurs d'avenir: «les symptômes sociaux dans le processus de travail ne résultent pas d'une prise de conscience socio-politique, d'une lutte politique quelconque, mais d'effets régressifs résultant de l'écart entre l'Acte et le pouvoir de l'Acte dans une société où le consensus autoritaire a disparu» (p. 162).

c) La consommation du pouvoir des marchandises et le renforcement du pouvoir d'Etat.

Dans *SP 1* et *2*, Mendel relevait comme une tendance de la société actuelle un renforcement du pouvoir des appareils centraux. Mais il n'expliquait pas le pourquoi de cette tendance. Il formule ici une explication, mais elle n'est pas facile à comprendre: elle demanderait à être mieux formulée et mieux étayée.

On pourrait dire que sa thèse est aussi une thèse classique du marxisme, qu'il élargit pour tenir compte des processus de pouvoir social qu'il met en évidence.

La thèse classique du marxisme, c'est que l'Etat («capitaliste») se renforce pour aider le capitalisme à surmonter les effets de ses contradictions internes (ainsi les crises, la tendance à une baisse du taux de profit, ont amené l'Etat à intervenir de plus en plus en matière économique et sociale).

Ce que nous propose Mendel, c'est une modulation de cette thèse, qui s'exprime comme suit: le développement du capitalisme conduit à une destruction accélérée des rapports sociaux, du tissu social. Par quel mécanisme? Notamment, par la consommation du pouvoir des marchandises produites par le capitalisme. Mais comment comprendre cette proposition, qui est répétitivement formulée, mais jamais vraiment expliquée et argumentée? Est-ce la marchandisation de plus en plus généralisée (tout se vend, tout s'achète), qui détruit les rapports «humains» entre les hommes? Est-ce plutôt le contenu de ce qui est produit qui est en cause, comme le laisse pressentir l'exemple le plus souvent cité de la voiture: «la consommation de masse est sans doute l'élément le plus actif de destruction, de décomposition du tissu social, transformant les communautés sociales en une «foule solitaire». La voiture individuelle, si sa vente et son achat sont un des baromètres de l'activité économique, sa consommation quotidienne par l'utilisateur détruit le tissu urbain traditionnel, surindividualise (et le plus souvent de manière régressive) les membres de la société...» (p. 25)? Toujours est-il que si ce processus de dissolution des rapports sociaux, qui correspond à une tendance du capitalisme, était poussé à bout, le capitalisme lui-même serait en menace d'éclatement. Et cela pour des raisons «anthropologiques»: la dislocation du tissu social engendre, sur les individus, des effets qui se traduisent par: violence, sabotage, désordre, dépression, angoisses, malaises psychosomatiques, alcoolisme... D'où l'intervention accrue de l'Etat, qui, devant renforcer son pouvoir, capte ce pouvoir sur les institutions de base et les classes institutionnelles de ces institutions. Quelle est en effet la fonction de l'Etat? Elle est de «réduire les facteurs d'opposition humaine latente» (p. 130), «de «tenir» les rapports sociaux... face à l'«italianisation» des rapports sociaux quotidiens (c'est-à-dire au désordre social généralisé) et à l'«américanisation» idéologique (c'est-à-dire à la décomposition psychologique et morale)» (p. 90), et cela en vue d'éviter un état catastrophique pour le capital (p. 93), de manière à ce que les rapports sociaux demeurent compatibles avec la reproduction élargie du capital (p. 93, p. 130).

Mais comment fait l'Etat pour opérer cette sorte de réparation d'un tissu social désagrégé? C'est ce qui ne nous est pas expliqué concrètement. On pourrait toutefois jeter un éclairage profond à partir des thèses mendéliennes sur l'évolution de la psychiatrie. Certaines tendances récentes de psychiatrie communautaire (organisée par l'Etat sous le nom de psychiatrie de secteur) n'ont-elles pas pour finalité de recomposer artificiellement (sous le contrôle de techniciens) dans la communauté des réseaux de solidarité, là où ceux-ci deviennent de plus en plus défaillants? Et n'est-ce pas à une même finalité qu'obéissent, dans l'institution productive, les psychosociologues chargés de restituer de l'humanisation à un processus de travail foncièrement déshumanisé, autorisant ainsi la continuation vaille que vaille d'un travail productif (p. 157)[17]?

4. *Pour une autre société*

Mendel en appelle à un processus de travail «socialiste». Mais il ne le définit guère. Il dit plus ce qu'il ne peut pas être que ce qu'il sera positivement.

Tout d'abord, ce ne sera pas un processus de travail capitaliste. Mendel insiste constamment sur le fait que les «forces productives ne sont pas neutres». Reprendre telles quelles les forces productives capitalistes (la transformation du travailleur en force de travail-marchandise), même en changeant (ou croyant changer) le régime des rapports de production (appropriation «collective» des moyens de production), c'est se condamner à reproduire le tout du capitalisme (y compris l'Etat capitaliste). Une société socialiste n'est concevable que dans un changement profond du processus de travail.

Mais ce ne sera pas non plus un processus de travail précapitaliste. La division du travail a une dimension positive : « Cette division... a été un facteur éminemment positif d'élargissement des perspectives, faisant dépendre chaque homme d'une partie toujours plus étendue de la société, élargissant les solidarités effectives sociales et internationales. Personne n'est plus conservateur... que le petit cultivateur qui se suffirait économiquement à lui-même » (p. 164). Il n'est donc pas question de revenir en deçà de cette division technique du travail : pas de retour à des cellules autogérées, à des communautés en huis clos, autarciques, autosubsistantes, à un néo-corporatisme médiéval (p. 148, p. 159, p. 164).

Mais que serait positivement un processus de travail socialiste ? Seul un principe très général en est défini : ce serait un travail qui, tout en maintenant une division technique, permettrait aux travailleurs (aux collectifs de travailleurs) de recouvrer le pouvoir de leur Acte spécifique (cf. par exemple p. 149). Mais qu'est-ce que cela implique concrètement ? On ne nous en dit rien, si ce n'est que ce processus de travail ne sera pas nécessairement compatible avec le maintien de tous les outils techniques existant actuellement (par exemple, les centrales nucléaires; p. 136), ce qui pourrait entraîner un bilan « économique » négatif (cassure de l'expansion, baisse du niveau de vie), compensé largement par un bilan « humain » positif.

On doit en tout cas remarquer en conclusion que dans cet ouvrage, Mendel accomplit l'effort le plus poussé qu'il ait peut-être jamais accompli en vue d'inscrire son champ spécifique de travail (le pouvoir social) dans le champ marxiste (le procès de production). Non seulement il proclame une adhésion au marxisme, mais il formule des hypothèses qui enracinent l'ensemble des processus sociaux (y compris le vol de pouvoir organisé par l'institution économique productive, celle-ci modélisant toutes les autres institutions capitalistes) dans la base économico-sociale du mode de production capitaliste, elle-même « déterminant ultime » (p. 191).

SOCIOPSYCHANALYSE 6 (1976)

La sociopsychanalyse comme alibi et comme défense

Au centre du débat, à nouveau des problèmes liés au fonctionnement intergroupes, en particulier un conflit entre le groupe Desgenettes (G.D.) et le groupe de Paris 2.

Le groupe Paris 2 s'est isolé, n'a pas participé au bulletin de l'intergroupes SP, invoquant notamment ses difficultés de relation avec le G.D. et Mendel : les difficultés de relation du groupe Paris 2 avec l'intergroupes camouflent des difficultés internes au groupe Paris 2 et à son intervention SP. Intervient alors l'analyse critique de l'intervention du groupe Paris 2 : le groupe Paris 2 utilisait la théorie SP comme théorie à inculquer autoritairement à la classe institutionnelle (la SP comme alibi et défense).

Notes préliminaires sur les clivages complémentaires

Cet épisode donne aussi l'occasion à Mendel de théoriser les phénomènes de clivages intragroupe, qui renverraient à des phénomènes se déroulant dans la classe.

LA CHASSE STRUCTURALE (1977)

1. La chasse structurale et les systèmes structuraux

a) La chasse structurale

Mendel s'interroge sur l'hominisation, sur la naissance et la formation de l'espèce humaine. Selon lui, ce qui a ouvert l'hominisation, c'est un nouveau rapport social de production, la chasse structurale.

Selon l'hypothèse généralement admise aujourd'hui, les premiers hommes (ou hominiens) ont vécu de la chasse. La naissance de l'homme coïncide avec la naissance de la chasse comme mode de production (au sens marxiste), incluant forces productives et rapports de production : d'une part, les hommes affrontent le gibier via des outils œuvrés de leurs mains (forces productives) ; d'autre part, ils nouent entre eux des rapports déterminés (rapports de production). Ce sont ces rapports qui paraissent décisifs à Mendel. Car les hommes ne chassent pas individuellement, ils chassent collectivement, selon une nouvelle forme de coopération dite structurale : la chasse est structurale parce qu'elle n'est pas une addition d'actes individuels, mais parce qu'elle consiste en un fonctionnement d'ensemble fondé sur les interrelations dynamiques entre les actes individuels (Mendel compare volontiers la chasse structurale au football).

b) Les systèmes structuraux

En même temps que la chasse structurale, et à partir d'elle, se mettent en place des systèmes structuraux, fonctionnant selon la même règle structurale. Ainsi, le langage, obéissant à un fonctionnement structural (reprise des apports de la linguistique structurale).

Parmi ces systèmes, Mendel insiste tout particulièrement sur le système structural que forme le système volitionnel humain. On sait aussi que la verticalisation et la libération de la main et des membres antérieurs accompagnent le processus d'hominisation. Mendel dira : l'image du corps se scinde en deux composantes, l'une qui correspond à une image unitaire du corps global, l'autre qui correspond à l'activité des membres antérieurs. Or, cette seconde composante formerait un système volitionnel de type structural « jouant avec des « unités » motrices comme le système phonologique joue avec les « unités » phonématiques et produisant non pas des mots et des phrases, mais des gestes et des actes » (p. 96). Système volitionnel qui n'aurait pas engendré la chasse, selon un mode de déroulement mécanique (station debout - libération de la main - fabrication d'outils - chasse), mais qui aurait été engendré par elle (même s'il est vrai aussi que la chasse n'était pas possible sans lui : il y a engendrement réciproque de la chasse structurale et des systèmes structuraux, sur la base de la chasse structurale).

2. L'Actepouvoir collectif et le pseudo-corps social

Ayant posé cela, Mendel introduit son thème cher: le thème du pouvoir. Car la chasse structurale qui spécifie l'humanité naissante est un Actepouvoir collectif, venant se substituer à l'Actepouvoir individuel par lequel le primate assurait la reproduction de sa vie immédiate. D'où la naissance de l'humanité coïncide avec une désindividualisation, avec une forme de dessaisissement (ou d'hémorragie) de l'individualité au bénéfice du collectif. Un hiatus, une faille s'installe entre le corps individuel et l'Acte collectif, que l'humanité va avoir tendance à combler par une réponse imaginaire. Comme l'Acte individuel est porté par le corps individuel vivant, l'Acte collectif aura comme support (imaginaire ou illusoire) un corps: un pseudo-corps social. «Rien ne peut faire que je n'attende pas de retrouver comme support de l'Acte collectif du groupe un corps anatomique, aussi matériel que mon corps individuel, et qui serait le véritable corps social» (p. 91). Mais dès lors, étaient jetées les bases de l'Autorité. L'Actepouvoir collectif n'était plus le fait du collectif, mais de l'entité chargée d'incarner le pseudo-corps social. Le pouvoir venait désormais d'en haut et non plus de la base, il était métabolisé en Autorité: «les chasseurs investissaient du même coup, par une véritable métabolisation de pouvoir en Autorité, le soubassement imaginaire du fonctionnement structural» (p. 146). Mendel formule l'hypothèse que c'est d'abord sur le gibier (élevé à l'état de Gibier Idéal devenant animal totémique: p. 140) que le pseudo-corps social fut projeté: «une partie du pouvoir produit au cours de la chasse structurale fut projetée sur le Gibier, attribuée au Gibier. Là serait née ce que nous nommons l'Autorité» (pp. 131-132).

Remarquons ici que *La chasse structurale* marque un retour à une démarche anthropologique générale après les acquis de *SP 1, 2...* Si on confronte *La chasse structurale* et *La révolte contre le père*, on voit ce qui a changé. L'histoire de l'homme n'est plus d'abord l'histoire du développement de structures psychiques, elle est avant l'histoire des rapports sociaux (acquis du marxisme). Toutefois, surgit une question résultant de la confrontation avec *Pour une autre société*. Alors que, dans ce dernier ouvrage, la captation de plus-value de pouvoir (le vol de pouvoir) était réinscrite dans une organisation capitaliste de la production fondée sur des rapports sociaux d'exploitation (cf. la base économico-sociale du mode de production capitaliste), ici la déperdition ou l'hémorragie de pouvoir n'est plus l'effet d'une structure productive spécifique historiquement située, mais se trouve liée à la structure humaine de production en général, comme production collective (la projection du pouvoir collectif sur un pseudo-corps social est présentée comme quasi inévitable en vertu d'un fonctionnement anthropologique général). Mendel toutefois se rend compte du problème puisqu'il précise que l'institution d'un pseudo-corps social ne répond pas à une fatalité, à un malheur ontologique, à un «péché originel». Mais voilà tout de même le vol du pouvoir collectif bien enraciné dans la condition humaine! Mais s'il n'est pas fatal, qu'est-ce donc qui pourrait le contrecarrer? Ici se réintroduisent les perspectives actuelles de la Sociopsychanalyse. Mais n'est-ce pas donner trop à celle-ci, dans une perspective à la limite idéaliste, que d'affirmer que le dessaisissement du pouvoir était lié à une impuissance à penser l'Actepouvoir collectif (ce qu'aurait réussi la Sociopsychanalyse).

3. *Le pouvoir des hommes, l'inconscient, l'imago maternelle*

Si les perspectives du premier Mendel ont été un instant annulées, elles reviennent avec la dernière partie de l'ouvrage. Les problèmes de la structuration psychique de l'humanité sont réintroduits, mais dans un cadre moins (ou non) psychologisant, l'humanité se définissant d'abord en termes de rapports sociaux: «Nous ne dirions probablement plus aujourd'hui que le développement d'une imago (inconsciente) paternelle est la cause de la révolution... dans le mode de production» (p. 299).

Mendel s'efforce de resituer la formation d'un inconscient psychique (par refoulement de l'archaïsme) et la formation d'une imago maternelle archaïque (dont Mendel continue à soutenir l'originarité) dans le contexte des transformations sociales qui ouvrent le processus d'hominisation. Je n'entrerai pas dans le détail, le raisonnement très largement spéculatif de Mendel étant particulièrement complexe (le § 7 de la cinquième partie, pp. 288-294, donnant un bon résumé). Je me borne à trois remarques:

- Mendel met particulièrement l'accent sur un fait fondamental, résultat indiscutable de la recherche ethnologique : la domination exercée par les hommes sur les femmes, liée elle-même à l'institution de la chasse structurale (celle-ci étant le fait des hommes).

- Le refoulement et la formation de l'inconscient au sens freudien résulte de la prématuration de l'enfant humain, qui s'inscrit dans les transformations amenant la naissance de l'homme. La prématuration est à l'origine d'une phase fantasmatique inévitable, qui du fait de son incompatibilité avec la logique de l'Acte, exige le refoulement. Les femmes, vouées par nécessité à l'éducation des petits, étaient d'autant plus exclues de la chasse structurale et donc d'autant plus dominées.

- Enfin, du fait de l'association intime mère-archaïsme, l'inconscient était occupé par une imago archaïque maternelle, dont la conjuration intrapsychique nécessaire se doublait de mesures de « refoulement social » : développement de protections défensives contre l'univers féminin, vécu comme fascinant et parfois déifié (déesse-mère) dans le mythe [18].

EPILOGUE : QUESTIONS A GERARD MENDEL

Au mois de mai 1979, je recevais Gérard Mendel à l'Université de Louvain-la-Neuve. Il avait en effet accepté de clôturer avec nous le séminaire qui avait été consacré à l'étude critique de son œuvre. A cette occasion, je lui adressais les principales questions qui me paraissaient s'être dégagées de la lecture de son œuvre. Rien, me semble-t-il, ne peut mieux condenser ou résumer les perspectives d'analyses esquissées à travers le parcours critique qui vient d'être accompli. C'est pourquoi je me permets de reprendre ici, à titre de conclusion, le contenu de mon intervention orale.

« Je vais essayer de formuler quelques questions, que j'adresse à Gérard Mendel. Questions que je grouperai autour des trois axes que nous avons régulièrement distingués à l'occasion de notre lecture : la vision de la société, la vision du psychisme et l'articulation socio-psychanalytique.

Tout d'abord, *la vision de la société.*

Si l'on veut articuler les structures psychiques avec les structures sociales, il est important de se donner un paradigme social de référence. Sur ce plan, Mendel me paraît avoir parcouru une évolution que je me suis efforcé de retracer en choisissant comme pôle de confrontation le paradigme ou la vision sociale marxiste.

Je rappelle brièvement les étapes que j'avais cru déceler. Tout d'abord, une vision sociale prémarxiste. Ensuite, une vision qui commence de se laisser pénétrer par des thèmes marxistes (tels «classes sociales», «rapports de production»), sans vraiment encore s'expliquer clairement avec eux — c'est un moment que je situais dans *Pour décoloniser l'enfant.* Enfin, une vision qui se situe beaucoup plus clairement par rapport au marxisme, mais d'abord sous la forme d'un non-marxisme — c'est un moment que je situais dans les deux premiers numéros de *Sociopsychanalyse.* Qu'y disait Mendel en effet, sinon que finalement, les problèmes sociaux de notre temps, on ne pouvait pas ou on ne pouvait plus les poser en termes de classes sociales ou en termes d'exploitation économique, mais plutôt en termes de pouvoir, de distribution de pouvoir, de captation de plus-value de pouvoir. Jusqu'à ce que Mendel, dans une dernière étape, affirmant son adhésion au marxisme, s'efforce de réinscrire les mécanismes liés au pouvoir dans la base économico-sociale du mode de production capitaliste — c'est *Pour une autre société.* Problématique par rapport à laquelle *La chasse structurale* nous offrait une dernière version: *La chasse structurale* maintenant la liaison entre Actepouvoir et mode de production, mais déplaçant cette liaison du mode de production capitaliste vers un mode de production humain originaire, à savoir précisément la chasse structurale.

Nous pourrions demander à Gérard Mendel — c'est un premier ensemble de questions — de s'expliquer sur sa vision fondamentale de la société, sur l'évolution qu'il a parcourue à cet égard, sur son rapport avec le marxisme et finalement sur la manière dont il voit aujourd'hui le problème du rapport entre d'une part l'Autorité et le Pouvoir, qui est le champ sur lequel il a mis une insistance particulière, d'autre part les rapports de production et l'exploitation économique qui s'y joue. Une autre manière de dire : le problème du rapport entre la lutte de classes institutionnelle, qui est le champ propre de l'intervention sociopsychanalytique et dont l'enjeu est le pouvoir, et la lutte de classes au sens où l'entend classiquement le marxisme. Ce qui pourrait déboucher sur une question qui toucherait la Sociopsychanalyse elle-même et son inscription sociale dans les luttes de notre temps. Au fond, la Sociopsychanalyse n'est-elle pas portée par des luttes sociales d'un type nouveau qui seraient transversales par rapport aux luttes traditionnelles du mouvement ouvrier ? Ce dont le signe pourrait être que le terrain d'action privilégié de la Sociopsychanalyse, ce sont surtout les institutions non productives, éducatives en particulier.

En ce qui concerne le deuxième axe, *la vision du psychisme*, ce qui se trouve au centre de l'interrogation, c'est moins le rapport au marxisme que le rapport à la psychanalyse.

A nouveau, on pourrait retracer brièvement une évolution. Dans un premier temps, Mendel reprend à son compte ce qu'il considère comme des découvertes fondamentales de la psychanalyse touchant les structures psychiques, mais il les historise, c'est-à-dire qu'il montre comment ces structures se développent à travers une histoire, à travers l'évolution de l'humanité. Dans un deuxième temps — et il me semblait que les premiers numéros de *Sociopsychanalyse* étaient décisifs à cet égard — il développe une critique de la psychanalyse, une critique de la position historique relative de la psychanalyse, débusquant même l'idéologie dont est porteuse la psychanalyse, affirmant que la psychanalyse masque ou occulte un champ ou une dimension spécifique du fonctionnement mental, qu'il appelle le « moi du politique » et qu'il s'agira dès lors d'ouvrir à l'étude, notamment par la mise en place de cette méthode d'intervention sociopsychanalytique propre à en susciter l'activation.

Ici deux questions. Est-ce que Gérard Mendel pourrait nous donner quelques éclairages sur les lois de fonctionnement de ce « moi du politique » ? Nous avons été assez intrigués dans le courant du séminaire par cette « pulsion d'exigence de pouvoir de classe » qui est un peu l'organisatrice dynamique de ce « moi du politique ». C'est une notion qui nous a paru un peu mystérieuse. Deuxième question. Nous souhaiterions savoir jusqu'à quel point la Sociopsychanalyse est en rupture avec la psychanalyse, ou dans quelle mesure elle reste imprégnée par la psychanalyse.

Sur le versant théorique, on a l'impression que même si le « moi du politique » a été masqué, occulté par la psychanalyse, malgré tout il n'est pas d'autres ressources conceptuelles pour le penser que les ressources que la psychanalyse nous a offertes, par exemple des concepts énergétiques comme « pulsion », « plaisir » ou des concepts dynamiques comme « projection », « régression », « dénégation ». En telle sorte qu'au fond, malgré sa relativité socio-historique, la psychanalyse aurait produit quand même des concepts de valeur universelle qui déborderaient sa propre situation socio-historique. Sur le versant pratique, ce qui est frappant, c'est que la situation sociopsychanalytique comme situation d'intervention transpose, au niveau de ses règles de fonctionnement, les règles de fonctionnement de la situation analytique, par exemple : privilège de la parole contre l'agir, règle d'associations libres, règle d'abstinence, neutralité, contrat, médiation de l'argent. A telle enseigne aussi que petit à petit le ressort de l'intervention sociopsychanalytique va apparaître comme étant de l'ordre du transfert. Transfert ou projection de la classe sur le groupe, liée elle-même à une sorte de contre-transfert : position contraprojective du groupe sur la classe.

Voici pour le deuxième axe et j'en terminerai rapidement maintenant avec le troisième axe qui est l'axe *sociopsychanalytique* proprement dit, soulevant la question de savoir comment interagissent les structures psychiques et les structures sociales.

Sur ce plan, il nous a semblé que Mendel était parti d'une position très psychologisante, c'est-à-dire d'une position qui accorde une grande part aux structures psychiques dans la production des formes socio-historiques ou socioculturelles. Mais Mendel lui-même a critiqué petit à petit ces positions psychologisantes initiales pour reconnaître davantage la spécificité du fait social, obéissant à un ordre de déterminations autonomes.

Ce qui demeure comme problème — au fond c'est la seule question ici —, c'est de savoir jusqu'à quel point, dans les perspectives actuelles de Mendel, une part serait quand même accordée au psychisme dans l'histoire et la création des formes historiques. Il y avait, dans *La crise de générations*, un schéma très clair qui était posé de l'interaction des structures psychiques et des structures socio-historiques, un schéma impliquant le rôle joué dans la socio-histoire et dans son dynamisme, par une part qui émane d'un fond non social. Nous pourrions demander à Mendel s'il ratifie encore cette proposition. Pour donner une impression personnelle, il me semble que dans son évolution, il aurait eu tendance à historiser davantage les structures psychiques, mais en même temps à leur laisser encore une part d'efficacité possible dans l'histoire. L'histoire ne serait pas seulement le produit de structures impersonnelles et de contradictions de structures impersonnelles, mais passerait aussi par les hommes pris dans des contradictions psychiques, mais dans les contradictions psychiques de leur temps, de leur époque, pas nécessairement dans des contradictions psychiques qui relèveraient d'un fond de nature intemporelle. J'en prendrais pour indice ce problème psychique que Mendel a pointé comme problème de notre temps, de notre époque, et qui pourrait avoir un rôle historique, à savoir cette paupérisation en pouvoir social qui engendre une sorte de mutilation anthropologique».

CONCLUSIONS : AUJOURD'HUI LA SOCIOPSYCHANALYSE

Est-il possible aujourd'hui, en 1982, avec le recul du temps, riche d'une réflexion théorique élargie, riche d'une participation de trois années à l'activité du groupe de Namur et du mouvement sociopsychanalytique, sinon de dresser un bilan qui se voudrait définitif, tout au moins d'ébaucher — et de risquer — quelques propositions évaluatives ouvertes concernant la Sociopsychananlyse? Je ne puis m'y dérober, troquant à cette fin le ton quelque peu dithyrambique de mes propos introductifs — que je ne renie pas, car il fallait bien persuader de l'intérêt trop méconnu de la Sociopsychanalyse — contre un ton moins enflammé, plus mesuré, voire parfois délibérément critique.

Trois aspects méritent d'être distingués dans la Sociopsychanalyse, ceux-là mêmes qui ont structuré notre premier chapitre : son apport théorique, sa pratique d'intervention institutionnelle, ses modalités de fonctionnement interne.

Au plan théorique, je crois qu'il faut souligner l'originalité de l'apport de la Sociopsychanalyse, mais en même temps en marquer les limites. Originale la distinction entre le pouvoir et l'autorité, autrement dit : entre le pouvoir et les modes d'exercice du pouvoir, ou encore entre le pouvoir et les schèmes interpersonnels au travers desquels il s'exerce[19]. Originale également, l'articulation entre les rapports de pouvoir actuels qui structurent la vie institutionnelle et sociale et les schèmes inactuels, cristallisés dans les personnalités à la faveur d'un parcours psycho-affectif infantile et venant interférer avec les premiers pour les recouvrir et les légitimer. Et ceci bien sûr n'est pas limitatif. Et pourtant combien limitée est aussi à certains égards la théorie sociopsychanalytique. Ainsi, pour ne considérer que cet aspect crucial, j'estime que les seuls concepts de pouvoir et d'autorité sont impuissants à rendre compte de la totalité complexe des phénomènes de pouvoir et de domination. Aussi j'en appelle à un enrichissement de la théorie sociopsychanalytique. Dans deux directions au moins. D'une part, l'autorité épuise-t-elle les modalités d'exercice du pouvoir ? Je ne le pense pas. Je suis même convaincu du contraire. D'où la nécessité d'élargir la théorie sociopsychanalytique en y intégrant ce que j'ai appelé pour ma part, dans des formulations encore provisoires : la force ou la coercition, la séduction manipulatoire et la direction[20]. D'autre part, il faut avouer que les outils offerts par la Sociopsychanalyse pour analyser les rapports de pouvoir actuels qui structurent une institution ou une organisation sont singulièrement maigres. Suffit-il en effet de parler de l'extraction d'une plus-value de pouvoir au bénéfice de classes dominantes pour obtenir une connaissance fine de ces rapports de pouvoir actuels ? Je ne le crois pas. Peut-être devrait-on réfléchir ici à une complémentarité entre la théorie sociopsychanalytique de Mendel et la théorie stratégique de Crozier[21].

Quant à l'intervention sociopsychanalytique, j'ai déjà dit l'essentiel à la fin du premier chapitre. Aussi me permettrai-je d'être bref. Une intervention, ai-je dit, orientée davantage vers le recueil d'informations et l'appropriation de connaissances que vers l'obtention de résultats pragmatiquement évaluables. Une intervention lourde, fatigante, mobilisant des heures durant l'énergie de tout un groupe pour des effets eux-mêmes peu clairs. On peut se demander si la fragilité des groupes de Sociopsychanalyse, leur vie souvent éphémère — car seul le groupe Desgenettes a réussi jusqu'à présent à durer — n'est pas due entre autres à la liaison constitutive qui a été postulée par la tradition sociopsychanalytique entre l'existence (et la survie) du groupe SP et la pratique (rarement possible) d'une pareille intervention.

Reste enfin la question des modalités de fonctionnement interne de la Sociopsychanalyse. J'ai déjà dit — avec une certaine passion — combien je voyais là l'intérêt majeur de la Sociopsychanalyse : avoir réalisé en son sein les principes d'un fonctionnement autogestionnaire dont l'impact sur le vécu individuel ne peut être mieux ressenti qu'à l'occasion du Colloque annuel de Sociopsychanalyse. Je tiens à maintenir ici ce jugement, tout en l'interrogeant sur deux points. Tout d'abord, jusqu'à quel point le fonctionnement interne de la Sociopsychanalyse est-il autogestionnaire ? Jusqu'à quel point la vie même de la Sociopsychanalyse, la vie de chaque groupe SP comme la vie de l'intergroupes SP, n'est-elle pas conditionnée par l'adhésion à une référence fondatrice, d'une certaine manière transcendante et par là même non discutable — je veux parler de la référence à l'œuvre de Gérard Mendel ? Et s'il fallait répondre par la positive, ne devrions-nous pas alors nous acheminer vers cette question plus globale — dans la mesure même où l'effort autogestionnaire n'a peut-être jamais été poussé aussi loin, et de manière aussi exemplaire, que dans la Sociopsychanalyse —: jusqu'à quel point l'autogestion est-elle possible ? Jusqu'à quel point un collectif peut-il tirer sa légitimité de lui-même et uniquement de lui-même, fonder son existence, ses règles, ses normes internes, à partir de lui-même et seulement à partir de lui-même ? Dans quelle mesure un groupe, pour vivre et exister, ne doit-il pas par une sorte de nécessité anthropologique se représenter à travers un terme extérieur qui le surplombe et le transcende ? Bref : dans quelle mesure le « religieux » n'est-il pas une dimension constitutive de toute vie sociale ou collective [22] ? D'autre part — seconde question que j'adresse à la pratique autogestionnaire de la Sociopsychanalyse —, les principes autogestionnaires qui organisent la vie interne de la Sociopsychanalyse sont-ils plus généralement transposables ? Sont-ils susceptibles de féconder la restructuration autogestionnaire concrète des entreprises, des écoles et des organisations diverses qui composent notre tissu social ? Sur ce plan, la Sociopsychanalyse reste très discrète. Je veux dire qu'elle n'a pas élaboré un modèle précis et détaillé de ce que pourrait être le fonctionnement d'une organisation autogérée (école, entreprise...), se limitant à formuler quelques idées générales, en particulier celle du refus de toute délégation de pouvoir : les classes institutionnelles sont appelées à se confronter directement, sans représentant. Nouvelle version de la démocratie directe. Mais ce principe est-il réaliste dès l'instant où nous avons affaire à des organisations qui dépassent le seuil quantitatif de la centaine de membres [23] ? Les organisations qui brassent des centaines, voire des milliers de personnes, peuvent-elles éviter la délégation de pouvoir ? On peut en douter [24].

Que dire pour conclure, sinon que la Sociopsychanalyse aurait tout à perdre à se fermer sur elle-même, à s'installer dans le ronron d'une conceptualisation jugée dès à présent suffisante, d'une méthodologie d'intervention supposée acquise dans son exemplarité. Si elle veut rester vivante et déployer sa fécondité, il lui importe au contraire de s'ouvrir à tous les courants qui sont comme elle en recherche sur le terrain des sciences humaines et des pratiques institutionnelles et sociales [25].

NOTES

[1] Pour la facilité du lecteur, voici la liste des œuvres de Mendel:
Œuvres de Gérard Mendel
«Image du corps propre» ou bien «organisateur de la temporalité»? dans *Entretiens psychiatriques*, Privat, 1962, pp. 179-204.
La sublimation artistique, dans *Revue française de Psychanalyse*, P.U.F., Tome XXVIII, 1964, n° 5-6, pp. 729-779.
La révolte contre le père, Une introduction à la sociopsychanalyse, Petite Bibliothèque Payot, n° 197, 1re édition: octobre 1968, 3e édition revue et complétée: février 1972.
La crise de générations, Etude sociopsychanalytique, Petite Bibliothèque Payot, n° 180, 1re édition: septembre 1969, 3e édition mise à jour: mars 1974.
Pour décoloniser l'enfant, Sociopsychanalyse de l'autorité, Petite Bibliothèque Payot, n° 242, 1re édition: septembre 1971, 4e édition augmentée d'une anthologie de citations sur l'autorité et le culte de la personnalité: juin 1974.
La régression du politique au psycho-familial, dans *Sociopsychanalyse 1*, Petite Bibliothèque Payot, n° 200, avril 1972, pp. 11-63.
Anthropologie différentielle, Vers une anthropologie sociopsychanalytique 1, Petite Bibliothèque Payot, n° 208, 1re édition: octobre 1972.
Théorie de la plus-value de pouvoir et pratique de sa désoccultation, dans *Sociopsychanalyse 2*, Petite Bibliothèque Payot, n° 210, octobre 1972, pp. 11-127.
(Avec Colette Guedeney), *L'angoisse atomique et les centrales nucléaires*, Collection «Science de l'Homme», Payot, Paris, février 1973.
Psychanalyse et Sociopsychanalyse, dans *Sociopsychanalyse 3*, Petite Bibliothèque Payot, n° 222, 1973, pp. 13-62.
La métabolisation du pouvoir social institutionnel et l'insoutenable fantasme de mauvais parents, dans *Sociopsychanalyse 3*, Petite Bibliothèque Payot, n° 222, 1973, pp. 103-162.
(Avec Christian Vogt) *Le manifeste éducatif*, Contestation et socialisme, Petite Bibliothèque Payot, n° 226, septembre 1973.
Qui est l'intervenant? dans *Sociopsychanalyse 4*, Petite Bibliothèque Payot, n° 231, 1974, pp. 11-66.
(Avec Gérard Levy) Sociopsychanalyse dans une institution psychanalytique, dans *Sociopsychanalyse 4*, Petite Bibliothèque Payot, n° 231, 1974, pp. 67-197.
La sociopsychanalyse institutionnelle: Pour qui? Pour quoi? Dans *Sociopsychanalyse 5*, Petite Bibliothèque Payot, n° 251, 1975, pp. 11-40.
Pour une autre société, Après les rapports sociaux du Capital, Collection «Science de l'Homme», Payot, Paris, septembre 1975.
Commentaire critique du texte précédent ou de la sociopsychanalyse comme alibi et comme défense, dans *Sociopsychanalyse 6*, Petite Bibliothèque Payot, n° 269, 1976, pp. 99-159.
Note préliminaire sur les clivages complémentaires, dans *Sociopsychanalyse 6*, Petite Bibliothèque Payot, n° 269, 1976, pp. 185-196.
La chasse structurale, une interprétation du devenir humain, Petite Bibliothèque Payot, n° 328, 1977.

La sociopsychanalyse institutionnelle: une pratique et une théorie locales du pouvoir collectif, dans *La misère politique actuelle, Sociopsychanalyse 7*, Petite Bibliothèque Payot, n° 334, 1978, pp. 89-100.
Quand plus rien ne va de soi, Apprendre à vivre avec l'incertitude, Collection «Réponses», Robert Laffont, 1979.
Propos sur l'intervention sociopsychanalytique, intervention au cours de Michel Bonami, Louvain-la-Neuve, mai 1979, dans *Documents du Centre «Psychologie et Société»*, n° 9, mai 1983, 20, Voie du roman pays, 1348 Louvain-la-Neuve.
La crise de la psychanalyse, dans *Pouvoirs*, n° 11, 1979, pp. 81-104.
Un lycée d'Oslo ou un Summerhill français: le C.E.S. de Cassis avec Vincent Ambite, dans *Sociopsychanalyse 8, Pratiques d'un pouvoir plus collectif aujourd'hui*, Petite Bibliothèque Payot, n° 375, 1980, pp. 57-74.
La sociopsychanalyse institutionnelle est aussi une analyse de l'idéologie dominante, dans *Sociopsychanalyse 8*, Petite Bibliothèque Payot, n° 375, 1980, pp. 176-224.
La sociopsychanalyse institutionnelle, dans Ardoino, Dubost/Levy, Guattari, Lapassade, Lourau, Mendel, *L'intervention institutionnelle*, Petite Bibliothèque Payot, n° 382, 1980, pp. 233-302.
Enquête par un psychanalyste sur lui-même, en collaboration avec François George, Collection «Les grands auteurs», Stock, 1981.
54 millions d'individus sans appartenance, L'obstacle invisible du septennat, Essai de psychopolitique, Robert Laffont, 1983.
[2] «Chaque société à *ses* individus, historiquement et socialement déterminés... Chaque classe a *ses* individus, façonnés dans leur individualité par leurs conditions de vie, de travail, d'exploitation et de lutte - par les rapports de la lutte des classes» (Althusser, *Réponse à John Lewis,* 1973, pp. 33-34). Il est dès lors paradoxal de constater qu'Althusser a légitimé par ailleurs, dans *Freud et Lacan* (1964-65), la scientificité de la psychanalyse au nom de la spécificité de son objet, qu'il fondait là en dernière instance dans un absolu anthropologique: une position très proche de Mendel.
[3] Cf. H. Marcuse, *Eros et Civilisation*, 1955.
[4] Ce qui permettra à Mendel de dire que «la cause de la crise de générations est... d'ordre socio-technologique» (p. 163; cf. aussi p. 157).
[5] On pourrait comparer à cet égard le rôle joué chez Mendel par le conditionnement à l'autorité au rôle joué chez Reich par la répression sexuelle.
[6] Sur le rapport entre modèle familial et rapports de production, cf. pp. 88-89.
[7] Le problème est naturellement très complexe et toujours en débat chez les ethnologues; mais, en tout cas, dans une vision marxiste, l'exploitation est plus franche et plus massive dans les sociétés de classes au sens strict.
[8] Cf. sur ce point, M. Sahlins, 1976.
[9] Mendel précise en note: «Dans une société non industrielle le seul mode d'alimentation du nourrisson est le sein. Mais la manière dont le sein sera «donné» est culturelle».
[10] Je me réfère essentiellement aux deux articles écrits par Mendel: La régression du politique au psycho-familial (*SP 1*, pp. 11-63) et Théorie de la plus-value de pouvoir et pratique de sa désoccultation (*SP 2*, pp. 11-127).

[11] Mendel n'emploie plus le terme d'institution comme il l'employait dans *La révolte contre le père*. Une institution, ce n'est plus un produit socioculturel, c'est une organisation.

[12] Le texte suivant résume bien les choses: «*cet Acte est créateur d'un pouvoir de modifier la société et que nous nommons pouvoir social*: le travailleur de l'automobile, son Acte a modifié la réalité, tout autant que l'Acte de l'électronicien, du chimiste, du psychanalyste. Mais ces Actes aussitôt accomplis ont échappé à leur créateur qui n'ont pu exercer leur contrôle sur eux dans la société, définir leur place dans cette société et les finalités même de cette société» (*SP 2*, p. 122).

[13] Il faut se demander toutefois ce qui explique cette tendance croissante à la capitalisation de la plus-value de pouvoir et au renforcement des appareils d'Etat. A ce stade, Mendel ne me paraît pas donner de réponse claire.

[14] Il faut remarquer la parenté entre les vues de Mendel et celles d'Alain Touraine: le conflit fondamental d'une société «post-industrielle» n'est plus le conflit entre classe bourgeoise et classe ouvrière, mais le conflit entre les appareils d'Etat centralisés et la population; ce conflit est porté par de nouvelles luttes sociales, comme la lutte écologique.

[15] Précisons bien que le psycho-familial lui-même n'est pas neutre socialement. S'il a une incidence sociale, il est lui-même façonné socialement, installé dans l'individu par un processus d'inculcation sociale (dès la petite enfance), manipulé par le pouvoir (cf. le comportement paternaliste des patrons: «nous sommes une grande famille»; «nous sommes là pour vous aider»).

[16] Dans le contexte de ce développement, Mendel émet des considérations très intéressantes sur les conditions sociales de possibilité des découvertes freudiennes (pp. 50-56).

[17] Mendel porte à cet égard un jugement intéressant sur les méthodes d'enrichissement des tâches, qui n'ont pas de valeur en elles-mêmes, mais seulement si elles correspondent à un processus de recouvrement effectif de pouvoir (p. 163, p. 169, p. 173).

[18] Mon parcours critique à travers l'œuvre de Gérard Mendel, développé, je le rappelle, dans le courant de l'année 1979, s'achève ici avec *La chasse structurale*. Certes Mendel a publié depuis lors deux ouvrages et plusieurs articles. Mais plus rien, pourrait-on dire, qui renouvelle véritablement sa pensée. Récemment, Mendel s'est plutôt engagé dans une phase de «vulgarisation», d'explication de son œuvre à destination d'un plus large public, ce dont témoigne par exemple l'excellent *«Quand plus rien ne va de soi»* (1979). Mon œuvre majeure, me confiait-il en 1979, est aujourd'hui accomplie. On trouvera ci-dessus une bibliographie des œuvres de Mendel. (Je tiens toutefois à ajouter en dernière minute que la toute dernière œuvre de Mendel, publiée alors que cet ouvrage se trouvait sous presse, *54 millions d'individus sans appartenance*, ouvre quelques perspectives nouvelles).

[19] Je reprends ici une formulation que j'ai proposée dans un article écrit en collaboration avec Jean Nizet: Les pratiques de groupe en Centres P.M.S.: des pratiques progressistes? édité dans: *La psychologie dans l'école*, 1983.

[20] Cf. M. Legrand, Quelques points de repère pour situer les phénomènes de pouvoir (*Documents du Centre «Psychologie et Société»*, n° 1, Louvain-la-Neu-

ve, octobre 1982). Je dois ajouter toutefois que Mendel lui-même a récemment esquissé un pas dans la direction que je souhaite. C'est ainsi qu'on peut lire dans *Quand plus rien ne va de soi*: «Ainsi conçue, l'Autorité est une forme très particulière du pouvoir, et l'on ne devrait pas utiliser indifféremment les deux termes. Nous sentons bien, intuitivement, tout l'arrière-plan affectif qui s'attache au mot Autorité; tandis que le terme de pouvoir est plus neutre, plus opérationnel, plus fonctionnel. Il y a différentes façons de faire pression sur quelqu'un pour obtenir ce qu'on désire de lui. La force physique est l'une de ces formes; l'Autorité en est une autre. Et il y a encore bien d'autres formes de pouvoir: la publicité qui excite les désirs, la séduction, etc...» (p. 86).

[21] Car si Crozier néglige l'incidence de schèmes inactuels, il explicite par contre davantage les processus autour desquels se cristallisent les rapports de pouvoir actuels au sein des organisations. Cf. M. Crozier et E. Friedberg, *L'acteur et le système*, 1977, en particulier, pp. 22-77.

[22] Là semble être l'un des arguments essentiels de la dernière œuvre de Régis Debray, *Critique de la raison politique* (1981), dont Mendel lui-même a rendu compte («L'enfer, c'est la société», *Le Monde Diplomatique*, mars 1982). Ecoutons Debray: «Le fait qu'un groupe ne puisse saisir sa propre identité qu'à travers quelqu'un qui le *représente* — donc, à ce titre, devient nécessairement charismatique — et qui lui offre la *grâce* de se toucher lui-même à travers un autre semble être une donnée insurmontable» (*Le Nouvel Observateur*, 10 octobre 1981, pp. 116 et 121). On peut se demander par ailleurs si Mendel ne s'est pas situé sur les mêmes positions dans *La chasse structurale*. Qu'est-ce qui fonde en effet, selon le dernier Mendel, la première métabolisation du pouvoir en autorité — qui acquiert ainsi le statut d'un inévitable anthropologique —, sinon l'émergence de l'actepouvoir collectif et l'inexistence dans la réalité d'un corps qui puisse en être le support vivant (ce que Debray appellerait peut-être l'incomplétude du système social), celui-ci devant dès lors se représenter, se fantasmer à travers un pseudo-corps social (là étant aussi, pour Mendel, la source fondamentale du religieux).

[23] Pour rappel, l'intergroupes SP se compose de 5 à 7 groupes de 5 membres environ, qui n'ont dès lors guère de difficultés à se disposer tous autour d'une grande table, au moment du Colloque annuel.

[24] Pour la discussion de cette problématique, je renvoie à P. Rosanvallon, *L'âge de l'autogestion*, et en particulier à son chapitre III: «L'autogestion et l'entropie démocratique» (pp. 51-81).

[25] Au moment même où cet ouvrage sort de presse, des questions graves soulevées à l'intérieur des groupes de Sociopsychanalyse, suite au récent Colloque SP de Louvain-la-Neuve (mai 1983), donnent un relief tout particulier aux remarques critiques formulées dans ces conclusions.

QUATRIEME PARTIE

PROLONGEMENTS

Il m'a paru utile de proposer au lecteur dans une quatrième partie, à titre de compléments ou de prolongements, deux contributions déjà publiées, qui s'inscrivent directement dans la problématique générale de l'ouvrage, mais qui ne pouvaient trouver leur place dans le cours régulier du texte.

La première contribution exemplifie sur le cas particulier de l'angoisse nucléaire, la thématique de ce que j'ai appelé dans la deuxième partie un processus de recodage de l'extra-analytique.

Quant à la seconde contribution, elle discute certains aspects des enjeux sociaux et politiques du lacanisme. Publiée en langue espagnole en 1978, j'ai cru devoir lui ajouter aujourd'hui une brève postface.

Le recodage et l'extra-analytique

Un cas particulier: l'angoisse nucléaire*

Introduction

Intervenant sur le thème de l'angoisse nucléaire, je m'engage sur un terrain qui se situe à l'intersection du psycho-individuel et du socio-collectif. L'angoisse est un phénomène vécu par l'individu: son analyse relève de droit de la psychologie, s'il est vrai qu'en première approximation le champ couvert par la science psychologique est par excellence le champ des phénomènes individuels. Mais par ailleurs, l'angoisse dont il s'agit ici ne résulte pas seulement des avatars de l'existence individuelle ou des péripéties de l'histoire personnelle: éveillée par un produit des collectivités humaines contemporaines (les centrales nucléaires), elle est aussi angoisse collective, partagée, vécue en commun par les individus dont l'espace existentiel est occupé par la présence des centrales nucléaires.

Or s'engager sur ce terrain est à la fois légitime et périlleux.

---

* Contribution publiée sous le titre: «L'angoisse nucléaire. Réflexions à partir d'une approche sociopsychanalytique», dans *Un lieu de contrôle démocratique des sciences: le débat nucléaire*, Actes du Colloque de Namur, septembre 1977, Département de philosophie de l'homme de sciences, Facultés Universitaires de Namur, pp. 417-435.

Légitime. Car si le débat nucléaire engage par excellence des intérêts économiques ou des projets politiques, on ne peut oublier qu'il met aussi en mouvement des hommes, des personnes individuelles. A ce titre, analyser les motivations des personnes — et singulièrement le rôle que pourrait jouer l'angoisse — n'est pas négligeable.

Périlleux. Je veux ici pointer un danger qui guette toute approche sociopsychologique, à savoir le danger d'une psychologisation des faits sociaux, d'une réduction des dynamismes sociaux aux motivations des agents individuels. Et ce qui vient plus encore complexifier la problématique, c'est que le psychologique tend à devenir argument politique. Il arrive fréquemment que le débat public invoque des éléments psychologiques — et à nouveau, singulièrement la peur — à l'appui d'une option politique. Ainsi on accusera les antinucléaires d'être la proie d'une crainte irrationnelle. N'a-t-on pas entendu récemment François de Closets affirmer que la peur du public était rassurante puisqu'elle incitait aux mesures de sécurité les plus strictes (et donc encourageait plus que ne décourageait le développement du programme électro-nucléaire)? D'où, selon moi, la nécessité pour le psychologue d'être vigilant, de doubler la rigueur scientifique d'une pratique délibérée du soupçon, de se demander: à quelle option politique pourrais-je donner des armes?

Je me propose précisément, dans ma contribution, d'illustrer le caractère à la fois légitime et périlleux de la démarche psychologique. J'indiquerai d'abord comment la démarche psychologique peut aider à éclairer certains comportements humains en face des centrales nucléaires. Mais je soulignerai ensuite combien peu cette même démarche demeure étrangère aux grandes options traversant le débat nucléaire, combien elle se trouve elle-même engagée. Prenons garde cependant: loin de moi de prétendre que les résultats d'une démarche scientifique (et même d'une démarche aussi peu «exacte» que la démarche d'un psychologue) soient le reflet immédiat d'une prise de parti ou d'un engagement politique, ou encore qu'ils soient au service direct d'une option politique précise, selon un rapport de claire transparence. Je suis si loin de le penser que j'accorderai le maximum à la recherche d'une psychanalyste dans sa prétention à l'objectivité scientifique : je lui concéderai qu'elle nous apprend quelque chose à propos de ce qui se passe en réalité. Mais je m'efforcerai de montrer aussitôt comment la même recherche, par l'idéologie qu'elle véhicule — ou plus justement, que véhicule son paradigme scientifique de référence —, peut servir une option politique, à savoir l'option pro-nucléaire. Encore qu'elle ne soit pas asservie à un pareil usage : elle peut tout aussi bien aider les antinucléaires à éclaircir les enjeux de leur propre combat.

1. Eléments d'une analyse scientifique de l'angoisse nucléaire

Je me référerai désormais à un ouvrage intitulé : *L'angoisse atomique et les centrales nucléaires* (Payot, 1973). Cet ouvrage est écrit en collaboration par Gérard Mendel et Colette Guedeney. On doit à Gérard Mendel, psychanalyste et sociopsychanalyste français, la plus grande part de l'interprétation théorique générale (3e et 4e parties). Quant à Colette Guedeney, médecin et psychanalyste, elle nous expose pour l'essentiel «le récit d'une expérience» (2e partie). C'est surtout à partir de ce récit que je dégagerai les résultats qui m'apparaissent les plus «scientifiquement fondés». Mais de quoi s'agit-il plus précisément dans cet ouvrage ?

C. Guedeney a vécu pendant plusieurs années au contact des milieux nucléaires. Elle a longuement observé les manifestations relevant de l'angoisse. Elle a travaillé ses observations en utilisant comme outils conceptuels ce que j'appellerais le noyau dur du paradigme psychanalytique (le plus solidement acquis), en gros les concepts topiques et dynamiques de la psychanalyse (l'inconscient, le moi et les mécanismes de défense). Et elle a abouti ainsi, par le travail de ses concepts théoriques généraux sur son matériel d'observation, à une connaissance «concrète» de l'angoisse et de ses manifestations dans le milieu nucléaire[1]. Quant à Mendel, il a opéré sur le matériel déjà interprété de Guedeney une interprétation seconde, qui invoque à mon sens un corps de concepts plus problématiques (s'articulant autour de la distinction entre imago maternelle et imago paternelle).

Je retiendrai pour ma part trois thèmes : a) L'angoisse nucléaire et ses contenus représentatifs; b) Les avatars de l'angoisse nucléaire (ses modes d'élaboration, ses effets); c) La source de l'angoisse nucléaire.

a) L'angoisse nucléaire et ses contenus représentatifs

Les centrales nucléaires éveillent une angoisse intense chez les personnes qui y sont confrontées de manière directe (en particulier le personnel des centrales et les populations avoisinantes).

Cette angoisse se cristallise autour de contenus représentatifs[2]. Citons, parmi les principaux, à titre exemplaire : les déchets radioactifs, les eaux polluées, les poissons morts, les doses ionisantes, le cancer, les enfants tarés ou morts, l'explosion de la centrale...

b) Les avatars de l'angoisse nucléaire

L'angoisse nucléaire et ses contenus sont l'objet de processus qui les élaborent et permettent dans une certaine mesure de s'en protéger, selon les mécanismes de la dynamique psychique mis au jour par la psychanalyse. L'angoisse nucléaire produit des effets repérables.

Je dois me contenter ici d'un inventaire rapide, accompagné d'exemples.

Refoulement

L'angoisse et ses contenus sont écartés de la conscience.

Dénégation

Le contenu représentatif parvient à la conscience, mais il est dénié. Ex. «Rien, en ces lieux, ne peut faire penser à la terreur de l'an 1000» (pp. 83-84). L'image de la terreur, du cataclysme destructeur, a pénétré la conscience, pour être aussitôt déniée.

Projection

L'angoisse est niée pour soi-même, mais est attribuée aux autres (aux proches, à l'épouse, aux collègues...).

Déplacement

L'angoisse est déplacée de son contenu représentatif originaire refoulé sur un élément latéral du complexe nucléaire (p. ex. le caractère inesthétique des tours).

Rationalisation

Une conduite est légitimée consciemment au nom d'arguments rationnels qui voilent sa véritable motivation (la crainte inconsciente). Par exemple, un ingénieur du nucléaire, père de deux enfants, explique qu'il ne souhaite plus d'enfant, parce que, dit-il, les risques génétiques augmentent statistiquement avec le nombre. Il n'avait pas établi de lien entre sa peur et son activité professionnelle (p. 95).

Ironie

Les plaisanteries, l'humour et le rire servent à se rassurer contre l'angoisse. Par exemple, les plaisanteries fusent régulièrement lorsque les visiteurs d'une centrale s'apprêtent à pénétrer dans la zone opérationnelle et revêtent les combinaisons.

Retour du refoulé

Le contenu représentatif de l'angoisse revient à la surface, soit sous forme directe (ex. Des ingénieurs du nucléaire déjeunent dans un restaurant à proximité de la centrale. Tout à coup, une explosion retentit. L'un d'entre eux s'écrie : « C'est la centrale qui explose ! »), soit sous forme indirecte, dans les rêves ou les lapsus (ex. de lapsus : « du cœur de l'explosion » au lieu de : « du cœur de la centrale », « le développement explosif des centrales » au lieu de : « le développement exponentiel... »).

Troubles psychosomatiques

Les travailleurs du nucléaire souffrent plus que la population générale de troubles psychosomatiques, en parfaite cohérence avec ce que nous savons aujourd'hui du mécanisme de formation des troubles psychosomatiques (un des débouchés importants des tensions émotionnelles réprimées étant la décharge neuro-végétative).

Négligence

Le danger vécu tendant à être nié, les travailleurs du nucléaire peuvent commettre des négligences, qui se traduisent en incidents mineurs.

Inhibition intellectuelle

L'investissement affectif puissant dont est l'objet le nucléaire peut paralyser les fonctions intellectuelles, compromettre l'intégration d'une information le concernant ou sa restitution (p. ex. ingénieurs tout à coup incapables de répondre à des questions techniques élémentaires).

Déformation de la réalité

Par exemple, la moindre des maladies affectant un membre du personnel pourra être interprétée comme l'effet d'une dose ionisante. Ainsi, un jour, dans une centrale nucléaire, une rumeur se répandit : X, en congé de maladie, était mort. Ce ne pouvait être que parce qu'il avait subi les effets de doses radio-actives excessives. En fait, il était vivant.

c) La source de l'angoisse nucléaire

Comment expliquer l'impact anxiogène du nucléaire?

Le nucléaire éveille en l'homme des contenus représentatifs, fantasmatiques, à forte potentialité anxiogène, le contenu d'une toute-puissance destructrice anéantissante (l'explosion apocalyptique), le contenu d'une puissance agressante, insidieuse, non clairement cernable. Devant le danger radio-actif redoublé fantasmatiquement, l'homme se vit comme impuissant, désarmé, sans possibilité de riposte claire, d'action efficace. Le danger est flou, fuyant, mal localisé. Les coordonnées d'un espace maîtrisable sont comme annulées (les rayons traversent l'espace et me foudroyent à distance). Les limites de l'intérieur et de l'extérieur sont perturbées: le danger localisé à l'extérieur peut aussi m'infiltrer et m'agresser de l'intérieur, menaçant mes processus vitaux.

Et Mendel d'ajouter (faisant appel alors à ce que j'ai appelé un corps de concepts problématiques): si ces contenus fantasmatiques ébranlent à ce point l'affectivité humaine, c'est qu'ils réveillent des vécus archaïques. Ils réactualisent brutalement ce que l'individu a vécu petit enfant dans sa première relation avec la mère, cela même qu'il a dû quitter pour se donner la sécurité d'être un Moi individualisé, capable d'un contrôle sur son environnement, mais dont il porte encore les traces intériorisées. Ce qu'évoque le nucléaire viendrait comme ranimer les traces d'une «imago maternelle archaïque»[3] et menacerait par là de compromettre les assurances apparemment les plus tranquilles, les sécurités apparemment les mieux établies du Moi adulte et sain. Là serait la source la plus profonde de l'angoisse nucléaire.

2. *Enjeux politiques*

a. Comment l'analyse scientifique, par l'idéologie qu'elle véhicule, peut légitimer une option pro-nucléaire

A la lecture de C. Guedeney, on ne peut manquer de relever des traces claires d'une option politique précise, à savoir d'une option pro-nucléaire. Il va de soi pour l'auteur que l'énergie nucléaire est susceptible de deux formes d'application tout à fait opposées, les unes militaires, les autres pacifiques. Il va de soi que les applications pacifiques de l'énergie nucléaire, en particulier les centrales nucléaires, contribuent au progrès de l'humanité. Et puisque l'on sait qu'aucune industrie n'a été plus que l'industrie nucléaire objet de mesures de précaution et de sécurité, alors il va de soi que l'angoisse nucléaire est excessive par rapport aux dangers réels : elle est un obstacle irrationnel et régressif à la marche en avant de l'humanité[4].

Mais je le répète, je ne tiens pas à accuser l'auteur d'avoir produit une analyse scientifique purement «partisane». Au contraire, j'ai même la faiblesse de croire qu'elle a pu nous révéler quelque chose des phénomènes «réels»[5]. Je souhaiterais seulement montrer à présent comment les résultats scientifiques que j'ai présentés peuvent être indûment mis au service d'une option pro-nucléaire (et le sont effectivement par C. Guedeney). Et lorsque je dis: «indûment», je ne veux pas dire qu'il est indu de défendre une option pro-nucléaire, dès l'instant où celle-ci se donne comme option politique. Ce qui me paraît contestable par contre, c'est de la défendre comme si elle découlait tout naturellement des résultats scientifiques. Or les énoncés scientifiques dont j'ai rendu compte viennent se mélanger, dans le tissu d'un texte qui se veut de part en part scientifique, à d'autres énoncés qui discréditent l'option antinucléaire et légitiment l'option pro-nucléaire, occultant par là même le débat politique.

Mais une pareille opération de légitimation ne peut que s'enraciner dans l'idéologie véhiculée par le paradigme qui a servi de cadre au travail scientifique, à savoir le paradigme psychanalytique[6]. Je dois donc d'abord situer la problématique des rapports entre psychanalyse et idéologie.

1. *Science psychanalytique et idéologie*

Nous n'en sommes plus à dissocier science et idéologie à la manière d'Althusser. Si la psychanalyse mérite le titre de science, elle n'en est pas pour autant coupée de l'idéologie. Je dirais plus: la science psychanalytique est le sol nourricier d'une idéologie psychanalytique.

La psychanalyse ne fonctionne comme science que dans la mesure où elle délimite, circonscrit son champ. Par là, elle privilégie une dimension de la réalité qu'elle met en état de fonctionnement «purifié» à la faveur de la situation analytique, sorte de situation quasiment expérimentale[7]; mais du même coup elle exclut certaines dimensions de la réalité dont elle n'est nullement habilitée à parler. Cependant, il arrive que la psychanalyse oublie ses conditions particulières de production et les limitations que celles-ci lui imposent. Dès cet instant, elle se donne comme une idéologie, une conception générale et totalitaire de la réalité, productrice de deux effets traditionnellement attribués à l'idéologie: la légitimation et le masquage[8].

Pour préciser le contenu de l'idéologie psychanalytique, je me référerai ici à un remarquable article de G. Mendel: Psychanalyse et Sociopsychanalyse (dans *Sociopsychanalyse 3*, 1973; je le cite désormais: *P et S*). Mendel y précise aussitôt le champ de travail du psychanalyste: «la vie psychique en tant que subjectivité vécue, production fantasmatique ou expression de l'Inconscient» (*P et S*, p. 16); plus concrètement encore: «les fantasmes conscients ou inconscients s'exprimant au travers du discours d'un sujet placé dans la situation analytique, c'est-à-dire opérant un transfert» (*P et S,* p. 13) et, ajouterais-je, ce que ces fantasmes charrient d'un passé psycho-familial inactuel. Voilà ce que méthodologiquement la psychanalyse explore, ce sur quoi elle nous apprend «à peu près tout ce que nous connaissons» (*P et S*, p. 16). Par contre, sur la réalité externe — et il faut entendre par là la réalité sociale, politique et économique — actuelle dans laquelle vivent les individus, la psychanalyse ne nous apprend rien: elle n'est donc nullement fondée à en parler.

Quelle idéologie va dès lors se greffer sur la pratique scientifique du psychanalyste? Mendel répond: «De ce qui précède, l'on peut déjà tenter l'hypothèse que l'idéologie (non consciente) de l'analyste, de par son travail même, son idéologie pourrait-on dire professionnelle, sera empreinte d'une certaine hostilité envers la réalité externe... et sera marquée par une tendance à la dévaloriser. Position qui pourrait bien aller de pair avec une propension à projeter le plan psycho-familial traditionnel — la famille patriarcale restreinte: le père, la mère et les enfants — sur la réalité externe sociale» (et donc à occulter ce qui s'y joue) (*P et S*, pp. 30-31)[9].

2. Les effets idéologiques de l'analyse scientifique de l'angoisse nucléaire

Nous en savons assez sur l'idéologie psychanalytique pour en repérer le fonctionnement dans le texte de C. Guedeney. Il nous suffira d'y reconnaître ses deux composantes : a) la dévalorisation de la réalité externe au bénéfice du fantasme; b) la projection du plan fantasmatique infantile sur la réalité externe, en particulier sur la réalité socio-politique. Pour ce qui concerne notre propos, nous obtenons : a) la dévalorisation du danger nucléaire; b) l'occultation du débat politique.

a) La dévalorisation du danger nucléaire

L'analyse scientifique a justement souligné le retentissement affectif et fantasmatique du nucléaire. Il suffit alors de privilégier ce plan pour nier le danger réel, pour conclure que le danger n'existe que dans l'affectif, dans le fantasme, via les menaces fantasmatiques (infantiles, archaïques) suscitées par le nucléaire. Bref, l'angoisse nucléaire est irréelle (et dès lors, puisqu'elle n'a aucun fondement réel, le développement des centrales peut se poursuivre).

Symptôme textuel

Chaque fois que le public exprime des craintes, l'auteur tend à les dévaloriser comme craintes réelles, pour y reconnaître l'impact de fantasmes inconscients. Ainsi lorsque des questions insistantes sont posées concernant les déchets ou les menaces d'une pollution des eaux, l'auteur réagit comme suit : « Je me demandais pourquoi les préoccupations du public portaient électivement sur l'eau et les déchets? » (p. 59). Comme si le public n'avait pas de bonnes raisons de craindre les déchets ou la pollution des eaux. Comme si devaient se cacher là pour l'essentiel des craintes fantasmatiques inconscientes. Certes il est probable que des craintes fantasmatiques redoublent les craintes réelles, mais y mettre un accent exclusif (et le psychanalyste y est conduit sous l'effet de son idéologie professionnelle), c'est occulter les dangers réels.

Mais je n'ai présenté jusqu'ici qu'une des versions de la dévalorisation psychanalytique du danger réel. Il en est une autre, plus importante et plus insidieuse. Dans cette version, on reconnaît l'existence d'un danger réel. Mais ce danger, c'est celui de la bombe atomique. Derrière la crainte consciente des centrales nucléaires se dissimule la crainte inconsciente de la bombe (de l'explosion atomique annihilante). Or une centrale nucléaire n'est pas une bombe : elle ne risque pas d'exploser. La crainte des centrales nucléaires repose sur une confusion. Elle est irrationnelle, irréelle.

On voit que de nouveau une analyse scientifique juste (il est vrai que bombe et centrale sont confondues dans l'imaginaire de certaines personnes) conduit (ou peut conduire) à une dévalorisation du danger réel et donc à un appui politique (voilé) au développement des centrales nucléaires. Mendel en est parfaitement conscient lorsqu'il écrit :

> « Se borner à étudier cette question sous l'angle de la seule activité fantasmatique et de la vie psycho-affective équivaut implicitement ou explicitement à dire aux gens : « Vous avez peur des centrales nucléaires, mais « en réalité » vous êtes victimes d'un mirage : c'est la Bombe qui vous effraie. Voici en détail comment le processus pourrait bien se dérouler. Dessous tout cela se dissimulent des représentations inconscientes de l'époque où vous étiez tout petits. — Ainsi, comme les centrales, ce n'est pas la Bombe, rassurez-vous » (p. 12). « Conclusion que l'E.D.F. aurait sûrement reproduite avec une satisfaction non déguisée dans ses bulletins, dépliants et communiqués ! » (p. 19).

Symptôme textuel

Les auteurs ont posé à quelques personnes la question : « Qu'est-ce pour vous l'énergie nucléaire ? ». Réponse d'un étudiant : « C'est grave ». Interprétation laconique des auteurs : « Confusion des craintes » (p. 227). Comme si l'on ne pouvait s'inquiéter devant le nucléaire, en reconnaître la gravité, que par suite d'une confusion des craintes (sous-entendu : car le développement de l'énergie nucléaire à des fins pacifiques est a priori sans gravité).

Remarques complémentaires sur la polarité angoisse réelle - angoisse irréelle et sur la notion de confusion des craintes

La polarité angoisse réelle-angoisse irréelle, implicitement utilisée par les auteurs, a été produite par Freud. L'angoisse réelle se développe devant un danger réel représentant une menace effective pour la vie de l'individu (ex. la peur devant un serpent venimeux), alors que l'angoisse irréelle surgit en face d'une situation objectivement inoffensive, par exemple, la peur phobique du petit Hans (célèbre cas de Freud) devant les chevaux. Cette dernière forme d'angoisse appelle une interprétation psychanalytique : la crainte s'origine dans un fantasme refoulé, projeté et déplacé sur une situation extérieure, choisie pour sa parenté associative avec le fantasme refoulé (dans le cas du petit Hans, fantasme d'une castration exercée par le père, remplacé par la crainte d'une morsure par les chevaux).

Les auteurs ont transposé ce schéma explicatif à l'angoisse nucléaire. Le fantasme d'une destruction par la bombe est refoulé, puis projeté et déplacé sur les centrales nucléaires (choisies pour leur parenté associative avec la bombe).

Si je n'ai pas évoqué cette analyse dans l'exposé des résultats scientifiques, c'est qu'elle me paraît très discutable. Si le schéma est opérant dans l'interprétation de certains symptômes névrotiques de nature phobique, il est ici d'application assez problématique. Car : 1. les contenus qui éveillent l'angoisse, même s'ils sont redoublés fantasmatiquement, sont des contenus réels et réellement dangereux pour la nature, la vie, l'individu et l'espèce humaine (les déchets, les doses radioactives, etc...); 2. si la bombe et l'explosion atomique comptent parmi les contenus représentatifs producteurs d'anxiété, elles y apparaissent à côté d'autres. Il n'est pas évident qu'il faille les privilégier.

A mon avis, c'est l'option politique prédéterminée de l'auteur qui a guidé la transposition du schème (les centrales ne sont pas vraiment dangereuses; seuls les usages militaires de l'énergie atomique sont dangereux).

b) *L'occultation du politique*

Le privilège accordé au plan fantasmatique infantile conduit l'auteur à réduire le débat politique. C'est ici que nous observons le phénomène de psychologisation des faits sociaux dont j'avais d'emblée signalé le danger. Les acteurs politiques agissent sous l'effet de motivations cachées, sous l'influence de fantasmes inconscients.

Deux symptômes textuels particulièrement nets :

Les travailleurs du nucléaire revendiquent une plus large information. Interprétation : «la résistance à l'information en matière de radio-protection me semble trop fréquente pour ne pas être reliée au domaine affectif, aux contenus idéatifs. La peur de savoir est souvent transformée par la projection en refus d'information attribué aux autorités» (p. 93). Donc, lorsque les travailleurs se plaignent d'un manque d'information, ce sont en réalité eux qui n'ont pas envie de savoir et qui projettent leur volonté de ne pas savoir sur les autorités!

Le public et les citoyens interviennent sur la scène politique pour combattre l'implantation de centrales nucléaires. C'est sous la pression de leurs craintes fantasmatiques irréelles. Tout le chapitre VII de la deuxième partie est révélateur. Citons pour donner le ton :

> «la violence des images donne une idée de l'intensité de l'angoisse. La menace est vécue comme mortelle, un danger de suicide collectif. Les bébés meurent comme les poissons, les réacteurs éclatent comme les bombes. L'enfouissement dans la terre ne suffit plus à protéger. Les piles se multiplient à l'infini. Les déchets sont dotés de pouvoirs destructeurs quasi-éternels» (p. 125).

b. Comment l'analyse scientifique peut aider à clarifier les enjeux de la lutte antinucléaire

Perspectives ouvertes par l'œuvre de Gérard Mendel

Dès l'instant où nous avons dénoncé l'opération indue de légitimation qu'est en état de produire l'analyse scientifique, nous pouvons nous reconfronter à elle et en tirer parti. Car il est vrai que le nucléaire mobilise des fantasmes puissants, il est vrai que la confusion des craintes peut parfois jouer... L'analyse scientifique nous aiderait ainsi à critiquer ou purifier nos motivations, à reconnaître les «mauvaises raisons» que nous pouvons avoir de combattre le nucléaire (Mendel, p. 18). Par là, elle contribuerait à libérer l'espace du débat politique et ce qui en est peut-être l'enjeu fondamental, le recouvrement par les citoyens d'un pouvoir dont ils tendent à être dépossédés.

Car si la panique anxieuse, l'abandon aux fantasmes sont de mauvais conseillers, comment les désamorcer? En déposant aveuglément notre confiance dans l'Etat et dans la Science, qui se chargeraient, sans nous, d'assurer notre protection? Ou en retrouvant une maîtrise collective sur notre destin et nos choix de société? L'œuvre de Gérard Mendel, sans doute la plus importante produite ces dix dernières années dans le champ de la «sociopsychologie», peut nous aider à mettre en forme ce problème. J'en esquisserai donc à grands traits les perspectives fondamentales.

Mendel est psychanalyste. Il se réclame donc du freudisme. Mais il s'efforce aussi de l'élargir et de le dépasser, pour l'ouvrir sur le politique.

Selon Mendel, Freud et la psychanalyse ont mis au jour des structures psychologiques capitales pour la compréhension de l'être humain et de son devenir. D'une part, les structures de l'archaïsme, à savoir les structures selon lesquelles fonctionne primitivement le psychisme humain à l'époque où prévaut la relation du nourrisson à sa mère (référence obligée: Mélanie Klein). D'autre part, les structures du psycho-familial, les structures qui s'organisent autour de l'Œdipe ou d'une constellation familiale triadique (papa, maman et moi).

Or — et c'est ici qu'intervient la critique de Mendel — pour la psychanalyse, le développement du psychisme humain s'arrête là. Lorsque l'Œdipe est traversé et résolu, lorsque l'image du père est intériorisée sous les espèces du surmoi et de l'idéal du moi, le développement humain est achevé pour l'essentiel (certes la puberté a été reconnue aussi comme une étape du développement humain, mais elle est pensée par la psychanalyse comme une reviviscence du complexe d'Œdipe).

Or ceci est gros d'implication: l'existence de l'homme adulte vivant en société, dans le monde du travail et des institutions (là où se joue précisément le problème du pouvoir social institutionnel), va être interprétée sur le modèle des structures du psycho-familial (nous connaissons déjà les effets idéologiques qui en découlent).

Il est temps, estime Mendel, de reconnaître, y compris dans la doctrine psychologique, la spécificité de l'existence de l'homme adulte, du Moi adulte, son irréductibilité à l'existence du Moi archaïque ou du Moi psycho-familial. Je cite Mendel: «L'appareil psychique ne nous paraît pas pouvoir être étudiable en son entier par la psychanalyse» (*P et S*, p. 57). «Il manque à la Psychanalyse une théorie du moi «adulte» dans son rapport à la réalité sociale actuelle... dont la dynamique pourrait s'organiser sur un mode différent de celui du passé psycho-familial » *(P et S*, p. 53). Car cela même qui est au centre de la vie sociale adulte, « Acte, pouvoir et prise de conscience et recouvrement du politique participent à l'univers psycho-affectif de l'individu tout autant que les éléments du plan psycho-familial sous-jacent, mais obéissent à une dynamique particulière *qui n'a rien à voir avec une structuration familiale* » *(P et S*, p. 33)[10].

Telle est donc la tâche actuelle, selon Mendel : « étudier scientifiquement les corrélats psycho-affectifs de l'Acte institutionnel et de son produit » *(P et S*, p. 56). Mais pourquoi cette tâche est-elle à l'ordre du jour ? Et comment la réaliser ?

La psychologie est très liée aux conditions sociales dans lesquelles elle se développe. Ainsi, ce n'est pas un hasard si Freud a privilégié le modèle psycho-familial[11]. Or justement — c'est là un diagnostic de Mendel —, les structures sociales autoritaires, fonctionnant psychiquement selon le modèle du psycho-familial (selon la prévalence des images paternelles), sont actuellement entrées dans une phase de désagrégation. L'instauration d'une nouvelle logique de fonctionnement social non autoritaire (pour faire bref : autogestionnaire), et en même temps l'émergence d'un homme psychologiquement nouveau, qui se serait radicalement désaliéné des structures psycho-familiales[12], sont ainsi à l'ordre du jour.

Quant aux voies de réalisation, elles s'enracinent dans les conditions de production de toute connaissance scientifique. La démarche scientifique est constamment sourcée à la pratique. Ainsi, nous l'avons vu, si Freud a pu étudier scientifiquement le plan psycho-familial, c'est parce qu'il a instauré une situation qui par ses coordonnées quasiment expérimentales le mettait en état de fonctionnement purifié (mais par là bloquait l'accès au politique). D'où l'idée de Mendel : instaurer une situation qui mette le « moi du politique » en état de fonctionnement exemplaire. D'où sa méthode sociopsychanalytique (méthode de travail en groupe avec une « classe institutionnelle » centrée sur l'analyse des relations de pouvoir institutionnel et visant au recouvrement par la classe institutionnelle du pouvoir institutionnel lié à son acte).

Nous avons emprunté un détour peut-être un peu long, mais je ne crois pas que nous nous sommes éloignés du débat nucléaire. Car les perspectives ouvertes par Mendel nous permettent d'en formuler l'enjeu sous forme d'une alternative : dans un état de choses caractérisé par une faillite des images paternelles (l'Etat, la Science, qui nous protégeraient tout paternellement), soit régresser au plan maternel archaïque, dont l'analyse scientifique nous aide à reconnaître les images, soit lutter avec d'autres pour un recouvrement de pouvoir au bénéfice de la collectivité, pour une maîtrise collective d'un acte posé sur la base de l'information la plus large concernant les dangers réels et les enjeux de société, économiques et politiques, bref lutter pour « un contrôle démocratique des sciences ».

NOTES

[1] Je me réfère ici au processus de travail scientifique tel qu'il a été formulé par Althusser dans *Sur le travail théorique*, 1967.
[2] J'emploie « représentations » dans le sens psychanalytique courant, pour désigner les contenus (conscients ou inconscients) de la vie psychique.
[3] A titre de précision : « L'imago maternelle archaïque sous-tend une relation fusionnelle, sans distinction du sujet et de l'objet. Elle parle d'infini, de magie, de toute-puissance bonne ou mauvaise, s'exerce sans limitation sur le sujet, et ses manifestations sont vécues comme l'effet d'un arbitraire total que le sujet reste impuissant à contrôler ou à maîtriser » (p. 144).
[4] L'option de l'auteur, jamais reconnue comme option politique, transparaît à maintes reprises. Le texte suivant me paraît particulièrement révélateur : « Jamais industrie naissante ne fut l'objet de plus de précautions, d'exigences ou de réglementations internationales pour garantir la sécurité des travailleurs et du public. Or, l'installation de ces usines pacifiques suscite dans tous les pays une indubitable angoisse. Cette angoisse, comme nous le verrons, peut être variable dans son intensité et ses manifestations extérieures. Mais elle a pour caractéristique d'être souvent disproportionnée par rapport à la réalité des dangers encourus sur le plan somatique ou génétique. Certes, l'angoisse est utile si elle fonctionne comme un signal d'alarme en face d'un danger réel. Elle permet de fuir ou de se protéger, mais lorsque son intensité est sans

commune mesure avec la réalité du danger, on est conduit à s'interroger sur l'origine et la nature de cet excès d'angoisse. Si ce n'est pas l'objet extérieur qui est effectivement dangereux, on peut se demander à juste titre si cet excès, ce surplus d'angoisse, ne provient pas de l'intérieur du sujet, d'une exigence, d'une menace pulsionnelle» (p. 23).

[5] J'ai cependant veillé, à l'occasion de l'exposé des résultats scientifiques, à éviter tout jugement qui attribue à l'angoisse nucléaire un caractère excessif ou disproportionné. Car là interfère déjà l'option extra-scientifique de l'auteur.

[6] J'emploie ici le terme «paradigme» dans le sens de T. Kuhn (*La structure des révolutions scientifiques*, 1970). Sur la légitimité de parler d'un paradigme psychanalytique, cf. M. Legrand, *Hypothèses pour une histoire de la psychanalyse* (1975). Cf. aussi la première partie de cet ouvrage et en particulier son chapitre III.

[7] Sur ceci, cf. mon article: *Situation analytique et situation expérimentale*, 1974.

[8] En fait, je simplifie la problématique. Car je laisse entendre que l'intra-analytique (concrètement: ce qui se déroule dans la situation ou la cure analytique) est pur de toute idéologie et que l'idéologie n'entre en scène que lorsque la psychanalyse quitte le terrain intra-analytique. Mais en réalité, de l'extra-analytique est déjà présent dans l'intra-analytique, pour y être interprété en termes intra-analytiques et donc «idéologisé» (p. ex. l'argent interprété comme équivalent des fèces). Je ne prends pas en compte ici cet aspect des choses sur lequel R. Castel a remarquablement insisté dans *Le psychanalysme* (1973) et que j'ai moi-même thématisé dans la deuxième partie de cet ouvrage, car il n'est pas nécessaire à mon exposé.

[9] On pourrait ajouter que la même idéologie tend à s'installer chez le patient, à force de développer un travail psychique qui privilégie l'ordre des fantasmes infantiles psycho-familiaux: «A force de voir interpréter durant quatre ans la vie sociale en termes de fantasmes, il peut se produire chez le patient une altération du sens critique de la réalité externe et de la perception critique de sa place dans cette réalité sociale» (*P et S*, pp. 25-26). La psychanalyse est ainsi transmettrice d'idéologie: ce qui explique en partie pourquoi beaucoup d'analysés abandonnent tout engagement politique en cours ou au terme de la cure (ainsi que l'a constaté Dominique Frischer dans *Les analysés parlent*, 1977).

[10] Bien que s'orientant dans des voies sensiblement différentes, Lucien Sève a formulé le même projet d'une ouverture de la psychologie sur le monde adulte du travail et par là même de sa reconstruction sur de nouvelles bases (cf. *Marxisme et théorie de la personnalité*, 1969).

[11] Cf. par exemple sur ce point, G. Mendel, *Le manifeste éducatif*, 1973, pp. 51-58.

[12] Homme dont les structures devraient s'installer très précocement, dans les premières années de l'existence, d'où le mot d'ordre de Mendel: «L'autogestion dès la maternelle» (cf. *Le manifeste éducatif*).

Un faux révolutionnaire :
le lacanisme *

L'anonymat du scientifique, son effacement derrière la pseudo-objectivité des faits et des idées, masquent le point de vue toujours particulier d'où il prend parti et s'engage. Je me présenterai donc. Et qu'on veuille bien ne pas voir là le signe d'une autocomplaisance narcissique, mais le témoignage d'un effort en vue d'indiquer le lieu d'où je parle, qui n'est pas mon lieu individuel, mais un lieu d'où d'autres parlent aussi, dans un champ structuré par des rapports de force collectifs.

Psychologue de formation, ayant quelque peu tâté de la pratique psychologique (comme psychologue scolaire, puis comme psychologue clinicien), j'ai fini par choisir, comme travailleur de l'université, d'intervenir essentiellement dans le théorique, là où se discutent les concepts fondamentaux, où se prennent des options épistémologiques. A ce titre, sous l'influence des maîtres que j'ai côtoyés à l'université, j'ai tout d'abord pris parti

---

* Contribution écrite à la demande d'Augusto Perez Gomez, originellement destinée au public latino-américain (c'est pourquoi elle comporte un exposé de synthèse de la théorie lacanienne, que j'ai maintenu ici pour ne pas perturber son architecture générale). Publiée sous le titre : « A proposito de Jacques Lacan. Posiciones de un Psicólogo Crítico » (A propos de Jacques Lacan. Positions d'un psychologue critique), dans *Psicología clínica*, Monografías psicológicas, Université de Los Andes, Bogotá, avril 1978, pp. 101-128.

pour la psychanalyse, et cela au nom de la révolution scientifique que celle-ci aurait opérée dans le domaine des recherches psychologiques. C'était l'époque où dans mon milieu intellectuel, la pensée de Lacan était à l'honneur, conquérait des esprits, produisait des ravages, dont je fus, moi aussi, pour un temps la victime. Mais en même temps se renforçait petit à petit en moi la conviction que les sciences et en particulier les sciences humaines sont insérées dans une société et y jouent un rôle. En conséquence, une prise de parti en psychologie ne pouvait plus être exclusivement guidée par des critères de validité scientifique, mais aussi par une considération de ce que la théorie et la pratique psychologiques opèrent dans le champ social. La psychanalyse, que j'avais au départ préservée de toute compromission sociale pour n'y reconnaître qu'une opératrice de connaissances vraies sur le psychisme humain, devait être réinterrogée. Et puisque mon ami Augusto Perez m'invite à intervenir sur Lacan, c'est donc la psychanalyse lacanienne que je m'efforcerai de questionner ici, selon un point de vue qui articule critiquement psychologie et société.

A mon sens, si nous voulons conduire pareille démarche sur Lacan, il importe que nous nous dépreniions du piège que nous tend l'individu «Lacan».

Car il existe un individu «Lacan», dont il est loisible de retracer la carrière intellectuelle et institutionnelle selon les normes traditionnelles de la biographie. Lacan est né à Paris en 1901. Il s'oriente d'abord vers la psychiatrie et soutient à ce titre, en 1932, une thèse de doctorat intitulée: *«La psychose paranoïaque dans ses rapports à la personnalité».* Puis il devient psychanalyste, membre de la première association psychanalytique française, fondée en 1926: la Société psychanalytique de Paris. En 1953, survient une première scission au sein du mouvement psychanalytique français: Lacan compte parmi les fondateurs de la Société française de psychanalyse. A la même époque, Lacan commence un enseignement oral à l'hôpital Sainte-Anne, qu'il continuera en des lieux divers, jusqu'à nos jours, et pendant longtemps ce fut via cet enseignement que ses idées rayonnèrent au-delà des milieux psychanalytiques. En 1963, Lacan est l'initiateur d'une nouvelle rupture: il se détache de la

Société française de psychanalyse pour fonder l'Ecole freudienne de Paris. En 1966, paraissent ses «*Ecrits*», gros volume réunissant diverses contributions, dont les premières remontent à 1936. Enfin, il y a peu, s'est formé le projet d'une publication intégrale de l'enseignement oral développé par Lacan depuis 1953: l'entreprise est en cours et plusieurs volumes sont déjà sortis de presse.

Il existe donc un individu «Lacan», j'ajouterai même: il existe un personnage «Lacan», que Lacan lui-même prend soin de cultiver complaisamment et où il puise les sources de son succès public. Que dire en peu de mots de Lacan, sinon qu'il s'agit d'un être fantasque, cabotin, parfois susceptible et agressif, parfois tendre et séducteur, mobilisateur des affects les plus contradictoires, jamais indifférent, tour à tour irritant et fascinant, polarisateur de la haine la plus tenace comme de l'adulation la plus extrême. Elément important à relever dans le contexte du mythe lacanien, qui contribue pour une large part à l'aura religieux enrobant le personnage: le style de Lacan. Car Lacan n'écrit pas dans la langue rationnelle que l'Occident a apprise de la philosophie et de la science, mais dans une langue qui accumule à plaisir les figures de style et les tournures rhétoriques, les jeux de mots et les calembours. La langue écrite de Lacan se situe ainsi à mi-chemin entre le langage scientifique et le langage poétique, ce qui rend sa pensée difficilement compréhensible, non seulement pour le commun des mortels, mais même pour la communauté scientifique. D'où la difficulté d'exposer fidèlement une pensée que l'on n'est jamais sûr d'avoir tout à fait comprise et que l'on sera dès lors accusé, par Lacan lui-même, de dénaturer.

Mais en réalité, la difficulté n'existe que si l'on s'est au préalable laissé prendre au piège tendu par le personnage. Je défends, au titre d'un principe méthodologique généralisable à toute œuvre, que la vérité de Lacan n'est pas contenue dans le texte sacré de ses «*Ecrits*», comme une vérité qui serait à extraire de ces derniers à la faveur d'un déchiffrement pénible et toujours incertain. La seule vérité de Lacan — mais peut-être le mot «vérité» n'est-il plus approprié — est donnée par ce qui s'opère au nom de Lacan dans un champ de pratiques collectives, pratiques théoriques, pratiques institutionnelles, pratiques psychothérapeutiques... Pour forcer et par provocation : le discours du dernier des disciples de Lacan est tout aussi révélateur du lacanisme que le discours de Lacan lui-même.

*
* *

Cette hypothèque levée, je me propose, me concentrant délibérément sur la pratique théorique du lacanisme, de développer quelques conceptions propagées par la rumeur lacanienne collective (sous le couvert du nom de celui que j'appellerai, par facilité, «Lacan»). Je formulerai ensuite quelques remarques critiques.

Nous l'avons vu, Lacan prétend se situer en rupture par rapport au mouvement psychanalytique dominant. Quels reproches adresse-t-il donc à ce dernier ? Notamment, celui d'avoir émoussé le tranchant révolutionnaire de la psychanalyse. On rappellera que Freud, à l'occasion de son premier voyage en Amérique du Nord, avait proféré, avant même de fouler le sol des U.S.A. : «Se doutent-ils que je leur apporte la peste ?». C'est que pour Freud en effet la psychanalyse avait pour portée d'ébranler quelques-unes des convictions les plus enracinées dans la pensée de l'homme occidental. Sur ce point, Freud s'est expliqué le plus clairement dans un petit texte intitulé: *Une difficulté de la psychanalyse* (1917). Pourquoi, se demande-t-il, la psychanalyse rencontre-t-elle tant de résistance à se faire reconnaître ? Parce que, répond-il, après Copernic, après Darwin, la psychanalyse porte un nouveau coup décisif au narcissisme humain: elle enseigne aux hommes que «le moi n'est pas seigneur dans la propre maison de son âme». Le moi, qui représente aux yeux de chacun son individualité propre, n'est pas le centre de la vie psychique : la vie psychique est travaillée par des puissances qui œuvrent en deçà du moi et de son emprise et parfois se manifestent contre son gré, dans le symptôme névrotique par exemple. Or, si nous considérons l'évolution de la psychanalyse, qu'obervons-nous ? Nous observons d'une part que la psychanalyse a été progressivement acceptée et reconnue, et singulièrement là où Freud annonçait qu'elle apporterait la peste: en Amérique du Nord. Mais nous observons par ailleurs — ce qui confirme d'une certaine manière le diagnostic freudien — que cette intégration ne s'est effectuée qu'au prix d'un aménagement réducteur et édulcorant de la pensée psychanalytique. Dans la théorie psychanalytique dominante, telle qu'elle s'est structurée à partir d'Anna Freud et de Hartmann, le moi s'est en effet réinstallé en position d'instance centrale et intégratrice de la vie psychique. De telle sorte que si l'on veut renouer avec le caractère révolutionnaire et subversif de la psychanalyse, il faut effectuer, selon le mot d'ordre célèbre de Lacan, un retour à Freud, en vue d'en redéployer la pensée par-delà les travestissements qu'elle a subies.

C'est dans ce contexte que Lacan va très tôt, dans ses tout premiers textes, dégager de l'œuvre de Freud une notion du moi que la psychanalyse dominante avait eu tendance à occulter au profit d'un moi-réalité: la notion du moi comme instance narcissique et — ajoute Lacan — imaginaire. Selon Lacan, le moi a le statut d'une image, qui se cristallise génétiquement à l'époque où l'enfant se reconnaît dans le miroir, dans un stade appelé par Lacan «stade du miroir», et que nous investissons pour le plaisir qu'elle nous procure de nous ressaisir comme totalité close, figée, achevée. Or, ce moi imaginaire, quand bien même sa formation serait cruciale dans la structuration de l'individu humain, est aussi le lieu d'une illusion. Car il cherche à se faire valoir aux yeux de l'individu comme cela même qui le résume et l'achève, voilant par là tout ce qui pourrait, venant d'ailleurs, le travailler et le constituer. L'illusion qui nous est ainsi tendue doit être déchirée, en vue de retrouver: en deçà du moi, l'inconscient; au-delà du moi, une subjectivité qui lui est irréductible.

Ce sont ces deux derniers points que je voudrais à présent expliciter quelque peu, non sans préciser au préalable que Lacan, dans son effort pour rethématiser les découvertes fondamentales de Freud, va développer une conceptualisation originale. Plus précisément, il va tenter de reformuler les découvertes freudiennes en empruntant aux théories et au langage de l'anthropologie structurale. En quoi il a pu apparaître dans les années 65-70 comme un représentant du «structuralisme».

Le mot « structuralisme » recouvre deux phénomènes distincts, encore qu'articulés. Il désigne tout d'abord les recherches scientifiques qui ont adopté des principes méthodologiques structuraux (par exemple, principe structuraliste le plus élémentaire, le privilège de la totalité sur les éléments simples) et ont réussi par là à rendre plus intelligibles certaines réalités humaines, comme le langage ou la parenté. Qu'il nous suffise de citer, dans le domaine de la linguistique, les noms de de Saussure, Troubetzkoï et Jakobson, dans le domaine de l'ethnologie de la parenté, le nom de Claude Lévi-Strauss. Mais le même mot désigne aussi un courant de pensée qui s'est cristallisé en France entre 1960 et 1965 et a prétendu dégager des succès scientifiques remportés çà et là par la méthodologie structurale des conclusions anthropologiques générales. Qu'enseignaient en effet les travaux scientifiques d'un Jakobson ou d'un Lévi-Strauss, sinon que le champ humain est traversé par des structures (la structure du langage, la structure de la parenté) qui possèdent leur propre logique de fonctionnement et sont autonomes par rapport à la subjectivité individuelle? De là à conclure que l'être humain n'est pas l'initiateur libre de sa destinée, ce qu'avait proclamé la philosophie jusqu'alors dominante en France, en particulier l'existensialisme de Sartre, mais qu'il est au contraire le produit de structures qui le dépassent, voire qui le constituent, il n'y avait qu'un pas. C'est le pas qu'a franchi, avec d'autres, Lacan. Qu'a découvert Freud en effet, affirme Lacan, sinon les effets produits sur l'individu humain vivant par les structures (structures du langage, structures de la parenté) auxquelles il a à accéder pour se constituer comme être humain?

Ainsi, pour ce qui concerne l'inconscient, Ferdinand de Saussure, le fondateur de la linguistique structurale, est connu pour avoir défini le signe comme combinaison ou mise en rapport d'un signifiant et d'un signifié: la position d'un signifié (d'une idée ou d'un concept) s'effectue par le truchement nécessaire d'une matérialité signifiante. Mais de Saussure, dans sa théorie de la valeur linguistique, a montré que l'effet de signification produit par un signifiant est inconcevable en dehors de la relation que celui-ci entretient avec d'autres signifiants: l'articulation du signifiant et du signifié est ainsi secondaire à l'organisation autonome d'un réseau structuré de signifiants. Or, un retour opéré sur les grandes œuvres freudiennes qui mettent au jour « les formations de l'inconscient » (le symptôme névrotique, le rêve, l'acte manqué, le mot d'esprit) fait apparaître que l'inconscient est une réalité saisissable en toute rigueur selon les concepts et les principes de la linguistique structurale. Certes, Freud n'a jamais reconnu en termes explicites la nature langagière de l'inconscient, tout simplement parce que la linguistique de son temps ne lui offrait pas les outils adéquats. Mais aujourd'hui il devient possible d'affirmer : « l'inconscient est structuré comme un langage ». L'inconscient est constitué de signifiants qui s'organisent et se combinent selon les lois de la métaphore et de la métonymie, deux figures rhétoriques dans lesquelles Lacan croit reconnaître les deux versants de ce que Freud avait appelé le processus primaire : la condensation (homologue à la métaphore) d'une part, le déplacement (homologue à la métonymie) d'autre part. Quant aux formations de l'inconscient, elles sont autant d'effets du travail des signifiants langagiers, venus s'inscrire, soit dans un matériel directement linguistique (le lapsus, le mot d'esprit), soit encore dans un matériel d'images (le rêve) ou dans la matière du corps (le symptôme hystérique). Car l'image du rêve, comme le symptôme hystérique, ne deviennent intelligibles qu'à être pris à la lettre, comme signifiants : à la manière de l'image d'un rebus, l'image du rêve n'est lisible ni interprétable que traduite en mots et articulée sur d'autres mots ; de même que le symptôme hystérique est l'inscription charnelle de mots qui, de n'avoir pu être proférés, ont emprunté le détour du corps pour se signifier (une boule hystérique pouvant traduire un : « je ne puis l'avaler »).

Pour conclure ce point, nous pourrions dire que l'inconscient est comme le prix que paye l'individu humain vivant pour son insertion dans un langage dont l'opération de sens repose sur une organisation autonome du signifiant. Car si l'individu humain doit au langage la possibilité de signifier son expérience et d'accéder par là à la conscience du monde et de la réalité, il lui en coûte en même temps d'être désormais transi par un ordre signifiant qu'il n'a pas en son pouvoir et qui risque toujours, lui faisant retour malgré lui, d'ouvrir une brèche, une faille indésirable dans la continuité de son expérience significative.

Au demeurant, si la thèse lacanienne d'un inconscient langagier permet de pratiquer un retour créateur sur le texte freudien et d'y mettre en évidence tout ce qui s'y trouvait d'allusions linguistiques non thématisées, elle permet aussi de jeter un nouvel éclairage sur la signification de la situation analytique. Car la psychanalyse, comme technique psychothérapeutique, opère dans et par le langage, et uniquement en lui et par lui. Cela seul ne suffirait-il à révéler l'importance cruciale que revêt le langage en psychanalyse? On le sait, la situation analytique ne connaît d'autre règle que la règle des associations libres. Or quel est l'objectif de cette règle, sinon de déjouer le régime d'un discours conscient toujours polarisé par la visée d'un signifié, pour privilégier un discours qui se laisse guider par les associations et les combinaisons du signifiant? En telle sorte que ce qui se disait dans le langage muet du symptôme (la boule hystérique par exemple) puisse se dire en première personne («je n'ai pas pu l'avaler»), que je parle enfin là où jusqu'alors ça parlait en moi. Mais quel est donc ce «je» qui est appelé à devenir là où c'était, selon le célèbre énoncé freudien : «Wo es war, soll ich werden»? Ce «je» est-il identique au «moi», narcissique et imaginaire, à telle enseigne que le but de la psychanalyse serait bien alors de renforcer le moi et de l'aider à «déloger le ça» (selon l'inadéquate traduction française de l'énoncé freudien)? Ou bien le «je» est-il autre chose que le moi?

Pour saisir la nature de cette subjectivité singulière, qui selon Lacan est irréductible au moi, il nous faut à nouveau repartir des structures constitutives de la réalité humaine. Car si nous examinons ces structures, nous observons qu'elles donnent à l'individu humain vivant les moyens de se signifier lui-même comme être singulier. Ainsi, le langage l'autorise à dire «je», la parenté et son organisation lui confèrent un nom «propre». En d'autres termes, l'individu humain vivant se constitue comme subjectivité par l'assomption des signifiants symboliques de sa singularité, que lui offrent les structures du langage et de la parenté. Mais — et c'est là ce qui me reste à préciser — la subjectivité qui se trouve instaurée de par l'insertion dans l'ordre symbolique du langage et de la parenté est désormais marquée du sceau d'un manque radical et se situe donc aux antipodes d'un moi, qui se donne dans l'imaginaire comme totalité close et achevée, ne manquant de rien.

Dans l'explicitation de cette thèse, je m'attarderai surtout sur l'effet induit par la structure de la parenté. Mais nous pouvons aussi remarquer que l'assomption du «Je» langagier engendre la division du sujet d'avec lui-même. Dès le moment où je profère un énoncé en première personne, où je dis par exemple: «J'aime les roses», je ne suis plus identique à moi-même: la parfaite et adéquate coïncidence avec soi, visée par la passion imaginaire, est perdue. Car d'une part, je suis représenté dans l'énoncé comme celui qui aime les roses; mais d'autre part, je suis aussi celui qui se signifie en énonçant: «J'aime les roses». Et ce dernier sujet, non plus sujet de l'énoncé («J'aime les roses»), mais sujet de l'énonciation (J'énonce: «j'aime les roses»), n'existe que d'être perpétuellement absent. Même s'il soutient et dynamise à tout moment le discours, il est en toute rigueur irreprésentable. Car dès l'instant où il chercherait à se représenter, il se transformerait en sujet d'un nouvel énoncé et du même coup se trouverait comme reconstitué au-delà même de ce qu'il profère thématiquement de lui-même. En ce sens, le langage et ce qu'il offre comme signifiant de la subjectivité constitue bien l'individu humain comme un être toujours manquant de et à lui-même.

Mais relevons surtout le manque inscrit au cœur de la subjectivité désirante par la structuration symbolique qui organise dans l'humanité les rapports entre les sexes et les générations. Je l'ai déjà dit, pour l'individu humain, être sujet singulier, c'est aussi porter un nom, qui l'insère dans une lignée familiale. Bien sûr, ce nom nous est conféré avant même que nous ne soyons nés et, quoi que nous fassions, il nous sera attaché. Encore importe-t-il que nous l'assumions en propre dans ce qu'il symbolise de l'univers humain où nous avons à prendre place pour devenir nous-même.

De tous les êtres vivants, l'être humain est le seul qui ait institué les rapports entre les sexes et les générations sous le signe de la loi. Dans l'humanité, les rapports entre les sexes sont réglés par une loi d'alliance, les rapports entre les générations par une loi de filiation, dont le nom est précisément le symbole. Or, Lévi-Strauss l'a établi d'une manière décisive, l'organisation interhumaine de la parenté repose sur un interdit universel et fondamental, versant négatif de la règle d'exogamie : l'interdit de l'inceste. Il en résulte pour l'individu humain vivant une mutilation inévitable du désir, dont Freud a situé l'impact au moment du complexe d'Œdipe. Car qu'est-ce que le complexe d'Œdipe, inséparable de l'épreuve de castration, sinon le drame individuel vécu par l'enfant dès lors que son désir vient buter sur l'incontournable de l'interdit de l'inceste ? Mais on sait aussi que selon Freud, la traversée et le dépassement de l'épreuve (la destruction ou dissolution du complexe d'Œdipe) opère les restructurations et les transformations subjectives qui achèvent en quelque sorte le procès d'humanisation de l'enfant humain.

Par l'assomption de la loi des échanges sexués interhumains, désormais inscrite sous les espèces du surmoi et de l'idéal du moi (« héritiers du complexe d'Œdipe »), l'individu humain conquiert son identité ultime de sujet, qui n'est pas l'identité d'un moi complet et achevé, mais l'identité d'un être « castré » mais ouvert, parce que castré, à un avenir désirant humain. Car la destruction du complexe d'Œdipe se conclut, d'une part par le renoncement et l'assomption du renoncement (je ne puis coucher avec ma mère, ni ne puis supprimer mon père pour prendre sa place auprès de ma mère), d'autre part, et du même coup, dans le même mouvement, par la promesse d'un avenir qui garantit le rapport d'alliance intersexué et la parenté propre (renonçant à coucher avec ma mère, je reçois la garantie de prendre un jour femme ; renonçant à être mon propre père, je reçois la garantie d'être un jour père). On le voit, être soi-même, être sujet dans l'humanité, c'est-à-dire être homme ou femme, fils ou fille, père ou mère — et, que nous le voulions ou pas, nous sommes appelés à nous définir en ces termes, parce que pris d'emblée dans une structure humaine de parenté qui nous y contraint —, c'est nécessairement, inévitablement, être limité, castré, manquant.

*
* *

Mais assez d'un exposé des conceptions lacaniennes, qui aura été assurément trop sommaire, mais suffisant, je l'espère, pour indiquer dans quelle direction les lacaniens ont orienté leur travail théorique. Le moment de la prise de position critique est à présent venu.

Je l'ai déjà laissé entendre, je ne souhaite pas interroger ici la vérité scientifique du lacanisme, mais considérer que, quelle que soit sa validité scientifique, le lacanisme existe et produit des effets dans des champs de pratique collective. Quel est le sens des effets pratiques opérés par le lacanisme ? Telle sera donc ma question.

Il va de soi qu'un tel angle d'attaque doit déclarer ses critères. Je formulerai le mien de la manière suivante : quel est le sens des effets pratiques opérés par le lacanisme, eu égard à un projet de transformation de la société qui conduirait au recul, voire à l'éradication des dominations structurelles qui, dans notre société, s'exercent de certains groupes sociaux sur d'autres groupes sociaux ?

Et ce critère, il faut le dire, n'est pas purement extrinsèque au lacanisme, puisque, je l'ai rappelé, Lacan prétend, par son retour à Freud, rompre avec une pratique de la psychanalyse qui aurait cessé d'être socialement subversive pour devenir l'agent d'une rééducation sociale ou d'une adaptation à la société capitaliste. Le lacanisme tiendrait-il ses promesses ? Restaurerait-il ou instaurerait-il vraiment une pratique révolutionnaire de la psychanalyse ?

Mais il ne suffit pas d'avoir énoncé un critère. Encore faut-il en dégager des indications plus précises en direction de la forme d'anthropologie et de la forme de psychologie, théoricienne et praticienne, qui aujourd'hui pourrait être utile à une transformation révolutionnaire de la société. Sur ce terrain, où me conduisent actuellement mes propres recherches, je ne puis que proposer quelques formulations lapidaires et provisoires.

Sur le versant théorique, pourrait aujourd'hui être utile à une transformation révolutionnaire de la société, une théorie anthropologique et psychologique qui ait le souci prioritaire d'articuler les destins et les modes d'existence des personnes individuelles d'une part, et les conditions d'existence collectives, socio-historiques, au sein desquelles les personnes individuelles évoluent d'autre part (par exemple, pour ce qui concerne une psychologie des sexes, une théorie indiquant comment les constellations et les dynamismes psychologiques qui marquent le destin féminin sont rattachés aux conditions d'existence faites aux femmes, dans une société donnée, à un moment historique donné). Sur le versant pratique, pourrait aujourd'hui être utile à une transformation révolutionnaire de la société, une pratique (dialectiquement liée à la théorie dont il vient d'être question) qui offre à l'individu la possibilité de prendre conscience, avec d'autres partageant ses difficultés, de la dimension collective de son problème et d'engager avec eux un processus de transformation de soi qui soit en même temps processus de transformation des conditions collectives de son existence, en telle sorte que la recherche de soi comme sujet singulier soit aussi, et dans le même mouvement, recherche d'une autre existence collective et, au bout du compte, d'une autre société. Et s'il fallait citer le nom d'un psychologue qui a osé engager la psychanalyse dans la direction que je viens d'esquisser, sans doute devrions-nous citer le nom de Wilhem Reich. Car, quelle que soit la justesse de ses thèses de détail (dont la plupart doivent être soumises à la critique), Reich a eu au moins le mérite de dégager une voie nouvelle, dans le souci qu'il a manifesté : 1. dans sa théorie, de montrer comment des constellations pulsionnelles individuelles pouvaient être marquées par les structures sociales (en particulier par la famille patriarcale, elle-même agent de reproduction d'une société fondée sur l'exploitation économique); 2. dans sa pratique, d'ouvrir la psychanalyse (tout en la transformant) sur les milieux populaires et la classe ouvrière, notamment en y développant une action de sensibilisation de masse (le mouvement Sexpol). Mais malheureusement, Reich, en butte aux oppositions les plus irréductibles des pouvoirs dominants, n'a guère eu de postérité. Cette psychologie qui pourra servir d'instrument à la lutte sociale des groupes dominés, psychologie nécessairement critique à l'égard de la psychologie instituée, reste encore largement à créer.

Mais revenons à Lacan. Il est hors de propos pour moi de prétendre dresser ici un bilan critique, exhaustif et définitif, du lacanisme. Je voudrais seulement commencer de suggérer que le lacanisme, non seulement n'est pas un surgeon subversif de la psychanalyse, mais bien plus est un obstacle à la formation et au développement d'une psychologie critique, et un obstacle d'autant plus insidieux qu'il se pare lui-même de la vertu révolutionnaire, en ce sens véritable mystification.

Je m'attacherai surtout au versant théorique du lacanisme, pour terminer par quelques brèves touches critiques relatives à son versant pratique.

La doctrine lacanienne contient une théorie de la société et de la culture, et cela au titre d'une pièce centrale et déterminante et non d'une pièce accessoire qu'il serait possible d'écarter sans préjudice pour l'ensemble. Or je pense que cette théorie exclut toute possibilité d'une articulation du destin individuel et des structures historico-sociales, tout au moins sous une forme qui intégrerait l'impact possible des relations de domination entre groupes humains et par ailleurs reconnaîtrait l'historicité des constellations sociales et donc leur transformation possible. Bref, Lacan prend parti pour une doctrine socioculturelle qui a pour effet d'évacuer, et la réalité de la domination sociale (tout en la reconduisant et la portant idéologiquement à l'absolu, comme nous le verrons), et la réalité de l'histoire. Mais quel est donc le contenu de cette doctrine dont nous pressentons déjà l'essentiel ?

La doctrine socioculturelle de Lacan procède de la généralisation à toute forme sociale du modèle de la linguistique structurale. Elle s'enracine dans une option anthropologique qui privilégie la dimension symbolique. Au regard d'une telle option, l'humanité dépasse sa nature biologique animale par l'instauration de systèmes symboliques, d'une part construits selon la logique d'une structure, constitués d'éléments n'ayant de valeur que différentielle (c'est-à-dire n'ayant pas de valeur en eux-mêmes, mais uniquement dans leur relation avec les autres, bref dans leur différence d'avec les autres), d'autre part permettant aux individus qui y participent de se reconnaître mutuellement comme engagés dans un pacte ou une convention qui les lie et par là de s'élever au statut de sujets humains (par exemple comme homme ou femme, garçon ou fille... inscrits dans la structure symbolique de la parenté)[1].

Or, le choix d'un tel modèle, qui, remarquons-le en passant, met à l'avant-plan de l'ordre socioculturel le langage et la parenté, mais fait silence (et pour cause !) sur des réalités sociales aussi cruciales que les rapports économiques de production ou les relations politiques de pouvoir, conduit à supposer l'égalité foncière des sujets humains et à voiler l'originalité historique au profit d'invariants universels, inhérents à l'humanité transhistorique de l'homme.

Premier point : le régime fondamental de la relation interpersonnelle instaurée par un ordre symbolique est celui de l'égalité ou de la réciprocité dans la différence. Prenons un exemple concret et mesurons-en les enjeux : la relation entre homme et femme. Le lacanisme n'a aucune peine à affirmer qu'homme et femme sont à égalité devant la structuration symbolique du sexe, et partant que la psychanalyse ne pose en rien l'inégalité constitutionnelle de la femme. Chaque sexe est différent, et du même coup, étant différent, n'étant pas l'autre, manquant de l'autre et ne prenant sa consistance propre que de sa différence et de son manque (selon le principe structural), chaque sexe est castré au même titre : la femme l'est certes, mais l'homme, dans l'ordre symbolique, l'est tout autant. Dès lors, l'assomption par chacun de sa différence ou de sa castration symbolique instaure un véritable rapport d'échange réciproque entre les sexes. Admettons. Encore que, nous le verrons plus précisément à propos de la structure de la parenté, les formulations structurales reconduisent subrepticement le privilège de l'homme : ici singulièrement par l'élévation du phallus au titre de signifiant privilégié et même exclusif de la différence symbolique des sexes (seul le phallus, par sa présence ou son absence, signifie la différence des sexes masculin et féminin). Mais qui ne voit qu'au nom de cette égalité symbolique de principe, les inégalités concrètes entre les sexes, bel et bien réelles pourtant, sont réduites à l'inessentiel ? En conséquence, aucun outil ne nous est offert pour penser ce qui, de ces inégalités sociales, se répercute sur le destin psychologique (le désir, l'inconscient...) de l'homme et de la femme.

Second point: le destin individuel humain, ce qui en fait l'originalité et le drame (le moi conscient soumis à l'ordre autonome du signifiant, le désir soumis au manque et à la castration) est noué autour d'invariants transhistoriques, inhérents à l'humanité même de l'homme. En quoi Lacan choit dans un procédé idéologique bien connu, à savoir ce procédé qui consiste à élever à l'absolu une structure fruit de l'expérience historique des collectivités humaines, avec pour effet d'en justifier la pérennité et de légitimer les agents sociaux dans la position de pouvoir ou de soumission qu'elle leur confère. Mais expliquons-nous sur un cas exemplaire: la manière dont Lacan fait appel à une organisation universelle de la parenté fondée sur l'interdit de l'inceste. Sur ce plan, il faut le dire, Lacan accomplit un véritable tour de force: s'appuyer sur l'organisation sociale des sociétés primitives (lue à travers le structuralisme de Lévi-Strauss) pour en élever à l'absolu les caractéristiques et aboutir à légitimer... la famille bourgeoise contemporaine. Mais précisons.

Je l'ai déjà dit, Lévi-Strauss a mis au jour les structures fondamentales qui organisent la parenté des sociétés primitives, en les articulant en dernière instance sur l'interdit de l'inceste. Mais Lévi-Strauss a aussi coiffé sa mise au jour des *Structures élémentaires de la parenté* (1949) d'une interprétation anthropologique. Pour Lévi-Strauss, l'interdit de l'inceste est un absolu anthropologique: son émergence (elle-même inexplicable, indérivable d'un principe plus fondamental, non pas effet, mais source et origine) coïncide avec la fondation même de l'humanité en tant qu'espèce culturelle, qui s'arrache à l'ordre de la nature. En conséquence — conclusion tirée par les lacaniens —, les effets qu'il engendre sur la structuration psychique de l'être humain (le complexe d'Œdipe en particulier) sont eux-mêmes universels, transhistoriques, quelle que soit, par ailleurs, la forme particulière qu'ils peuvent prendre selon les sociétés et les moments de l'histoire. Or, Lévi-Strauss le reconnaît lui-même, l'interdit de l'inceste s'accompagne d'une asymétrie radicale des sexes. Car, par l'interdit de l'inceste, les groupes d'hommes nouent ou tissent des rapports de réciprocité en utilisant les femmes comme objets d'échange. Dès lors, universaliser l'interdit de l'inceste et les structures psychologiques qui en découlent, c'est en même temps universaliser l'asymétrie des sexes. C'est donc aussi la légitimer, c'est en particulier dans le contexte actuel — car c'est aujourd'hui que le lacanisme opère pratiquement — légitimer une société qui donne à l'homme une position dominante dans la constellation familiale. Il n'est point besoin à cet égard d'une longue méditation sur les formulations lacaniennes du complexe d'Œdipe pour se rendre compte à quel point l'asymétrie des sexes et la domination de l'homme y sont affirmées. Ne nous présente-t-on pas la relation de l'enfant avec sa mère comme une relation naturelle immédiate, dans laquelle l'enfant risquerait de s'abîmer définitivement si n'intervenait le père, sa parole, son nom porteur de la loi symbolique des échanges interhumains, pour arracher l'enfant au péril d'un commerce confusionnel avec la mère et l'élever ainsi à la dignité humaine? Il y a là sans doute une part de vérité socio-historique. Il est vrai que dans une société patriarcale il n'est de nom que du père, la femme aura beau revendiquer par souci d'autonomie de ne pas porter le nom du mari, c'est encore d'un homme qu'elle portera le nom. Mais dès l'instant où ces composantes socio-historiques sont absolutisées, où par exemple le «nom-du-père» (concept lacanien) est élevé au statut d'opérateur transculturel d'humanisation, les normes de la société où elles prévalent sont légitimées. Plus précisément encore, sont justifiés dès lors les rôles parentaux que la famille bourgeoise assigne à la femme et à l'homme: le rôle de mère, appelée par sa présence directe et charnelle auprès de l'enfant à assurer les soins du premier âge et tout ce qui relève d'une assistance naturelle, mais appelée aussi à s'effacer devant le père dont elle se bornera à porter et répercuter la parole, sous peine que l'enfant ne devienne fou, psychotique; le rôle du père, tout occupé aux activités créatrices de la cité et de la culture, représentant de la loi et de l'autorité, présent à ses enfants non pas en chair et en os, mais indirectement, par le truchement de signifiants symboliques (le nom-du-père) qui, s'ils sont répercutés par la mère, hisseront l'enfant à l'ordre humain[2].

Devant un pareil édifice idéologique, il n'est d'autre solution que d'en ébranler les bases et de substituer la relativité historique à l'absolutisation transhistorique. Il importe en particulier, au plan de l'anthropologie de la parenté, d'historiser l'interdit de l'inceste et de reconnaître à l'organisation primitive de la parenté une originalité et une spécificité historique. A cet égard, les travaux récents de Serge Moscovici (*La société contre nature*, 1972) et de Claude Meillassoux (*Femmes, greniers et capitaux*, 1975), ouvrent chacun à leur manière une voie prometteuse. A titre suggestif, je me permettrai d'énoncer sommairement l'une ou l'autre perspective qui s'en dégage : 1. Le monde animal préhumain, le monde des primates, ne se caractérise pas par la promiscuité sexuelle, l'indifférenciation généralisée des rôles et des fonctions sexuels. L'interdit humain de l'inceste n'introduit donc pas un ordre (culturel) là où auraient existé jusqu'alors le désordre et l'anarchie (naturels) (Moscovici); 2. L'interdit de l'inceste, comme organisateur de la parenté, doit être restitué à l'originalité des sociétés primitives (et peut-être, d'après Meillassoux, de certaines d'entre elles : les sociétés agricoles lignagères). Il n'est nullement un absolu transhistorique indérivable, ne tenant son propre fondement que de lui-même, mais une composante importante de sociétés précises, caractérisées par un mode de production spécifique (à savoir par une forme d'échange productif avec la nature et par des rapports sociaux noués entre les hommes dans le contexte de leur commerce productif avec la nature).

Après avoir développé longuement une critique du versant théorique du lacanisme, il resterait à considérer son versant pratique. Mais le temps et la place me manquent pour m'engager encore dans un exposé substantiel. Je me bornerai donc à énoncer quelques idées qui apparaîtront un peu dogmatiques du fait de la brièveté de leur formulation. Pour le dire tout net, il ne me semble pas que le lacanisme ait produit la moindre modification fondamentale de la pratique traditionnelle de la psychanalyse. Le champ privilégié de la pratique lacanienne demeure le champ d'une pratique privée, conforme au canon de la médecine libérale et axée sur le colloque psychanalytique duel. Or, les conditions de fonctionnement de la situation analytique poussent à une surindividualisation des difficultés personnelles[3] : par le traitement psychanalytique, l'individu humain est intensément entraîné à envisager ses problèmes sous un angle précis, à savoir à ne considérer en eux que ce qui y est engagé de lui-même et de son désir singulier. Ce qui explique peut-être pourquoi la psychanalyse conduit si souvent à la démobilisation et au désengagement socio-politique[4]. Mais la psychanalyse lacanienne commence à pénétrer aussi le monde des institutions de santé mentale. Sur ce terrain, elle ne peut s'accommoder d'une pratique répressive de la psychiatrie, car la parole du sujet doit pouvoir être libérée. A ce titre, le lacanisme peut faire figure de rénovateur de la psychiatrie traditionnelle. Mais que propose-t-il en lieu et place ? Me semble-t-il, une généralisation du principe du colloque analytique duel. L'institution doit s'organiser de manière à multiplier les lieux et les occasions qui permettent à chacun qui y participe d'être renvoyé à lui-même, à sa parole, à son désir singulier. Toute pratique nouvelle axée sur le collectif paraît exclue. Et comment en serait-il autrement s'il est vrai que pour le lacanisme n'existe qu'un sujet singulier affronté aux signifiants universels portés par des structures socioculturelles anhistoriques et intemporelles. Libérer une pratique psychologique, ou mieux socio-psychologique, qui procède à partir du groupe social concret[5] (les femmes, les chômeurs, les sous-prolétaires, les délinquants, etc...), situé à mi-chemin entre l'individu singulier et les structures collectives impersonnelles (qu'il s'agisse des rapports de parenté ou des rapports de production), telle nous paraît être aujourd'hui la seule issue. Mais pour cela, il y a peu de chance que Lacan nous soit d'un quelconque secours.

POSTFACE (1982)

La contribution que l'on vient de lire a été écrite en 1977 et publiée en 1978. Elle ne pouvait donc faire état des derniers avatars qu'a connus le lacanisme, je veux parler bien sûr de la dissolution de l'Ecole freudienne par Lacan, avant sa mort, et des remous qu'elle a suscités au sein du mouvement lacanien. De ces derniers, je ne dirai rien. Je les observe de loin, inquiet quant au destin de la psychanalyse, qui me paraissait tout de même mériter mieux que ces épisodes dramatiques relevant de ce que j'appellerais, faute de mieux et pour faire court, la pathologie collective. S'ils peuvent contribuer à hâter la décomposition et l'agonie du lacanisme, qui bien heureusement ne résume pas la psychanalyse en France, je ne pourrais pour ma part que m'en réjouir.

Mais si je pointais la date d'écriture de ce dernier texte, c'était surtout pour en situer le contexte de production. Ce texte s'inscrit assurément dans ce qui fut une phase d'ultra-politisation : refus de la neutralité des discours et pratiques scientifiques, mise au jour de leurs enjeux socio-politiques, dénonciation de leurs effets « réactionnaires », tentative pour jeter les bases d'une psychologie critique « révolutionnaire », articulée au champ de la lutte des classes. Or ce projet lui-même m'apparaît aujourd'hui discutable et, par certains côtés, dangereux. Car, dans ses outrances et sa rigidité, ne relève-t-il pas d'une forme de « stalinisme » intellectuel, soumettant les sciences, et singulièrement, pour ce qui nous concerne, la psychologie, à un « tribunal du peuple », les jaugeant en permanence au nom de schémas politiques et idéologiques qui s'autorisent de la vérité de l'histoire pour en départager a priori les bons et les mauvais usages, les uns « réactionnaires », les autres « progressistes », voire même « révolutionnaires ». Le questionnement socio-politique des sciences, et de la psychologie, s'il continue de devoir être préservé et développé — car ce serait sans doute une erreur, constatant l'ampleur de ce que fut parfois notre dogmatisme tranquille, de rendre purement et simplement les sciences à leur belle innocence —, doit aujourd'hui se faire plus modeste, moins assuré de lui-même, plus nuancé, plus ouvert au doute et à l'incertitude.

Mais alors, demandera-t-on, pourquoi encore publier un texte qui porte indubitablement les marques de ce « stalinisme » aujourd'hui stigmatisé ? C'est que son argument essentiel me paraît toujours juste : le lacanisme inclut bien une doctrine de la société qui fait l'impasse et sur l'histoire et sur la conflictualité sociale, et il est dès lors impuissant à penser l'articulation de la personnalité et du destin individuel sur les formes socio-historiques concrètes, elles-mêmes toujours traversées par des rapports sociaux conflictuels. Une tâche d'articulation qui demeure pour moi importante. Au demeurant, je ne suis pas le seul à avoir adressé à la même époque — aux alentours de 1977 — cette critique au lacanisme. Je citerais à cet égard Pierre Fougeyrollas[6] et surtout Cornelius Castoriadis[7], auteur de la critique à ce jour la plus profonde et la plus dévastatrice du lacanisme. Ainsi, tout au long de son article, Castoriadis souligne la nécessité de faire place à ce qu'il appelle la dimension social-historique (1977, p. 40), totalement occultée par le lacanisme, pour lequel la relation du sujet à la société consiste en « sa soumission « structurante » à un système « symbolique » et à une « loi » dont on ne sait jamais quel est le statut (la « loi » n'existe jamais que comme loi effective, institution social-historique donnée, — comme le langage, qui est tout autre chose qu'un « système symbolique », n'existe jamais que comme *ce* langage et *tel* langage; confrontés à ce fait, les lacaniens glissent aussitôt vers une « loi » qui ne serait jamais aucune loi effective, mais le simple requisit transcendental d'une loi en général)» (pp. 37-38). Et Castoriadis d'ajouter encore: « La « loi » et le « symbolique » (de même que l'idée de « structure » en ethnologie et sociologie) effacent la société instituante et réduisent la société instituée en collection de règles mortes, soit Règles de la mort, face auxquelles le sujet *doit* (pour être « structuré ») se plonger dans la passivité » (p. 62). D'où la fonction politiquement « conservatrice » du lacanisme, et du « structuralisme » en général, qui tend à « persuader le sujet de son inexistence ou de son irresponsabilité », à « le passiviser devant les « structures », et qui en niant l'histoire exclut d'avance la question de la possibilité d'une *autre* société, pour l'institution de laquelle nous pourrions et nous aurions à faire autre chose qu'attendre qu'elle nous tombe sur la tête » (p. 73). D'où aussi l'impossibilité où se trouve le lacanisme de rencontrer la « question de la socialisation de la psyché » (p. 40), la question de ce processus, que la psychanalyse peut et doit élucider, « moyennant lequel peuvent prendre existence et sens pour la psyché et être « investis » par elle ces « objets/non-objets » que sont la pensée, l'activité, l'autre comme être autonome, une collectivité effective, l'institution comme telle. Soit, non seulement l'« étayage » de la création social-historique sur la psyché singulière, mais la *sève* psychique constamment apportée par celle-ci à celle-là » (p. 68)[8].

Un dernier mot à propos de ce qui constitue une lacune de mon texte, sur laquelle Castoriadis m'a permis de mettre le doigt. Il est sans doute erroné de prétendre, comme je l'ai fait, que le lacanisme n'a pas introduit de modification sensible au plan de la pratique analytique. Tout au contraire, insiste Castoriadis, le lacanisme transforme la pratique analytique, d'une part en réduisant systématiquement la durée des séances (parfois à quelques minutes), ce qui accroît démesurément les pouvoirs déjà exorbitants dont l'analyste se trouve investi de par la situation transférentielle (p. 29)[9], d'autre part en promouvant dans le chef de l'analyste une attitude de mutisme, elle-même «pure mystification», car «il n'y a pas, et ne peut pas y avoir, de «règle du silence». Il y a pour l'analyste *tâche d'interprétation* — ce qui veut dire, *œuvre de parole»* (p. 32). Deux modifications qui induisent une véritable «perversion» de la pratique analytique, qui n'est pas sans correspondant dans la théorie lacanienne. Car: «Si la personne n'est effectivement que *personne* (masque) et, derrière la *persona*, personne, c'est-à-dire *outis*, la meilleure manière d'amener le sujet à la «vérité» n'est-elle pas effectivement de le laisser mariner jusqu'à ce qu'il (?) «comprenne» (!) qu'il peut raconter ou se raconter n'importe quoi et également se taire, tout revenant au même, c'est-à-dire à une pellicule de mots ou de silence qui ne recouvre rien?» (p. 36).

NOTES

[1] Je m'inspire ici des formulations d'Edmond Ortigues qui a le mieux dégagé la signification anthropologique générale de la notion de symbole (dans *Le discours et le symbole*, 1962), pour en déployer ensuite les implications précises en direction d'un thème familier à la psychanalyse, je veux parler du complexe d'Œdipe (dans *Œdipe africain*, 1966).

[2] La participation de la pensée de Lacan à une idéologie sexiste réactionnaire a été bien dénoncée par Catherine Baliteau dans «La fin d'une parade misogine: la psychanalyse lacanienne», *Les temps modernes*, juillet 1975, pp. 1933-1953.

[3] Sur cet aspect des choses, cf. le remarquable petit ouvrage de Robert Castel, *Le psychanalysme*, 1973.

⁴ L'enquête récente de Dominique Frischer auprès de personnes analysées montre que la grosse majorité des analysés qui avaient une pratique socio-politique concrète avant leur psychanalyse ont été amenés à l'abandonner en cours de psychanalyse (*Les analysés parlent*, 1977).
⁵ Et non pas du groupe social abstrait de la dynamique de groupe, lui-même déconnecté de toute insertion sociale concrète.
⁶ P. Fougeyrollas, *Contre Lévi-Strauss, Lacan, Althusser*, Savelli, 1977 (cf. chapitre II, Lacan, la pantomime petite-bourgeoise, pp. 81-134).
⁷ C. Castoriadis, La psychanalyse, projet et élucidation, «Destin» de l'analyse et responsabilité des analystes, dans *Topique*, n° 19, avril 1977, pp. 25-75.
⁸ Est-on si loin ici, chez Castoriadis, de ce que Mendel a tenté de penser sous le thème du «Moi du politique»?
⁹ Je rappelle à nouveau combien Szasz insistait, dans son *Ethique de la psychanalyse* (1965), sur l'importance de ne pas modifier la durée des séances, de manière précisément à réduire — ou à ne pas augmenter le pouvoir de l'analyste.

Pour conclure

Ce n'est pas sans sentiments mélangés que je me retourne une dernière fois sur une œuvre dont le matériau a lentement pris forme dans le courant des dix dernières années, à la manière dont un produit sort des mains et du corps de l'artisan, extériorisation de ses forces et de ses pouvoirs.

Oserais-je tout d'abord me créditer d'avoir articulé en un ensemble relativement cohérent des problématiques souvent disjointes et d'avoir formulé à cette occasion quelques propositions plausibles, raisonnables, parfois élégantes? Ainsi de la problématique épistémologique de la signification cognitive de la psychanalyse et de la problématique socio-politique des enjeux de la psychanalyse. On a beau avoir débusqué les implications idéologiques de la psychanalyse, on n'a pas tranché par là même la question de son statut scientifique — à moins que l'on ne réitère encore l'opposition statique et classificatoire, l'exclusion réciproque de l'idéologie et de la science. Assurément, la psychanalyse est prise dans un tissu de déterminations sociales. Mais qu'en est-il de sa portée cognitive? Pour ne me référer qu'à lui, Castel, dans *Le psychanalysme*, ne manquait pas de nous laisser dans un certain flou, maintenant encore comme dans une zone préservée et non interrogée comme telle, au-delà du psychanalysme, la psychanalyse elle-même, théorie et pratique des effets de l'inconscient. Mais comment pouvaient donc venir confluer la psychanalyse — la science psychanalytique, si tant est qu'il en existe une — et le psychanalysme — l'idéologie psychanalytique ? Ainsi, de la problématique intellectuelle et distanciée de la critique socio-politique et de la problématique pratique et urgente à laquelle confronte l'exigence du faire. Car la critique socio-politique, si elle est salutaire, présente aussi le risque de désarmer ou de démobiliser. La critique socio-politique sape, corrode, décape. Mais elle laisse trop souvent dépourvu celui-là même qu'elle emporte. Dépourvu devant l'action qui reste à entreprendre. Que faire ? Est-il possible d'encore occuper un lieu sur un terrain qui se dérobe, sur un sol qui tremble et se fissure ? Est-il possible d'assumer la critique socio-politique, d'en tirer tous les enseignements, et en même temps de se redéployer significativement dans un champ de pratique ?

Le lecteur qui m'aura suivi attentivement l'aura compris, mon propos s'est noué autour du concept kuhnien de paradigme : c'est bien le concept de paradigme qui a fonctionné tout au long de mon parcours comme opérateur fondamental de connexion. Connexion épistémologico-politique. Oui, la psychanalyse est une science, ou plus justement comporte une dimension scientifique. Mais oui, la psychanalyse est aussi transie d'options socio-politiques. Non pas opérations séparées, extrinsèques, mais opérations conjointes, contemporaines : car c'est dans le mouvement même par lequel elle se structure comme paradigme, déterminant, organisant son champ de travail techno-scientifique, que la psychanalyse assume des choix socio-politiques, occultant et recodant cela qu'elle expulse de soi. Connexion politico-pratique. Car le concept de paradigme oriente l'action, guide la recherche d'alternatives, trace un chemin. Peut-on réassumer ce que la psychanalyse a ouvert à la connaissance, tout en désoccultant ce qu'elle a écarté, mais qu'elle continue de porter en soi, présent-absent, ce que Castel a appelé son inconscient social ? Et cela non pas à l'état d'ébauche hypothétique, de projection intellectuelle, mais sous forme d'un agir précis et concret, lui aussi à sa façon techno-scientifique. Paradigme alternatif. Signification de la Sociopsychanalyse, ai-je cru déceler.

Edifice cohérent, articulé. Montage rationnel. Et pourtant combien fragile. C'est que derrière toute œuvre cristallisée il y a comme un bruissement inarticulé. Arrière-fond grouillant de mouvements irrésolus et indécidés, dont l'œuvre tire sa force et son énergie, mais qu'en temps elle fige et trahit. Mouvements inscrits dans une histoire intellectuelle et affective tout à la fois, dont il m'importe à nouveau de dessiner l'horizon, pour autant que je le puisse.

Soit la question de la signification cognitive de la psychanalyse. Je l'ai dit, j'ai cru à la psychanalyse à travers la fascination qui me portait vers un maître. Arrachement, deuil nécessaire. Mais fallait-il, avec le maître, répudier ce qu'il portait à la connaissance ? D'aucuns, parmi mes compagnons, l'ont fait, attestant peut-être dans leur opposition désormais passionnelle à la psychanalyse, d'un deuil mal accompli. Le travail du deuil et sa résolution ne crispe pas la pensée, mais la libère. Car la délivrance vis-à-vis de ce qui était une croyance n'élimine pas le problème, mais le restitue dans toute son acuité : faut-il oui ou non — non pas adhérer à la psychanalyse sur le mode de l'attachement quasi religieux, obscurantiste, aveugle, ainsi que d'autres compagnons, à travers le lacanisme, en donnent l'exemple malheureux — mais continuer de s'approprier la psychanalyse comme source de connaissances fécondes sur l'être humain, son psychisme, son destin individuel ? Or la question me paraît indécidable rationnellement de manière absolue. On ne peut lui apporter qu'une réponse pratique, existentielle. Seul un choix, qui est toujours pari, peut la trancher. Un choix que l'on rationalisera dans un montage ou une argumentation qui ne peut revendiquer que la seule qualité du plausible. Montage poppérien, pour les uns. Montage kuhnien, pour ce qui me concerne. Mais, je le répète, à travers ce montage rationalisant — et dès lors, fragile, provisoire — s'articule et se cache à la fois un choix : oui, je continuerai de me rapporter à la psychanalyse, de m'y alimenter librement, comme à un domaine de connaissances fécondes[1].

Soit la question des enjeux socio-politiques de la psychanalyse. Si mon travail, d'entrée de jeu et de bout en bout, a pris acte de manière cohérente de l'effondrement du mythe de la psychanalyse — comme objet de croyance, comme lieu de vérité —, il a été ébranlé, dans le cours même de sa mise au point finale, par l'effondrement d'un autre mythe, qui par contre le soutenait : le mythe du marxisme. Marxisme non pas à liquider sans plus, mais, comme la psychanalyse, à libérer du carcan des dogmes, des Eglises, des chapelles. Marx, un penseur auquel se nourrir librement[2]. Par ailleurs, dans le même temps, je traversais une crise personnelle aiguë, qui m'obligeait à un retour sur moi-même dans le vif de mes investissements affectifs et existentiels et qui me reconfrontait à la psychanalyse, non pas tant comme à un objet d'analyse externe, mais comme à cela même qui pouvait me concerner directement, y compris à travers une analyse personnelle, dont j'avais toujours — défensivement ? — écarté l'hypothèse. Deux ébranlements qui ne pouvaient que m'inciter à requestionner la critique des enjeux socio-politiques de la psychanalyse. Là encore, montage rationnel et cohérent, mais qui fuyait de toute part. Partie à mes yeux la plus fragile. Trop simplificatrice. Partie à reprendre, à remettre sur le métier. Question à resituer dans un cadre plus large, celui du destin général des dispositifs médico-psychologiques et des technologies psychologiques, trop négligé dans mon propos et sur lequel Castel nous a offert de beaux livres[3]. Mais question à affronter à un niveau plus modeste : en un premier temps, suspendre un jugement macrosocial trop rapide qui nous ferait considérer les technologies psychologiques comme autant de modalités de contrôle social au service d'une logique ou d'un ordre sociétaire homogène (fût-ce à travers mille désordres) — un jugement macrosocial auquel Castel lui-même cède trop volontiers; redécouvrir les technologies psychologiques, y compris la psychanalyse, comme autant de dispositifs micropolitiques singuliers, dans une inspiration proche du dernier Foucault (1976). Le parcours sera long et ses résultats imprévisibles.

Soit enfin la Sociopsychanalyse. Au-delà à nouveau de ce qui la positionne dans un ensemble articulé, elle renvoie à moi-même. Si elle m'est aussi précieuse, et presque essentielle, c'est, je crois, qu'elle se situe au point de convergence d'une multiplicité de lignes existentielles, lieu d'entrecroisement unique de mon souhait de garder quelque chose d'un héritage psychanalytique, de mon désir d'incarnation dans une pratique, fût-elle modeste et limitée, de mon espoir préservé de donner un sens politique à un agir technique, à travers le référent de l'autogestion comme voie — difficile et à assumer dans la lucidité — d'approfondissement de la démocratie.

Est-ce se désarmer, est-ce se fragiliser que de se reconnaître éclaté, dispersé, fait de bribes et de morceaux, de brics et de brocs, qui se composent et se recomposent à travers soi? Se pourrait-il que l'autonomie se gagne et se regagne constamment dans la traversée de l'immaîtrisable? «Qui suis-je? Un nœud d'émission et de réception, un échangeur ouvert, muni de la seule possibilité de court-circuit, qui absorbe et redistribue, par éclats et occultations, la tonalité continue, chargée de sens, chargée de bruit, du nous universel qui pense» (M. Serres, 1972, p. 165).

Tangissart, 1983.

NOTES

[1] Bel exemple d'une pratique de liberté dans le champ des sciences humaines, l'œuvre de Serge Moscovici, qui fait flèche de tout bois, qui ne s'embarrasse pas de dogmes, qui s'approvisionne — et tire de là des effets créatifs — à des sources multiples y compris psychanalytiques (témoin, son dernier ouvrage: *L'âge des foules*). Bel exemple d'un penseur «sauvage», d'un anarchiste de la connaissance, qui pourrait trouver sa juste «rationalisation» dans l'épistémologie anarchiste d'un Feyerabend (1979).

[2] Comme l'écrit Edgar Morin, cet autre franc-tireur de la pensée: «La pensée de Marx demeure pour moi vivante et riche. La réinterrogation, la régénération, la renutrition de la pensée de Marx doivent être liées à la provincialisation de cette pensée, qui n'est qu'une galaxie dans le ciel de la pensée» (*Le Nouvel Observateur*, 17 avril 1982, p. 99).

[3] En particulier: *La société psychiatrique avancée* (1979) et *La gestion des risques* (1981).

Bibliographie

ALTHUSSER Louis, Freud et Lacan, dans *La Nouvelle Critique*, décembre-janvier 1964-1965, pp. 88-108.
ALTHUSSER Louis, Marxisme et humanisme, dans *Pour Marx*, Maspero, 1966, pp. 225-258.
ALTHUSSER Louis, *Lire le Capital*, I, Maspero, 1967.
ALTHUSSER Louis, Sur le travail théorique, dans *La Pensée*, n° 132, avril 1967, pp. 3-22.
ALTHUSSER Louis, Idéologies et appareils idéologiques d'Etat, dans *La Pensée*, n° 151, juin 1970, pp. 3-38.
ALTHUSSER Louis, *Réponse à John Lewis*, Maspero, 1973.
ALTHUSSER Louis, *Philosophie et philosophie spontanée des savants*, Maspero, 1974a.
ALTHUSSER Louis, *Eléments d'autocritique*, Hachette, 1974b.
ALTHUSSER Louis, Ce qui ne peut plus durer dans le parti communiste, dans *Le Monde*, 25-26-27 et 28 avril 1978.
ARIÈS Philippe, *L'enfant et la vie familiale sous l'Ancien Régime*, Points, Ed. du Seuil, 1973.
BACHELARD Gaston, *Le rationalisme appliqué* (1949), Presses Universitaires de France, 2ᵉ édition, 1962.
BACHELARD Gaston, *Le matérialisme rationnel* (1953), Presses Universitaires de France, 2ᵉ édition, 1963.
BACKÈS-CLEMENT Catherine, *Les fils de Freud sont fatigués*, Grasset, 1978.
BALITEAU Catherine, La fin d'une parade mysogine: la psychanalyse lacanienne, dans *Les temps modernes*, juillet 1975, pp. 1933-1953.
BISSERET Noëlle, *Les inégaux ou la sélection universitaire*, Presses Universitaires de France, 1974.

BOUVERESSE Jacques, Une illusion de grand avenir : La psychanalyse selon Popper, dans *Critique*, mars 1976, pp. 292-306.
BUNGE Mario, La vérification des théories scientifiques, dans *Démonstration, vérification, justification*, Nauwelaerts, Louvain, 1968.
CARNAP Rudolf, Testability and meaning, dans *Philosophy of science*, 1936-1937, 3 et 4.
CARNAP Rudolf, The methodological character of theoretical concepts, in Feigl H. et Scriven M., *Minnesota studies in the philosophy of science*, Vol. I, University of Minnesota Press, Minneapolis, 1956, pp. 38-76.
CARNAP Rudolf, *Philosophical foundations of physics*, Basic books, New York, Londres, 1966.
CASTEL Robert, *Le psychanalysme*, Maspero, 1973.
CASTEL Robert, *L'ordre psychiatrique*, Ed. de Minuit, 1976.
CASTEL Robert, CASTEL Françoise, LOVELL Anne, *La société psychiatrique avancée*, Grasset, 1979.
CASTEL Robert, *La gestion des risques*, Ed. de Minuit, 1981.
CASTORIADIS Cornelius, *L'institution imaginaire de la société*, Ed. du Seuil, 1975.
CASTORIADIS Cornelius, La psychanalyse, projet et élucidation, «Destin» de l'analyse et responsabilité des analystes, dans *Topique*, 19, avril 1977, pp. 25-75.
CROZIER Michel et FRIEDBERG Erhard, *L'acteur et le système*, Ed. du Seuil, 1977.
DEBRAY Régis, *Critique de la raison politique*, Gallimard, 1981.
DEBRAY Régis, Entretien, dans *Le Nouvel Observateur*, 10 octobre 1981.
DELEUZE Gilles et GUATTARI Félix, *L'Anti-Œdipe*, Ed. de Minuit, 1972.
DELEUZE Gilles et GUATTARI Félix, Sur Capitalisme et Schizophrénie, Entretien dans *L'Arc*, 49, 1972, pp. 47-55.
DELEUZE Gilles et GUATTARI Félix, Entretien, dans *C'est demain la veille*, Actuel, Ed. du Seuil, 1973, pp. 137-161.
DE VROEY Michel, Les rapports modèle-réalité dans la théorie économique, dans *Recherches économiques de Louvain*, n° 2, mai 1969, pp. 133-158.
DE VROEY Michel, Une explication sociologique de la prédominance du paradigme néo-classique dans la science économique, dans *Cahiers de l'ISEA*, Tome VI, n° 8, août 1972, pp. 1655-1701.
DE WAELHENS Alphonse, Psychanalyse et Université, dans *Informations universitaires*, 7, n° 4, octobre 1971, pp. 25-32.
ELIADE Mircea, *Aspects du mythe*, Idées, Gallimard, 1963.
EYSENCK Hans, *L'inégalité de l'homme* (1973), Copernic, 1977.
FARRELL B.A., Can psychoanalysis be refuted? dans *Inquiry*, 1961, n° 4, pp. 16-36.
FARRELL B.A., The status of psychoanalytic theory, dans *Inquiry*, 1964, n° 7, pp. 104-123.
FEYERABEND Paul, *Contre la méthode* (1975), Ed. du Seuil, 1979.
FEYERABEND Paul, Consolations for the specialist, dans Lakatos I. et Musgrave A., *Criticism and the Growth of knowledge*, Cambridge University Press, 1970, pp. 197-230.

FOUCAULT Michel, Histoire de la sexualité 1, *La volonté de savoir*, Gallimard, 1976.
FOUGEYROLLAS Pierre, *Contre Lévi-Strauss, Lacan, Althusser*, Savelli, 1977.
FOUREZ Gérard, *La science partisane*, Duculot, 1974.
FRANCK Robert, La signification sociale de la psychologie, I. Pourquoi fait-on de la psychologie scolaire? dans *Perspectives*, Revue sur les enjeux sociaux de la psychologie, n° 1, avril 1983 (II, III et IV à paraître).
FREUD Sigmund, *Etudes sur l'hystérie* (1895), Presses Universitaires de France, 1956.
FREUD Sigmund, *L'interprétation des rêves* (1900), Presses Universitaires de France, 1967.
FREUD Sigmund, *Les cinq psychanalyses*, Presses Universitaires de France, 1966.
FREUD Sigmund, *Trois Essais sur la théorie de la sexualité* (1905), Idées, Gallimard, 1962.
FREUD Sigmund, Eine Schwierigkeit der Psychoanalyse (*Une difficulté de la psychanalyse*), 1917, dans Gesammelte Werke, S. Fischer Verlag, Francfort, Vol. XII, pp. 1-12.
FREUD Sigmund, *Métapsychologie*, Idées, Gallimard, 1968.
FREUD Sigmund, *Malaise dans la Civilisation* (1930), Presses Universitaires de France, 1972.
FRISCHER Dominique, *Les analysés parlent*, Stock, 1977.
FROMM Eric, *La peur de la liberté* (1941), Buchet-Chastel, 1963.
GENTIS Roger, Américanalysmes, dans *La Quinzaine littéraire*, 1-15 novembre 1975, pp. 23-24.
GORZ André, *Adieux au prolétariat*, Galilée, 1980.
GRAINDORGE Michel, *Journal*, 9 février 1978 - 29 août 1979, Jacques Antoine, Bruxelles, 1980.
GRAINDORGE Michel, *Michel Graindorge au présent*, Journal II (15 janvier 1980 - 30 mars 1981), Ed. Vie ouvrière, Bruxelles, 1981.
HARNECKER Martha, *Les concepts élémentaires du matérialisme historique*, Contradictions, Bruxelles, 1969.
HARTMANN H. et KRIS E., The genetic approach in psychoanalysis, dans *The psychoanalytic study of the child*, Vol. I, 1945, pp. 11-30.
HEBERT Jean-Pierre, *Race et intelligence*, Copernic, 1977.
HEMPEL Carl, Problems and changes in the empiricist criterion of meaning, dans *Revue Internationale de Philosophie*, IV, 11, 1950, pp. 41-63.
ISRAEL Lucien, *L'hystérique, le sexe et le médecin*, Masson, 1976.
JERVIS Giovanni, *Manuale critico di psichiatria*, Feltrinelli, Milan, 1975.
JERVIS Giovanni, *Il buon rieducatore*, Feltrinelli, Milan, 1977.
KAUFMAN Pierre, *L'inconscient du politique*, Presses Universitaires de France, 1979.
KEMPF Robert et ARON Jean-Paul, *Le pénis et la démoralisation de l'Occident*, Grasset, 1978.
KOYRE Alexandre, *Etudes galiléennes*, Hermann, 1966.

KUHN Thomas, *La structure des révolutions scientifiques* (1962), Flammarion, 1970.
LACAN Jacques, *Ecrits*, Ed. du Seuil, 1966.
LAPLANCHE Jean et PONTALIS Jean-Bernard, *Vocabulaire de la Psychanalyse*, Presses Universitaires de France, 1967.
LEGRAND Michel, *Psychanalyse, Schicksalsanalyse et épistémologie*, Thèse de doctorat inédite, Université Catholique de Louvain, juillet 1972.
LEGRAND Michel, Le statut scientifique de la psychanalyse, dans *Topique*, PUF, n° 11-12, 1974, pp. 237-258.
LEGRAND Michel, Situation analytique et situation expérimentale, dans *Revue de psychologie et des sciences de l'éducation*, 1974, 9, pp. 189-202.
LEGRAND Michel, Langage ordinaire, historicité et science, dans *Revue philosophique de Louvain*, 72, août 1974, pp. 539-552.
LEGRAND Michel, Hypothèses pour une histoire de la psychanalyse, dans *Dialectica*, 29, n° 2-3, 1975, pp. 189-207.
LEGRAND Michel, Résistances à la psychanalyse et psychanalyse des résistances, dans *Colloques d'histoire des sciences*, Nauwelaerts, Louvain, 1976, pp. 101-107.
LEGRAND Michel, L'angoisse nucléaire. Réflexions à partir d'une approche sociopsychanalytique, dans *Un lieu de contrôle démocratique des sciences*: le débat nucléaire, Facultés Universitaires de Namur, 1977, pp. 417-435.
LEGRAND Michel, A proposito de Jacques Lacan, Posiciones de un psicólogo crítico (A propos de Jacques Lacan : Positions d'un psychologue critique), dans *Psicología Clínica*, Monografías psicológicas, Universidad de Los Andes, Bogotá, avril 1978, pp. 101-128.
LEGRAND Michel, L'inconscient et la psychanalyse, dans *Revue philosophique de Louvain*, 76, août 1978, pp. 343-358.
LEGRAND Michel, *Léopold Szondi, son test, sa doctrine*, Mardaga, Bruxelles, 1979.
LEGRAND Michel, Le quotient intellectuel : révélateur d'aptitudes intellectuelles ou instrument de sélection sociale ? dans *Revue de l'Institut de Sociologie*, 1979, 1-2, pp. 95-122.
LEGRAND Michel, Q.I. et inégalités sociales, dans *La Revue Nouvelle*, avril 1979, pp. 375-384.
LEGRAND Michel, L'objet empirique de la psychanalyse, dans *Revue philosophique de Louvain*, 78, mai 1980, pp. 262-280.
LEGRAND Michel, L'intervention sociopsychanalytique, dans *Cahiers du CFIP*, n° 3, avril 1981, pp. 17-34.
LEGRAND Michel, Quelques points de repère pour situer les phénomènes de pouvoir, dans *Documents du Centre «Psychologie et Société»*, n° 1, Louvain-la-Neuve, 1982.
LEGRAND Michel, NIZET Jean, VAN HAECHT Anne, *La psychologie dans l'école*, Presses Universitaires de Namur, 1983.
LEVI-STRAUSS Claude, *Les structures élémentaires de la parenté*, Presses Universitaires de France, 1949.
LEVY-LEBLOND Jean-Marc, Mais ta physique ?, dans *Idéologie de/dans la science*, Ed. du Seuil, 1977, pp. 112-165.

MALHERBE Jean-François, *La philosophie de Karl Popper et le positivisme logique*, Presses Universitaires de Namur et Presses Universitaires de France, 1976.
MALINOWSKI Bronislaw, *La sexualité et sa répression dans les sociétés primitives* (1927), Petite Bibliothèque Payot, 1967.
MALINOWSKI Bronislaw, *La vie sexuelle des sauvages* (1929), Petite Bibliothèque Payot, 1970.
MANNHEIM Karl, *Idéologie et utopie* (1929), Marcel Rivière, 1956.
MANNONI Octave, Astolfo et Sancho, dans *Pouvoirs, Nouvelle Revue de Psychanalyse*, n° 8, Gallimard, 1973, pp. 7-22.
MANUALI Carlo, Intervention, dans *Dove va la psichiatria?* Feltrinelli, Milan, 1980, pp. 98-150.
MARCUSE Herbert, *Eros et civilisation* (1955), Ed. de Minuit, 1963.
MARTY Marie-Odile, SAINSAULIEU Renaud, TIXIER Pierre-Eric, *Les fonctionnements collectifs de travail*, Rapport de recherche, CSO-MACI, Paris, juillet 1978.
MARX Karl et ENGELS Friedrich, *L'idéologie allemande* (1844), Ed. Sociales, 1966.
MEILLASSOUX Claude, *Femmes, greniers, capitaux*, Maspero, 1975.
MENDEL Gérard, *La révolte contre le père*, Petite Bibliothèque Payot, 1968.
MENDEL Gérard, *La crise de générations*, Petite Bibliothèque Payot, 1969.
MENDEL Gérard, *Pour décoloniser l'enfant*, Petite Bibliothèque Payot, 1971.
MENDEL Gérard et GUEDENEY Colette, *L'angoisse atomique et les centrales nucléaires*, Payot, 1973.
MENDEL Gérard et VOGT Christian, *Le Manifeste Educatif*, Petite Bibliothèque Payot, 1973.
MENDEL Gérard, Psychanalyse et Sociopsychanalyse, dans *Sociopsychanalyse 3*, Petite Bibliothèque Payot, 1973, pp. 13-62.
MENDEL Gérard, *Pour une autre société*, Payot, 1975.
MENDEL Gérard, *Quand plus rien ne va de soi*, Robert Laffont, 1979.
MENDEL Gérard, La crise de la psychanalyse, dans *Pouvoirs*, n° 11, 1979, pp. 89-104.
MENDEL Gérard, L'enfer, c'est la société, dans *Le Monde Diplomatique*, mars 1982.
MORIN Edgar, *Pour sortir du XXe siècle*, Fernand Nathan, 1981.
MORIN Edgar, Une galaxie dans le ciel de la pensée, dans *Le Nouvel Observateur*, 17 avril 1982, p. 99.
MOSCOVICI Serge, *La société contre nature*, 10/18, Union générale d'éditions, 1972.
MOSCOVICI Serge, *L'âge des foules*, Fayard, 1981.
NAGEL Ernest, Methodological issues in psychoanalytic theory, dans Hook S., *Psychoanalysis, scientific method and philosophy*, New York University Press, 1959.
NAGEL Ernest, *The structure of science*, Routledge et Kegan Paul, Londres, 1961.
ORTIGUES Edmond, *Le discours et le symbole*, Aubier-Montaigne, 1962.
ORTIGUES Edmond, *Œdipe africain*, Plon, 1966.

PAGÈS Max, *Le travail amoureux*, Dunod, 1977.
PIRO Sergio, *Le techniche della liberazione*, Feltrinelli, Milan, 1971.
POLITZER Georges, *Ecrits 2, Les fondements de la psychologie*, Ed. Sociales, 1969.
POPPER Karl, Logik der Forschung (1934). Trad. Franç.: *La logique de la découverte scientifique*, Payot, 1973.
POPPER Karl, *Conjectures and refutations* (1963), Routledge et Kegan Paul, Londres, 3ᵉ éd., 1969.
PORTELLI Hugues, *Gramsci et le bloc historique*, Presses Universitaires de France, 1972.
RAY Muriel, L'autogestion au quotidien, dans *Le Monde Dimanche*, 10 janvier 1982, p. IV.
REICH Wilhem, *L'irruption de la morale sexuelle* (1932), Payot, 1972.
RICŒUR, Science et idéologie, dans *Revue philosophique de Louvain*, 72, mai 1974, pp. 328-356.
ROHEIM Geza, *Psychanalyse et Anthropologie* (1950), Gallimard, 1967.
ROSANVALLON Pierre, *L'âge de l'autogestion*, Points-Politique, Ed. du Seuil, 1976.
ROUDINESCO Elisabeth, Introduction à une politique de la psychanalyse, dans *Europe*, mars 1974, pp. 89-110.
SAHLINS Marshall, *Age de pierre, Age d'abondance*, Gallimard, 1976.
SERRES Michel, L'interférence, *Hermès II*, Ed. de Minuit, 1972.
SÈVE Lucien, *Marxisme et théorie de la personnalité*, Editions Sociales, 1969.
SHORTER Edward, *La naissance de la famille moderne* (1975), Ed. du Seuil, 1977.
STEFANE, *L'univers contestationnaire*, Petite Bibliothèque Payot, 1968.
SZASZ Thomas, *L'éthique de la psychanalyse* (1965), Payot, 1975.
TOURAINE Alain, *La voix et le regard*, Ed. du Seuil, 1978.
VAN RILLAER Jacques, *Les illusions de la psychanalyse*, Mardaga, Bruxelles, 1981.
WAELDER Robert, Psychoanalysis, scientific method, philosophy, dans *Journal of the American Psychoanalytic Association*, 10, 1962, pp. 617-637.

Table des matières

Introduction 7

PREMIERE PARTIE: DE L'EPISTEMOLOGIE A L'INTERROGATION SOCIALE DE LA PSYCHANALYSE 17

Chapitre I: L'épistémologie empiriste 19
  A. La conception de la science 20
  B. La critique empiriste de la psychanalyse 26
Chapitre II: Une épistémologie théoriciste 39
  A. La conception de la science 40
  B. Valorisation théoriciste de la psychanalyse 50
Chapitre III: L'épistémologie de Thomas S. Kuhn 61
  A. La structure des révolutions scientifiques 61
  B. Psychanalyse et paradigme scientifique: hypothèses pour une histoire de la psychanalyse 65
Chapitre IV: Vers l'interrogation sociale de la science 79
Chapitre V: Positions 89
  A. Objectivité et intérêts 89
  B. Positions sur les conceptions de la science 91
  C. Positions sur la scientificité de la psychanalyse 100

DEUXIEME PARTIE: UNE CRITIQUE SOCIO-POLITIQUE DE LA PSYCHANALYSE: LA PSYCHANALYSE ET SON INSCRIPTION CAPITALISTE-BOURGEOISE 107

Chapitre I: La production sociale de l'objet de la psychanalyse 109
  A. Famille moderne bourgeoise et famille ancienne d'après P. Ariès 109
  B. L'Œdipe et la machine capitaliste d'après Deleuze et Guattari . 112
  C. La famille bourgeoise et l'intensification du psycho-familial d'après G. Mendel 115

Chapitre II: L'opération de recodage psycho-familial 119
  A. Le recodage et l'extra-analytique 121
  B. Le recodage et l'intra-analytique 122
      L'inconscient social de la psychanalyse (R. Castel) 123

TROISIEME PARTIE: A LA RECHERCHE D'ALTERNATIVES:
LA TENTATIVE SOCIOPSYCHANALYTIQUE 139

D'une remise en jeu 139
  A. D'un choix politique: libéralisme ou marxisme? 139
  B. A la recherche d'une alternative psychologique 144
  C. La tentative sociopsychanalytique 146
Chapitre I: Perspectives de la Sociopsychanalyse 153
  A. Quelques perspectives théoriques 154
  B. Les groupes SP 158
  C. L'intervention sociopsychanalytique 162
Chapitre II: Parcours critique à travers l'œuvre de Gérard Mendel . 173
  La Révolte contre le père (1968) 173
  La crise de générations (1969) 176
  Pour décoloniser l'enfant (1971) 179
  L'Anthropologie différentielle (1972) 183
  Sociopsychanalyse 1 et 2 (1972) 185
  Sociopsychanalyse 3 (1973) 194
  Le manifeste éducatif (1973) 195
  Sociopsychanalyse 4 (1974) 201
  Sociopsychanalyse 5 (1975) 203
  Pour une autre société (1975) 203
  Sociopsychanalyse 6 (1976) 210
  La chasse structurale (1977) 210
  Epilogue: Questions à Gérard Mendel 214
Conclusions: Aujourd'hui la Sociopsychanalyse 218

QUATRIEME PARTIE: PROLONGEMENTS 227

Le recodage et l'extra-analytique - Un cas particulier: l'angoisse
nucléaire 229
Un faux révolutionnaire: le lacanisme 245

Pour conclure 267

Bibliographie 273

PSYCHOLOGIE ET SCIENCES HUMAINES
collection publiée sous la direction de MARC RICHELLE

1. Dr Paul Chauchard
   LA MAITRISE DE SOI, 9ᵉ éd.
5. François Duyckaerts
   LA FORMATION DU LIEN SEXUEL, 9ᵉ éd.
7. Paul-A. Osterrieth
   FAIRE DES ADULTES, 16ᵉ éd.
9. Daniel Widlöcher
   L'INTERPRETATION DES DESSINS D'ENFANTS, 9ᵉ éd.
11. Berthe Reymond-Rivier
    LE DEVELOPPEMENT SOCIAL DE L'ENFANT ET DE L'ADOLESCENT, 9ᵉ éd.
12. Maurice Dongier
    NEVROSES ET TROUBLES PSYCHOSOMATIQUES, 7ᵉ éd.
15. Roger Mucchielli
    INTRODUCTION A LA PSYCHOLOGIE STRUCTURALE, 3ᵉ éd.
16. Claude Köhler
    JEUNES DEFICIENTS MENTAUX, 4ᵉ éd.
21. Dr P. Geissmann et Dr R. Durand
    LES METHODES DE RELAXATION, 4ᵉ éd.
22. H. T. Klinkhamer-Steketée
    PSYCHOTHERAPIE PAR LE JEU, 3ᵉ éd.
23. Louis Corman
    L'EXAMEN PSYCHOLOGIQUE D'UN ENFANT, 3ᵉ éd.
24. Marc Richelle
    POURQUOI LES PSYCHOLOGUES?, 6ᵉ éd.
25. Lucien Israel
    LE MEDECIN FACE AU MALADE, 5ᵉ éd.
26. Francine Robaye-Geelen
    L'ENFANT AU CERVEAU BLESSE, 2ᵉ éd.
27. B.F. Skinner
    LA REVOLUTION SCIENTIFIQUE DE L'ENSEIGNEMENT, 3ᵉ éd.
28. Colette Durieu
    LA REEDUCATION DES APHASIQUES
29. J.C. Ruwet
    ETHOLOGIE: BIOLOGIE DU COMPORTEMENT, 3ᵉ éd.
30. Eugénie De Keyser
    ART ET MESURE DE L'ESPACE
32. Ernest Natalis
    CARREFOURS PSYCHOPEDAGOGIQUES
33. E. Hartmann
    BIOLOGIE DU REVE
34. Georges Bastin
    DICTIONNAIRE DE LA PSYCHOLOGIE SEXUELLE
35. Louis Corman
    PSYCHO-PATHOLOGIE DE LA RIVALITE FRATERNELLE
36. Dr G. Varenne
    L'ABUS DES DROGUES
37. Christian Debuyst, Julienne Joos
    L'ENFANT ET L'ADOLESCENT VOLEURS
38. B.-F. Skinner
    L'ANALYSE EXPERIMENTALE DU COMPORTEMENT, 2ᵉ éd.
39. D.J. West
    HOMOSEXUALITE
40. R. Droz et M. Rahmy
    LIRE PIAGET, 3ᵉ éd.
41. José M.R. Delgado
    LE CONDITIONNEMENT DU CERVEAU ET LA LIBERTE DE L'ESPRIT
42. Denis Szabo, Denis Gagné, Alice Parizeau
    L'ADOLESCENT ET LA SOCIETE, 2ᵉ éd.
43. Pierre Oléron
    LANGAGE ET DEVELOPPEMENT MENTAL, 2ᵉ éd.
44. Roger Mucchielli
    ANALYSE EXISTENTIELLE ET PSYCHOTHERAPIE PHENOMENO-STRUCTURALE

45 Gertrud L. Wyatt
   LA RELATION MERE-ENFANT ET L'ACQUISITION DU LANGAGE, 2ᵉ éd.
46 Dr Etienne De Greeff
   AMOUR ET CRIMES D'AMOUR
47 Louis Corman
   L'EDUCATION ECLAIREE PAR LA PSYCHANALYSE
48 Jean-Claude Benoit et Mario Berta
   L'ACTIVATION PSYCHOTHERAPIQUE
49 T. Ayllon et N. Azrin
   TRAITEMENT COMPORTEMENTAL EN INSTITUTION PSYCHIATRIQUE
50 G. Rucquoy
   LA CONSULTATION CONJUGALE
51 R. Titone
   LE BILINGUISME PRECOCE
52 G. Kellens
   BANQUEROUTE ET BANQUEROUTIERS
53 François Duyckaerts
   CONSCIENCE ET PRISE DE CONSCIENCE
54 Jacques Launay, Jacques Levine et Gilbert Maurey
   LE REVE EVEILLE-DIRIGE ET L'INCONSCIENT
55 Alain Lieury
   LA MEMOIRE
56 Louis Corman
   NARCISSISME ET FRUSTRATION D'AMOUR
57 E. Hartmann
   LES FONCTIONS DU SOMMEIL
58 Jean-Marie Paisse
   L'UNIVERS SYMBOLIQUE DE L'ENFANT ARRIERE MENTAL
59 Jacques Van Rillaer
   L'AGRESSIVITE HUMAINE
60 Georges Mounin
   LINGUISTIQUE ET TRADUCTION
61 Jérôme Kagan
   COMPRENDRE L'ENFANT
62 Michael S. Gazzaniga
   LE CERVEAU DEDOUBLE
63 Paul Cazayus
   L'APHASIE
64 X. Seron, J.L. Lambert, M. Van der Linden
   LA MODIFICATION DU COMPORTEMENT
65 W. Huber
   INTRODUCTION A LA PSYCHOLOGIE DE LA PERSONNALITE, 2ᵉ éd.
66 Emile Meurice
   PSYCHIATRIE ET VIE SOCIALE
67 J. Château, H. Gratiot-Alphandéry, R. Doron et P. Cazayus
   LES GRANDES PSYCHOLOGIES MODERNES
68 P. Sifnéos
   PSYCHOTHERAPIE BREVE ET CRISE EMOTIONNELLE
69 Marc Richelle
   B.F. SKINNER OU LE PERIL BEHAVIORISTE
70 J.P. Bronckart
   THEORIES DU LANGAGE
71 Anika Lemaire
   JACQUES LACAN, 2ᵉ éd. revue et augmentée
72 J.L. Lambert
   INTRODUCTION A L'ARRIERATION MENTALE
73 T.G.R. Bower
   DEVELOPPEMENT PSYCHOLOGIQUE DE LA PREMIERE ENFANCE
74 J. Rondal
   LANGAGE ET EDUCATION
75 Sheila Kitzinger
   PREPARER A L'ACCOUCHEMENT
76 Ovide Fontaine
   INTRODUCTION AUX THERAPIES COMPORTEMENTALES
77 Jacques-Philippe Leyens
   PSYCHOLOGIE SOCIALE, 2ᵉ éd.

78 Jean Rondal
VOTRE ENFANT APPREND A PARLER
79 Michel Legrand
LE TEST DE SZONDI
80 H.J. Eysenck
LA NEVROSE ET VOUS
81 Albert Demaret
ETHOLOGIE ET PSYCHIATRIE
82 Jean-Luc Lambert et Jean A. Rondal
LE MONGOLISME
83 Albert Bandura
L'APPRENTISSAGE SOCIAL
84 Xavier Seron
APHASIE ET NEUROPSYCHOLOGIE
85 Roger Rondeau
LES GROUPES EN CRISE?
86 J. Danset-Léger
L'ENFANT ET LES IMAGES DE LA LITTERATURE ENFANTINE
87 Herbert S. Terrace
NIM, UN CHIMPANZE QUI A APPRIS LE LANGAGE GESTUEL
88 Roger Gilbert
BON POUR ENSEIGNER?
89 Wing, Cooper et Sartorius
GUIDE POUR UN EXAMEN PSYCHIATRIQUE
90 Jean Costermans
PSYCHOLOGIE DU LANGAGE
91 Françoise Macar
LE TEMPS, PERSPECTIVES PSYCHOPHYSIOLOGIQUES
92 Jacques Van Rillaer
LES ILLUSIONS DE LA PSYCHANALYSE, 2e éd.
93 Alain Lieury
LES PROCEDES MNEMOTECHNIQUES
94 Georges Thinès
PHENOMENOLOGIE ET SCIENCE DU COMPORTEMENT
95 Rudolph Schaffer
COMPORTEMENT MATERNEL
96 Daniel Stern
MERE ET ENFANT, LES PREMIERES RELATIONS
97 R. Kempe & C. Kempe
L'ENFACE TORTUREE
98 Jean-Luc Lambert
ENSEIGNEMENT SPECIAL ET HANDICAP MENTAL
99 Jean Morval
INTRODUCTION A LA PSYCHOLOGIE DE L'ENVIRONNEMENT
100 Pierre Oleron et al.
SAVOIRS ET SAVOIR-FAIRE PSYCHOLOGIQUES CHEZ L'ENFANT
101 Bernard I. Murstein
STYLES DE VIE INTIME
102 Rondal/Lambert/Chipman
PSYCHOLINGUISTIQUE ET HANDICAP MENTAL
103 Brédart/Rondal
L'ANALYSE DU LANGAGE CHEZ L'ENFANT
104 David Malan
PSYCHODYNAMIQUE & PSYCHOTHERAPIE INDIVIDUELLE
105 Philippe Muller
WAGNER PAR SES REVES
106 John Eccles
LE MYSTERE HUMAIN
107 Xavier Seron
REEDUQUER LE CERVEAU
108 Moreau/Richelle
L'ACQUISITION DU LANGAGE
109 Georges Nizard
ANALYSE TRANSACTIONNELLE ET SOIN INFIRMIER
110 Howard Gardner
GRIBOUILLAGES ET DESSINS D'ENFANTS, LEUR SIGNIFICATION

111 Wilson/Otto
LA FEMME MODERNE ET L'ALCOOL
112 Edwards
DESSINER GRACE AU CERVEAU DROIT
113 Rondal
L'INTERACTION ADULTE-ENFANT
114 Blancheteau
L'APPRENTISSAGE CHEZ L'ANIMAL
115 Boutin
FORMATION ET DEVELOPPEMENTS
116 Húsen
L'ECOLE EN QUESTION
117 Ferrero/Besse
L'ENFANT ET SES COMPLEXES
118 R. Bruyer
LE VISAGE ET L'EXPRESSION FACIALE
119 J.P. Leyens
SOMMES-NOUS TOUS DES PSYCHOLOGUES ?
120 J. Château
L'INTELLIGENCE OU LES INTELLIGENCES ?
121 M. Claes
L'EXPERIENCE ADOLESCENTE
122 J. Hayes et P. Nutman
COMPRENDRE LES CHOMEURS
123 S. Sturdivant
LES FEMMES ET LA PSYCHOTHERAPIE
124 A. Pomerleau et G. Malcuit
L'ENFANT ET SON ENVIRONNEMENT
125 A. Van Hout et X. Seron
L'APHASIE DE L'ENFANT
126 A. Vergote
RELIGION, FOI, INCROYANCE

Hors collection

Paisse
PSYCHOPEDAGOGIE DE LA LUCIDITE
Paisse
ESSENCE DU PLATONISME
Collectif
SYSTEME AMDP
Boulangé/Lambert
LES AUTRES, L'EXPRESSION ARTISTIQUE CHEZ LES HANDICAPES MENTAUX

Manuels et Traités

2 Thinès
PSYCHOLOGIE DES ANIMAUX
3 Paulus
LA FONCTION SYMBOLIQUE ET LE LANGAGE
4 Richelle
L'ACQUISITION DU LANGAGE
5 Paulus
REFLEXES-EMOTIONS-INSTINCTS
Droz-Richelle
MANUEL DE PSYCHOLOGIE
Hurtig-Rondal
MANUEL DE PSYCHOLOGIE DE L'ENFANT (Tome 1)
Hurtig-Rondal
MANUEL DE PSYCHOLOGIE DE L'ENFANT (Tome 2)
Hurtig-Rondal
MANUEL DE PSYCHOLOGIE DE L'ENFANT (Tome 3)
Rondal-Seron
LES TROUBLES DU LANGAGE (DIAGNOSTIC ET REEDUCATION)